经典与解释(64)

欧洲历史上的世俗化之争

中国人民大学文学院古典文明研究中心 编
主编 刘小枫 执行主编 娄林

華夏出版社
HUAXIA PUBLISHING HOUSE

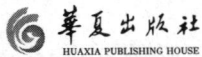

本成果受到中国人民大学 2023 年度"中央高校建设世界一流大学(学科)和特色发展引导专项资金"支持。

目　录

论题　欧洲历史上的世俗化之争

2　重审洛维特与布鲁门伯格之争 …………… 格里芬
43　布鲁门伯格与施米特论世俗化 …………… 伊菲尔甘
72　进步、世俗化与现代性 …………………… 华莱士
97　历史中的恶：洛维特与陶伯斯 …………… 斯泰夫豪斯
127　历史终末论、政治乌托邦与欧洲现代性 ………… 穆拉留

古典作品研究

150　樊迟问稼发微 ……………………………… 赵国杰
168　论卢梭的《萨瓦代理本堂神父的信仰自白》 ……… 吉尔丁

思想史发微

192　阿维森纳《论政治》中的哲学　… 阿里·穆罕默德·伊斯巴尔
206　陆地与海洋意识形态
　　　——马汉、施米特与全球神话元素的塑造 ………… 康纳利

旧文新刊

242 李育《公羊》義四十一事輯證 ……………… 金德建

评　论

272 评《施特劳斯与理性主义的危机》 ……………… 弗兰克尔

论题　欧洲历史上的世俗化之争

重审洛维特与布鲁门伯格之争

格里芬（Sjoerd Griffioen）撰
章利钦 译

"后世俗主义的争论"数十年来主导了多个学术领域，作为核心问题的现代性与宗教的关系，迄今仍相互关联，争论不断。或是为更好地理解该争论的来龙去脉，或是出于考察这两种争论是否有本质上的共性，一些学者将目光投向早前的世俗化争论。因此，德国20世纪60年代的"世俗化争论"，或者更狭义地说，洛维特与布鲁门伯格之间的争论重受关注。① 在当前的后世俗主义争论中，这一讨论已

---

① Victoria Kahn, "Introduction", *Representations*, no. 105, 2009, pp. 1 – 11; W. Breckman, "Democracy between Disenchantment and Political Theology", *New German Critique*, no. 94, 2005, pp. 72 – 105; Vincent P Pecora, *Secularization and Cultural Criticism: Religion, Nation, and Modernity*, Chicago: University of Chicago Press, 2006; Daniel Steinmetz-Jenkins, "French Laïcité and the Recent Reception of the German Secularization Debate into France", *Politics, Religion, and Ideology* 12, no. 4, 2011, pp. 433 – 447.

经广泛地处理了宗教思维模式与现代启蒙主张、自给自足的理性之间的紧张关系。①

如果我们要将世俗化作为一个哲学话题进行研究,那么,洛维特与布鲁门伯格的争论几乎无法回避。令人疑惑的是,虽然这场争论的重要性广为人知,却没有人细审论争过程。相反,即便是在后世俗主义的论述中,大多数学者似乎也只是简单接受了洛维特与布鲁门伯格的辩论中的偏见,更加偏袒布鲁门伯格。② 这种盛行的观点指出,洛维特的《历史中的意义》(Meaning in History;1949)是一种试图破坏现代的正当性(legitimacy)的做法,其方法是将现代的进步观念仅视作基督教终末论或天意的世俗化。"进步是终末论的世俗化",这一公式使洛维特的理论闻名于世,它暗示着现代性本身只不过是一种"基督教异端"。所幸布鲁门伯格先后

---

① Austin Harrington, "Social Theory and Theology", in *Handbook of Contemporary European Social Theory*, edited by Gerard Delanty, pp. 42 – 44, New York: Routledge, 2006; Austin Harrington, "Theological History and the Legitimacy of the Modern Social Sciences", *Thesis Eleven*, no. 94, 2008, pp. 21 – 24; Stijn Latré, "De erfenis van het Löwith – Blumenbergdebat", in *Radicalesecularisatie? Tien hedendaagsefilosofen over religieenmoderniteit*, edited by Guido Vanheeswijck and Stijn Latré, pp. 20 – 24, Kalmthout: Pelckmans/Klement, 2013; Sindre Bangstad, "Contesting Secularism/s", *Anthropological Theory* 9, no. 2, 2009, p. 189; Peter Eli Gordon, and Jonathan Skolnik, "Editor's Introduction: Secularization and Disenchantment", *New German Critique*, no. 94, 2005, p. 6.

② 如参 Austin Harrington, "Social Theory and Theology", pp. 37 – 47; Austin Harrington, "Theological History", pp. 6 – 28; Robert Buch, "Umbuchung: Säkularisierungals Schuld und als Hypothekbei Hans Blumenberg", *Zeitschriftfür Religions und Geistesgeschichte* 64, no. 4, 2012, pp. 338 – 358; 这些解释可借华莱士(Wallace) 对这一争论的解读来理解 (Robert M Wallace, "Progress, Secularization, and Modernity: The Löwith – Blumenberg Debate", New German Critique, no. 22, 1981, pp. 63 – 79)。

揭示了这种论述的误导与谬误性:首先是在他1962年的演讲《世俗化:对一个历史的非正当性范畴的批评》(Secularization: Critique of a Category of Historical Illegitimacy)中;其次,1966年的《现代的正当性》①(The Legitimacy of the Modern Age)更广泛地论述了上述问题。借助此类论述,布鲁门伯格的论点削弱了洛维特所谓的世俗化定理,后者认为现代性溯源至基督教,正体现出现代性自身的非正当性。像布里恩特(Elizabeth Brient)一样,许多评论人士都相信"正当性对洛维特的论点提出了决定性的反驳",正如杰伊(Martin Jay)所说,这意味着对世俗化定理本身的"致命一击"。②

大多数学者只是借布鲁门伯格的批评来理解洛维特,却没有注意到,布鲁门伯格的批判针对了一个假想的稻草人,与洛维特的实际论述相去甚远。不过,亦有其他学者甚为敏锐,例如克罗尔(Joe Paul Kroll)、利布施(Burkhard Liebsch)和韦茨(Franz Joseph Wetz),他们都注意到,布鲁门伯格对洛维特的批评在某些关节点上未能击中要害。③ 比如,在基督教现象与其现代对应物关系的问题上,布鲁门伯格误解了洛维特的论述,从而掩盖了二人之间的某些

---

① 我使用了华莱士1983的译文,Robert M Wallace, Introduction to *The Legitimacy of the Modern Age*, by Hans Blumenberg, xi – xxxi. Cambridge, MA: MIT Press, 1983。

② Elizabeth Brient, *The Immanence of the Infinite: Hans Blumenberg and the Threshold to Modernity*, Washington, DC: Catholic University of America Press, 2002, p. 29 n. 32; Martin Jay, Review of *Legitimacy of the Modern Age*, by Hans Blumenberg, *History and Theory* 24, no. 2, 1985, p. 192.

③ Joe Paul Kroll, "A Human End to History? Hans Blumenberg, Karl Löwith, and Carl Schmitt on Secularization and Modernity", PhD diss., Princeton University, 2010; Burkhard Liebsch, *Verzeitlichte Welt: Variationenüber die Philosophie Karl Löwiths*, Würzburg: Königshausen und Neumann, 1995, pp. 70 – 71; Franz Joseph Wetz, *Hans Blumenberg: Zur Einführung*, Hamburg: Junius, 1993, p. 48.

一致之处。再如巴比克断言，布鲁门伯格自己的理论"确与洛维特的世俗化模式趋同"。① 此外，一些学者注意到，洛维特与布鲁门伯格都持有某些"类似的"厌恶感，比如针对"历史哲学",② 他们都反对将终末论的希望投射到内在的历史上。在伊费尔甘看来，

> 布鲁门伯格支持的一种观点……让人想起洛维特的看法，即历史意识与终末论信仰无法调和。③

尽管这些内容有利于评估与缓和布鲁门伯格的批评，但深究洛维特－布鲁门伯格的争论仍有必要。首先，上述大多数学者的论述均为略微涉及，不够详细，无法说明布鲁门伯格的批评错在何处，错有多深，也未讲明应如何正确理解洛维特。④ 其次，更重要的是，这些评论家与洛维特的批评者一道，都未抓住论述的重点：他关于现代性的规定，以及现代的进步理念并非源于或依赖于他的"世俗化"观点；相反，它依赖于两个观念－类型（ideal－typical）概念，即"纯粹信仰"（pure faith）和"纯粹理性"（pure reason）。洛维特认为，这两个观念化的非历史（ahistorical）观点正是现代思想所欠

---

① Milan Babík, "Nazism as a Secular Religion", *History and Theory* 45, no. 3, 2006, p. 393.

② Robert B Pippin, "Blumenberg and the Modernity Problem", *Review of Metaphysics* 40, no. 3, 1987, p. 541.

③ Pini Ifergan, "Cutting to the Chase: Carl Schmitt and Hans Blumenberg on Political Theology and Secularization", *New German Critique*, no. 111, 2010, p. 168.

④ 克罗尔的历史性分析《历史的人类终结？》是本文部分论述的基础（参 Kroll, "A Human End to History？"）；当然，对于第一点，笔者也有所保留。至于第二点，尽管颇有洞见，却淡化了洛维特与布鲁门伯格的差异。

缺的。因此，视洛维特为"世俗化理论家"显然是一种误解，而且布鲁门伯格也无法"彻底否定"洛维特。本文为从新视角审视这场具有历史意义的争论奠定坚实的基础：它既非绝对的是非论争，也非相近观点间的假论争，而是两种不相容的哲学立场之间的一场争论，但这场争论因双方对彼此的误解而蒙上了阴影。①

首先，我将阐述布鲁门伯格对洛维特的稻草人式表述，接着详述布鲁门伯格的批评。随后，我将重建洛维特的叙述，并揭露布鲁门伯格在多大程度上误解了洛维特。部分由于上述学者提出的少数保留意见，我对布鲁门伯格的批评提出了反驳，并对如何评估这场辩论提出拙见。

世俗化定理与布鲁门伯格的稻草人

文化悲观主义主导了魏玛共和国知识分子的话语，它在"二战"后也未消失。相反，它与"罪责问题"（die Schuldfrage）相交织。因此，这场战争也被这种悲观主义看作西方或现代性本身破产的标志。② 这就意味着罪责（Schuld）的概念——带有"罪过"（guilt）和"负债"（debt）的双重含义——被提升到哲学的自我诊断水平，不仅被用来质疑最近的灾难，还被用来质疑发生灾难的整个时代。

---

① 这种方法的范围仅限于分析布鲁门伯格对洛维特的批评，即分别分析《现代的正当性》与《历史中的意义》。它包括了对两位学者哲学差异的大致估计，但深入探索这种意识形态分歧需要在更大程度上考察两位学者的作品，并深入研究。

② Frits Boterman, *Cultuur als macht: Cultuurgeschiedenis van Duitsland*, Utrecht: Arbeiderspers, 2013, p. 578–613.

在这些悲观主义的哲学表达背后，存在着一种意识（并非总是明确的），即现代性在某种程度上是人类的原初状态与真实状态"异化"（alienation）的产物，在这种原初状态与真实状态中，人类生活在一种与自然、与超越性或与自身更真实、更纯粹的关系中。异化不仅是一种脱离；相反，那些被认为已经失去的东西，在它消失的时候，仍然以某种方式存在，成为怀旧的参照点。从这个意义上说，现在（present）包含着持续不断的负债和罪恶感，这就意味着过去和现在之间存在着不正当的连续性（《现代的正当性》，前揭，页117-118）。通常来说，衰落史（Verfallsgeschichte）的叙事形式传达出了这些悲观的描述，如海德格尔、沃格林和阿多诺（Theodor W. Adorno）均认为，当前的情况是长期历史衰退的产物。衰落史的目标是揭示潜在的罪过/负债，而罪责则是要显示当前的"不正当"的状况。①

布鲁门伯格比大多数著名的悲观主义哲学家年轻，他对这种使现代正当性缺失的趋势感到忧虑。他尤其对那些攻击现代性世俗（secular）本质的描述感到不满，这些说法认为现代的荒谬在于它与超越性或宗教之间的扭曲关系。这类指责性的描述在德国公众中很流行，比如塞德迈尔（Hans Sedlmayr）的《失去中心》（*Verlust der Mitte*）或瓜尔蒂尼（Romano Guardini）的《现代世界的终结》（*Das Ende der Neuzeit*）。其中一些叙述采用了上述"异化"主题，但将其

---

① Hans Blumenberg, *The Legitimacy of the Modern Age*, pp. 113-120, 125; Hans Blumenberg, "'Säkularisation': Kritik einer Kategorie historischer Illegitimität", In *Die Philosophie und die Frage nach dem Fortschritt*, edited by Helmut Kuhn and Franz Wiedman, Munich: Pustet, 1964, p. 242; Hans Blumenberg, *Care Crosses the River*, translated by Paul Fleming, Stanford University Press, 2010, p. 39; Joe Paul Kroll, "A Human End to History?" p. 93.

解释为"世俗化"。① 这意味着，一方面，现代性被定义为与宗教的决裂，但另一方面，现代性仍然受制于宗教，受宗教思想影响至深。

因此，在基督教与现代性之间存在着一种隐蔽的、不正当的连续性，使得现代性成为可悲的"基督教异端"。② 在《现代的正当性》一书中，布鲁门伯格指出，这些理论认为真实的、宗教性的"实体"仍隐然存在，只不过存于其世俗衍生品之中，被"隐含"或"包裹"着，就像

> 世俗化的真正实在"被包裹起来"（die Implikation），据此真正地世俗化，还持续保持着"被包裹"的状态，成为其本质之所在；就像在海德格尔为他的解释学派所发展的模式的实例中，"此在对存在的认识"是存在的本质，但"首先，而且通常"是隐藏和回避的。我几乎可以说，这正是我的担心。（《现代的正当性》，前揭，页 17）

总体而言，布鲁门伯格打算削弱这些他归结为"世俗化定理"③的理论，但为了做到这一点，他需要全面描述其主要目标，以作

---

① 参 Joe Paul Kroll, "A Human End to History?" pp. 24 – 30; Wolfhart Pannenberg, "Die christliche Legitimität der Neuzeit", in *Gottesgedanke und menschliche Freiheit*, Göttingen: Vandenhoeck und Ruprecht, 1972, p. 114 – 116; 另见 Lübbe 关于世俗化的概念如何被用来"与（最近的）过去妥协"（Hans Blumenberg, "Säkularisation", pp. 109 – 116）。

② 参 Blumenberg, "Säkularisation", p. 265; 参如 Eric Voegelin, *The New Science of Politics*, Chicago: University of Chicago Press, 1952。

③ 另外经常提及世俗化的理论家有 Carl Schmitt, *Political Theology II: The Myth of the Closure of Any Political Theology*, translated by Michael Hoelzl and Graham Ward, Cambridge: Polity Press, 2008; Friedrich Delekat, *Über den Begriff Säkularisierung*, Heidelberg: Quelle und Meyer, 1958; Rudolf Bultmann, *History and Eschatology*, Edinburgh: Edinburgh University Press, 1957。

为此定理的代表,这个目标就是洛维特的《历史中的意义》。布鲁门伯格之所以选择洛维特作为主要批判对象,是因为后者的论点广为人知,而且正如华莱士(Robert M. Wallace)所说,就世俗化定理而言,洛维特的论点是对现代性最全面的批判。① 此外,根据布鲁门伯格的说法,《历史中的意义》的中心论点似乎很容易理解,而且事实上很快就被他人盗用,因此它产生了一种"教条效应"。② 事实上,如果我们留意到大量学者接受这一论点,认定其不证自明,就不会觉得洛维特留下的"教条效应"这一印象离谱了。这些学者包括比如施米特的学生科瑟勒克(Reinhart Koselleck)和克斯汀(Hanno Kesting),以及政治哲学家沃格林和物理学家兼哲学家魏茨泽克(Carl Friedrich von Weizsäcker)。③

不过,在神学领域,洛维特的这一表达式最受认可,比如,布尔特曼(Rudolf Bultmann)的《历史与终末论》(*History and Eschatology*,1957)。在这方面,人们注意到布鲁门伯格的批评更多是针对洛维特公式的神学挪用,而不是洛维特的理论本身。④ 但在那个

---

① Robert M Wallace, "Progress, Secularization, and Modernity", p. 68; Robert M Wallace, introduction, xvi; Ulrich Ruh, *Säkularisierung als Interpretationskategorie: Zur Bedeutung des christlichen Erbes in der modernen Geistesgeschichte*, Freiburg: Herder, 1980, p. 199.

② Hans Blumenberg, *Legitimacy of the Modern Age*, p. 27; 参如 Bultmann, *History and Eschatology*。

③ Reinhart Koselleck, *Kritik und Krise: Ein Beitrag zur Pathogenese der bürgerlichen Welt*, Freiburg: Alber, 1959; Eric Voegelin, *The New Science of Politics*; Weizsäcker von, Carl Friedrich, *The Relevance of Science*, New York: Harper and Row, 1964.

④ Hermann Zabel, "Verweltlichung / Säkularisierung: Zur Geschichte einer Interpretations kategorie." PhD diss., Westfälischen Wilhelms-Universität zu Münster, 1968, p. 243; 类似的争论参 Ulrich Ruh, *Säkularisierung als Interpretationskategorie:Zur Bedeutung des christlichen Erbes in der modernen Geistesgeschichte*, pp. 262 – 265。

时期也有活跃的神学著作家不受洛维特影响，比如德勒卡特（Friedrich Delekat）和阿尔马克（Alfred Müller-Armack），但他们的理论似乎比前述学者更符合布鲁门伯格对"世俗化理论"的描述。①

不过，布鲁门伯格选择洛维特作为世俗化理论的重要代表，以便建构一个稻草人，由此来批判整体的世俗化定理。据布鲁门伯格所述，洛维特通过论证"进步"——这个现代的核心原则——只是世俗化终末论的结果，来抨击现代性。这就会让现代性本身虚伪、不正当，或者用公式化的语言来说，现代性因其世俗化而不正当。"作为异化的世俗化"的主题（topos）决定了基督教"终末论"是真实的、原初的实在，而进步只是原初核心所隐含的一种派生物（《现代的正当性》，前揭，页19，页27－35）。这种派生物以宏大的"历史哲学"——特别是黑格尔、马克思及孔德的哲学——讲述了人类世俗救赎的宏大故事，最后到达世俗愿景的天堂（《现代的正当性》，前揭，页32，页85－86）。

虽然现代思想被定义为进步的观念，可争论依旧，因为它以为自身已经"克服"了基督教精神。把现代进步揭示为它明确拒绝之物的派生，显现出它"错误的自我意识"——即不正当性——延伸到了整个现代。② 布鲁门伯格解释了洛维特所暗示的内容：

……历史意识的自主权作为一个终极范畴，一旦根据世俗化定理，被认为是受基督教的"恩泽"而存在，就会暴露出它

---

① Friedrich Delekat, *Über den Begriff Säkularisierung*; Friedrich Gogarten, *Verhängnis und Hoffnung der Neuzeit*, Munich: Siebenstern, 1958; Alfred Müller-Armack, *Das Jahrhundert ohne Gott. Regensberg*: RegensbergscheVerlagsbuchhandlung, 1948.

② Hans Blumenberg, *The Legitimacy of the Modern Age*, 25, p.117－118; Robert M. Wallace, "Progress, Secularization, and Modernity", p.67.

的自我欺骗性。(《现代的正当性》,前揭,页28)

所谓现代性的不正当,不仅在于现代性带有误导的自我意识,更重要地在于其"征用"(expropriation)行为。也就是说,现代的地位被如下事实所定义,即现代由被其征用的实在所构成,比如终末论,因此它(恰恰)起源于基督教。

简言之,洛维特之所以认为现代性不正当,只是因为它由基督教所决定。其暗含的罪责应该被理解为"罪过"(guilt),而不是一种模糊的负债(indebtedness);即是说,该论述援引了司法的框架。① 所以"世俗化"是罪过范畴,那就是说,甲是乙的一种世俗形式,这足以让甲不正当。② 这种假说难免令人生疑(若非洛维特之过),因此布鲁门伯格随即就提出批评。

布鲁门伯格的批评

布鲁门伯格最尖锐的批评见于1962年关于世俗化的演讲。他写于1966年的《现代的正当性》是对最初批评的详述,补充了对现代性与过去宗教之间关系的描述。不过,在这本书后来的版本中

---

① 这种框架由 Hermann Lübbe 提出(Hermann Lübbe, *Säkularisierung*: *Geschichte eine sideenpolitischen Begriffs*, Freiburg: Alber, 1965),布鲁门伯格在其基础上明确地描述了世俗化定理,特别是在1966年 *Die Legitimität der Neuzeit* (12 – 13, 16) 的第一个版本中。查贝尔后来批评布鲁门伯格倾向于将世俗化概念的使用简化为司法上的征用概念(Hermann Zabel, "Verweltlichung / Säkularisierung", 1968)。

② Robert M. Wallace, Introduction to *The Legitimacy of the Modern Age*, xiv; Robert B Pippin, "Blumenberg and the Modernity Problem," no. 3, 1987, pp. 540 – 541; Elizabeth Brient, *The Immanence of the Infinite*, p. 17, p. 21 – 23.

（1974），布鲁门伯格在坚持主要论点的同时，淡化了最初对各种批评的尖锐回应。①

布鲁门伯格首先关注到了洛维特使用的"世俗化"概念，因为这一概念被用作一种解释手段，而非一个要事先解释的概念。这一术语并没有首先阐明后来被称作"世俗化"的进程究竟发生了什么，反而被当成现成的、很容易解释自身的术语。世俗化这一术语的使用，将现代性的运作伦理解释（或者说无效化）为"世俗内在的禁欲主义"，将大量现代乌托邦思想解释为各式天堂，将现代个人主义思想解释为基督教关注个体灵魂的世俗化。② 布鲁门伯格接着指出，将世俗化作为一种解释手段，从本质上讲颇有疑问。

布鲁门伯格第一次阐释世俗化定理是基于征用模式的类比。这一模式基于宗教改革时的一种情形，即属于教会的有形财产被世俗组织所剥离（estranged）。这一模式随后又被挪用（appropriated），在世俗领域内被解释为精神领域内的异化思想或概念。③ 世俗化定理的支持者或隐或显地使用这一模式，但是据布鲁门伯格所言，他们应该解释这种征用实际上发生过（《现代的正当性》，前揭，页16）。

若要这么做，他们应该满足布鲁门伯格提出的下列要求：

---

① 关于《现代的正当性》不同版本之间的变化，参 Laurence Dickey, "Blumenberg and Secularization: 'Self-Assertion' and the Problem of Self-Realizing Teleology," *New German Critique*, no. 41, 1987, pp. 151 – 165；与1962年的演讲之间的关系，参 Joe Paul Kroll, "Human End to History？" pp. 131 – 158。

② Hans Blumenberg, *The Legitimacy of the Modern Age*, p. 4；Hans Blumenberg, "Säkularisation," pp. 240 – 241；Brient, *Immanence of the Infinite*, p. 17.

③ Hans Blumenberg, *The Legitimacy of the Modern Age*, p. 18 – 19；Hans Blumenberg, "Säkularisation," pp. 241 – 242；另参 Hermann Lübbe, *Säkularisierung*, pp. 28 – 30。

他们必须解释：第一，被征用财产的可识别性；第二，原初所有权的正当性；第三，征用的片面性。①

之后他指出，世俗化定理并不能满足这些要求，甚至没有意识到"方法上的举证责任"（methodischen Beweislast）。②

这些无法满足的标准，是为了说明世俗化定理是基于错误的假设，即"实体论"（substantialism）。③ 这意味着，世俗化理论假定了存在固定的"实体论"（智识性内容，如思想或概念），它在历史中呈现，且贯穿于历史，经久不变。这些"真实的"内容与它们的起源背景联系在一起。通过挪用，这些内容开始异化，但它们保持了与起源之间隐含的联系。"真实性"概念对于世俗化的理论至关重要，它预设了这些实体包含着"隐秘意义的维度"——换言之，这些内容在它们不曾显现的地方依然存在。④

在布鲁门伯格对世俗化定理的批评中，他夸大了洛维特的情况。首先，"进步"不是"终末论"的世俗化形式，因为在整个过程中，由于现象之间的差异，一个物质不可能有实质性的连续性，因此也没有可识别性。关于进步与终末论之间存在结构性差异，布鲁门伯格说：

> 尽管终末论讲的是一个打破历史的事件，一个超越历史并

---

① Hans Blumenberg, "Säkularisation", pp. 241.
② 同上，页243。
③ Hans Blumenberg, *The Legitimacy of the Modern Age*, pp. 28 - 29, pp. 48 - 49, pp. 64 - 66, p. 88, p. 120, p. 466; Hans Blumenberg, "Säkularisation", p. 263.
④ Hans Blumenberg, *The Legitimacy of the Modern Age*, p. 17 - 19; Hans Blumenberg, "Säkularisation", p. 263.

且与之相异的事件……进步的观念从当下的现存结构外推，推到历史内在的未来。(《现代的正当性》，前揭，页30)

两者之间存在着遗传的或历史上的区别，因为这些现象有不同的历史起源。在布鲁门伯格的理论，这意味着两者回答了两个不同的问题。终末论处理的是超越性意义以及历史整体的目标，而"进步"观念起源于把更适度、更具体的科学与艺术发展概念化。①

第二个要求即"正当的所有权"（legitimate ownership），它表明此概念由于预设了可疑的"真实性"概念而同样困难重重；这种真实性只是投射到终末论之后的某种构建（construction）。布鲁门伯格证明，基督教终末论在历史上是一个成问题的现象——就它在纯粹意义上的实际存在而言——它的寿命很短。终末论的早期基督教形式，一种极端而迫切的对基督临近的期待（Naherwartung），很快引起了失望，因为第二次降临明显延期了。因此，它摇身一变，稀释了中世纪的终末论思想。布鲁门伯格在这方面做了两个评述：第一，中世纪终末论的转变意味着基督临近变成了一件让人害怕发生的事，而非期待之事，这意味着现代进步并不像洛维特声称的那样，是基督教希望的世俗化。② 第二，这也否认了第三个要求所能到达的程度，布鲁门伯格指出，终末论通过中世纪的转变，实际上"世俗化了自身"。通过抑制所期待之事发生的及时性，世俗化本身为人类事务开辟了更多的空间，从而更坚定地朝向世俗历史。③ 因此，不能说"世俗"

---

① Hans Blumenberg, "Säkularisation", p. 243.

② 同上，页246；关于布鲁门伯格理论中的终末论，参 Ulrich Ruh, *Säkularisierung als Interpretationskategorie*, pp. 98–107。

③ Hans Blumenberg, "Säkularisation", pp. 247; Hans Blumenberg, *The Legitimacy of the Modern Age*, pp. 44–47.

从"精神领域"征用了什么东西。①

在具体评述了洛维特的论述之后,布鲁门伯格将他的观点与更为根本的对世俗化定理的总体批评联系起来。他认为,定理中隐含的本体论预设了一个固定的"实在"(substance),它能够被"世俗"异化,这实际上揭示了该定理是一种隐秘神学(crypto-theology)。它的真实概念不仅背离了浪漫主义者的本体论(在他们的本体论中,现象总是被限制在其原初语境中),而且也需要一种超越的来源。世俗化定理必须预设一种来源,即便这个来源点是隐蔽的。因为世俗化定理把真实构想出来的概念仅仅放在过去,放在"纯粹的"基督教中,而忽略了这些概念的历史偶然性。因此,世俗化定理进入了"神学的自我宣称与自我主张"(theologischen Selbstdeutung und Selbstbehauptung)这一领域。布鲁门伯格认为,如果这一领域没有取代神学的基督教 – 柏拉图式(Christian – Platonic)的所有权理念——此理念预设了神圣的起源,暗示了后续"复本"(copies)的衍生性——那么它只不过是隐秘神学的一种形式。② 这也说明了现代的罪责负债(incriminating indebtedness),因为作为神学的一个衍生物,这一定理也接受了神学对现代的憎恨,因为现代被视为基督教的"篡位者"。③

为了反对那些对现代性的隐秘神学式攻击,布鲁门伯格借助他

---

① Hans Blumenberg, *The Legitimacy of the Modern Age*, p. 47; Hans Blumenberg, "Säkularisation", pp. 248.

② Hans Blumenberg, "Säkularisation", pp. 244, 254; Hans Blumenberg, *The Legitimacy of the Modern Age*, p. 10.

③ Hans Blumenberg, "Säkularisation", pp. 242; Hans Blumenberg, *The Legitimacy of the Modern Age*, p. 119; Ulrich Ruh, *Säkularisierung als Interpretationskategorie*, pp. 120 – 121.

自己的历史观为现代辩护。利用世俗化定理作为一种对抗观点，布鲁门伯格认为现代性与基督教之间的关系是功能上（functional）的连续性与实质上（substantive）的不连续性。为了解释连续性，布鲁门伯格假设了一个问题与答案的跨时代（transepochal）结构。考虑到基督教中世纪的世界观的问题（这种世界观由于内部压力与矛盾而解体），现代性应该被视为一个独立的答案。人类"自我肯定"（Selbstbehauptung）的现代观念——现代性的核心原则——回应了由中世纪晚期"神圣绝对王权"造成的严重不确定性，现代进步观念表明，这种自我肯定外推到了历史领域。布鲁门伯格借助反对神圣绝对王权或整体性的超越——通过自我肯定——维护了现代性与进步。①

布鲁门伯格对世俗化定理的批评，以及他对洛维特作为一名世俗化理论家的相应描述，被广泛接受。举几个例子，迪基（Laurence Dickey）写道："据说，布鲁门伯格在反驳世俗化定理方面最为成功。"② 鲍斯玛（William J. Bouwsma）认为，"《现代的正当性》作为

---

① 参 Hans Blumenberg, *The Legitimacy of the Modern Age*, 另参 Blumenberg, *Work on Myth*, translated by Robert M. Wallace, Cambridge, MA: MIT Press, 1985; Hans Blumenberg, "An Anthropological Approach to the Contemporary Significance of Rhetoric", translated by Robert M. Wallace, *In After Philosophy: End or Transformation?*, edited by Kenneth Baynes, James Bohman, and Thomas McCarthy, pp. 429–458, Cambridge, MA: MIT Press, 1987, p. 456; Hans Blumenberg, *Care Crosses the River*, p. 42, 56; 关于布鲁门伯格的"哲学反专制主义"，参 Robert Savage, Afterword to *Paradigms for a Metaphorology*, by Hans Blumenberg, Ithaca, NY: Cornell University Press, 2010, E-book version, p. 223; 另参 Odo Marquard, "Entlastung vom Absoluten", *Du: Die Zeitschrift der Kultur* 51, 1991, pp. 25–26。

② Laurence Dickey, "Blumenberg and Secularization: 'Self-Assertion' and the Problem of Self-Realizing Teleology", pp. 153–154; 另参 Richard Rorty, "Against Belatedness." *Review of Legitimacy of the Modern Age*, by Hans Blumenberg, *London Review of Books* 5, no. 11, 1983, pp. 3–5。

一种延伸性反驳,针对洛维特的……《历史中的意义》的反驳完全令人信服"。① 这也意味着很多学者接受了布鲁门伯格将洛维特的论述视为一个稻草人的判断,暗指《历史中的意义》只是在征用模式及与其伴随的本体论的基础上论证现代性的不正当。② 比如拉齐尔(Benjamin Lazier)写道:

> 洛维特的论点确定了一种内在于中世纪基督教的实质,它在其现代伪装之下,似乎经历了转变,成了世俗化的形式,但实际上没有脱离原来的基督教框架。③

皮平(Robert. B. Pippin)也赞同洛维特试图凸显现代性的负债(indebtedness):

---

① William J. Bouwsma, Review of *Legitimacy of the Modern Age*, by Hans Blumenberg, *Journal of Modern History* 56, no. 4, 1984, p. 698.

② Robert M. Wallace, "Progress, Secularization, and Modernity"; Christoph Henning, *Philosophy after Marx: One Hundred Years of Misreadings and the Normative Turn in Political Philosophy*, translated by Max Henninger, Leiden: Brill, 2014, p. 377 - 378; Denis Trierweiler, Review of *Work on Myth*, by Hans Blumenberg, *Diogenes*, no. 182, 1998, pp. 155 - 164; Hans Lindahl, "Machtenrationaliteit: Blumenbergen de legitimiteit van de modernetijd", *Wijsgerig Perspectief* 38, 1997, p. 10; David Ingram, "Blumenberg and the Philosophical Grounds of Historiography", *History and Theory* 29, no. 1, 1990, 5; Elias José Palti, "In Memoriam: Hans Blumenberg (1920 - 1996), an Unended Quest", *Journal of the History of Ideas* 58, no. 3, 1997, p. 504; Bernard Yack, "Myth and Modernity: Hans Blumenberg's Reconstruction of Modern Theory", *Political Theory* 15, no. 2, 1987, p. 253; William J. Bouwsma, "Review of Legitimacy of the Modern Age, by Hans Blumenberg", *Journal of Modern History* 56, no. 4, 1984, p. 698.

③ Benjamin Lazier, "Overcoming Gnosticism: Hans Jonas, Hans Blumenberg, and the Legitimacy of the Natural World", in *Journal of the History of Ideas* 64, no. 4, 2003, p. 628.

他经常轻率地做出假设，即指出必要的基督教"视野"，就足以让——现代的进步信仰是完全现代的，因此是理性的这一说法——失去正当性，暴露为自我欺骗。①

布鲁门伯格对世俗化定理的批判似乎是合理的。事实上，如果一个人试图用征用模式来证明现代性的不正当，他至少要能够详细地阐述这种"实在"，维护原初所有权的正当性，以及揭示征用是怎么发生的。但这是不可能的，我们虽然可以建构一个实质连续性的概念来充当启发性的工具，但是在考察思想的历史发展时，人们无法像在自然界中找到物体那样找到这类概念。不过，问题不在于布鲁门伯格对世俗化定理的批评是否正当，而在于他是否正当地描述了作为世俗化理论家的洛维特。②

洛维特的描述

第一条思路：世俗化即合并

布鲁门伯格对洛维特的批评很大程度上取决于布鲁门伯格对洛维特的假设（认为现代进步观念是终末论的世俗化形式）进行的本

---

① Robert B Pippin, "Blumenberg and the Modernity Problem", no. 3, 1987, p. 541.

② 我之前已经提到，布鲁门伯格对世俗化定理的描述实际上更类似于几个学者，比如阿尔马克（Mullür-Armack）和德勒卡特（Delekat），而不是别人。我也提到在德勒卡特那里能更清楚发现世俗化定理的两个特点——本体论与征用——不过仍有人，比如鲁赫（Ulrich Ruh）会想，"世俗化定理"作为一种理想类型的不恰当性，是否应该首先让人怀疑它有什么优点（Ulrich Ruh, *Säkularisierung als Interpretationskategorie*: *Zur Bedeutung des christlichen Erbes in der modernen Geistesgeschichte*, p. 267）。

体论解读，而他对洛维特的描述（基于征用模式）也依赖于这种本体论解读。因此，要判断布鲁门伯格的批评是否合理，首先要确定布鲁门伯格所论断的洛维特意味着什么，其次理解它在布鲁门伯格整个理论中起到的作用。不过，这需要对洛维特的描述进行重构。尽管看起来直截了当，但仔细观察会发现，洛维特的描述比人们承认的要复杂和模糊得多。此外，洛维特的描述缺乏清晰度，有时还缺乏一致性，也正是这些因素变成了后来批评家关注的重点——很明显，这种模糊性会更容易让人误解洛维特的描述。① 因此，为了让洛维特的描述能够对抗布鲁门伯格的批评，我认为有必要重构洛维特的理论，重组他自己的论据，并根据他后来的批评，对那些与批评相关的方面进行阐释。

这一重构需要拆分洛维特原初论据中相互交织的两条思路，并沿着这两条思路，区分描述性（descriptive）主张与规范性（normative）主张。世俗化的描述只起到描述性作用，它次于《历史中的意义》中的第二条思路（在之前并没有被充分揭示）。第二条思路涉及最重要的规范性主张，即基于纯粹信仰与纯粹理性而对现代性的否定。至少从分析的角度说，重建的结果就是：洛维特最重要的规范性主张并不依赖于那条次要思路，即不依赖于他的世俗化理论。

不过，有必要弄清世俗化在洛维特理论中的含义。要这么做，简要讨论他的基督教观念就很重要。洛维特在书中前言暗示了《历史中的意义》这一书名的文意：

> 我试图诚实地告诉大家……不可能……把合理的秩序强加

---

① 克罗尔也有相近的说法，参 Joe Paul Kroll, "A Human End to History?" p. 93.

于历史,或者让上帝发挥作用。

也就是说,

> 对善于批判的人来说,在所有时代严肃的人类谐剧中,既看不到天意的安排,也看不到进步发展的自然规律。①

当说到"历史中的意义"时,洛维特从目的论层面来理解意义(meaning),即"目的"。对他来说,这意味着对于批判性的心智而言——恰当地说——历史中没有意义(《历史中的意义》,页5)。这本书描述了错误的、有目的性的历史观念如何从基督教的起源发展到洛维特的时代(《历史中的意义》,页3)。正如副标题——"历史哲学的神学前提"——所指,这本书是为了揭示在现代历史思维中神学模式所隐含的预设,其中最重要的是"历史的神学概念作为一种完成(fulfillment)与救赎的历史"(《历史中的意义》,前揭,页1)。

对基督教的理想–典型的描绘,是洛维特世俗化理论中的一个基准。洛维特指出,特别是"真实的"基督教,与所有历史中假设的意义是敌对的。救赎,在基督教信仰中是唯一有意义的,它不仅发生在历史中,还超越历史。它关心个人灵魂,同时,即便不与此世的命运(worldly constellations)敌对,至少也是冷漠的。同样,终末并不意味着历史的完成,就历史所期待的目标而言,终末本质上意味着历史的终结。面对绝对的超越,洛维特指出,基督教只能将历史相对化,使其变得毫无意义。同样,上帝隐藏的计划——救赎

---

① Karl Löwith, *Meaning in History: The Theological Implications of the Philosophy of History*, Chicago: University of Chicago Press, 1949.

历史（Heilsgeschehen）——据说发生在世俗历史（Weltgeschichte）之后，或者之外，而不是交织其中。

这种区别与奥古斯丁关于上帝之城（civitas Dei）与尘世之城（civitasterrena）的典型区分类似。基督教信仰的另外一个重要方面是它由希望（hope）所激励，这种希望使基督教信仰区别于洛维特在希腊世界观中所发现的坚实的客观性（他更倾向于这种坚实的客观性）。鉴于基督教的希望是达成一个完全超越的救赎，它让内在历史完成（fulfillment）中的所有希望都化为乌有。①

在《历史中的意义》中能发现的最明显的论证思路，就是基督教思维中本来分离的世俗历史领域与救赎历史领域，在整个历史中变得相互交织。最后，它们在现代"历史哲学"中综合起来，比如之前提到的孔德、黑格尔和马克思的世俗救赎历史。② 这些历史哲学就是洛维特发现的现代历史意识，也是一种更保守的"无限进步"观念。与基督教相反，现代历史意识将希望投射到历史本身，期待在历史内完成。因此，洛维特认为，它包含了

> 把神圣历史降低到世俗历史的阶段，而将世俗历史提升到最高的阶段。（《历史中的意义》，页59）

洛维特用《历史中的意义》的大部分篇幅追溯了神圣历史与世俗历史的逐步合并，从他（亲近）的同龄人斯宾格勒（Oswald Spengler）和海德格尔悲观的"历史下降"开始，向上追溯至18、19世纪乐观的

---

① 关于洛维特对基督教的描述，参 Karl Löwith, *Meaning in History*, pp. 3–19, pp. 160–207。

② Karl Löwith, *Meaning in History*, pp. 33–103; Karl Löwith, "Christentum, Geschichte und Philosophie", in vol. 2 of *Sämtliche Schriften*, pp. 433–451, Stuttgart: Metzler, 1983, pp. 435–437.

历史哲学，直到两者首次联系在一起，即12世纪方济各会约阿希姆（Joachim of Fiore）的"神学历史主义"。①

重要的是这一合并是如何发生的。与人们阅读布鲁门伯格时的期望相反，洛维特并没有将其表述为一种实质从一种语境转移到另一种语境。相反，洛维特将其概念化为神学模式（pattern）的挪用，挪用时又拒绝了与神学模式相伴的神学内容（content）。因此，启蒙思想家与历史哲学家接受了基督教目的论的未来完成体系，而反对基督教信仰的天意与超越。这是有可能的，因为现在这一体系被解释为"进步"，被视为逐步克服基督教以及其他拟古主义（archaisms）的进程，从而支持了人类的自由与理性。因此，洛维特多次且反复申明，这些现代进步观念是"基督教的衍生物与反基督教的结果"。②

鉴于此，我们就有可能从重构《历史中的意义》出发来定义世俗化（这一术语洛维特用得很保守）。③ 也就是说，世俗化并不意味着对一种实质的异化，而应该被视为一面接受神学模式（scheme），一面却拒绝与其相伴的神学内容，这标志着神圣历史与世俗历史的逐步

---

① Karl Löwith, *Meaning in History*, p. 156；Karl Löwith, "Christentum, Geschichte und Philosophie", p. 438；洛维特对衰落史的批评，参 Karl Löwith, *Martin Heidegger and European Nihilism*, edited by Richard Wolin, translated by Gary Steiner, New York：Columbia University Press, 1995, p. 95；另参 Karl Löwith, "Das Verhängnis des Fortschritts", in *Die Philosophie und die Frage nach dem Fortschritt*, edited by Helmut Kuhn and Franz Wiedman, Munich：Pustet, 1964, pp. 19–20。

② 参 Karl Löwith, *Meaning in History*, p. 202；也见于 pp. 60, 61, 112–114, 197, 202。

③ 洛维特只是以一种不明确的方式使用这个术语，比如 Karl Löwith, *Meaning in History*, pp. 103, 158, 193。

合并。然而,这一主张还不足以让洛维特对现代历史意识做出评判,相反,他的中心论证是第一位的。

第二条思路:雅典与耶路撒冷之争

虽然洛维特没有把他的第二条思路从论证中清楚地分离出来——我将其描述为"雅典与耶路撒冷反题"(Athens-Jerusalem antithesis),① 但这应该被视为明显的论断。洛维特认为现代性夹在两种不相容却又值得尊敬的传统中间,即基督教"信仰"与雅典"理性",并且谴责现代思想不能在两者中选其一。② 他声称:

> 现代思维尚未决定它应该属于基督教还是异教。它一只眼望着信仰,一只眼望着理性。因此,与希腊或圣经思维相比,它的视野是必定模糊的。③

洛维特将基督教信仰与希腊理性呈现为仅有的两种看待世俗与历史的态度。"纯粹"基督教对世俗事务冷漠,因为它聚焦于超越的拯救。传统的希腊观点——如洛维特依据廊下派-伊壁鸠鲁派

---

① Joe Paul Kroll, "A Human End to History?" p. 153; Karl Löwith, *Wissen, Glaube und Skepsis*. Vol. 3 of *Sämtliche Schriften*, Stuttgart: Metzler, 1983, p. 34.

② Karl Löwith, *Meaning in History*, p. 165, 207; Berthold P. Riesterer, *Karl Löwith's View of History: A Critical Appraisal of Historicism*, The Hague: Nijhoff, 1969, p. 71。这并不是说,洛维特相信一个真正的决定是可行的;洛维特对基尔克果与尼采的负面评价参 Karl Löwith, *From Hegel to Nietzsche: The Revolution in Nineteenth-Century Thought*, translated by David E. Green, Garden City, NY: Anchor, 1967, 他对决断论的拒绝参 Karl Löwith, *Martin Heidegger and European Nihilism*。

③ Karl Löwith, *Meaning in History*, p. 207, and pp. 3, 19, 165.

（Stoic-Epicurean）所构想的①——也拒绝了任何有意义的历史概念。然而，希腊观点不是期待拯救，而是受到理性的鼓励，对短暂的事务持坚定的怀疑主义，只把注意力放在永恒的自然与宇宙上。既然"真实"存在于永恒之中，历史就不是哲学真正的对象。的确，"对希腊思想家来说，历史哲学是一个矛盾的术语"。② 希腊思维提供给历史的唯一洞见，就是历史应该是循环的，而不是线性的。这类似于诸天体的运动（the motions of the heavens），但也是由古典的"命运"概念决定的（《历史中的意义》，前揭，页4－11）。此外，"纯粹的信仰"依赖于希望得救与害怕被罚入地狱，"真正

---

① Jürgen Habermas, "Karl Löwith: Stoic Retreat from Historical Consciousness", in *Philosophical-Political Profiles*, translated by Frederick G. Lawrence, 81－99, Cambridge, MA: MIT Press, 1983, pp. 83; Joe Paul Kroll, "A Human End to History?" pp. 100。比如学者马夸德（Odo Marquard）已经提出它与希腊思想的联系（Odo Marquard, "Politischer Polytheismus —auch eine politische Theologie", in *Der Fürst dieser Welt*, edited by Jacob Taubes, 77－84. Munich: Fink, 1983, p. 79; "Politischer Polytheismus", 79）；尽管布鲁门伯格与洛维特明显不一致，但他们的立场非常相似，因为他们的哲学与希腊思想是一致的，即分别是伊壁鸠鲁主义与廊下派。我不同意在理解洛维特与布鲁门伯格之争背后的总体原则，因为它贬低了两位学者之间实质的不同，在我的分析中，这集中在他们对现代性与历史的评价上。在这方面，我认为伽达默尔（Hans-Georg Gadamer）对洛维特哲学的解释值得一提（Hans-Georg Gadamer, "Hermeneutics and Historicism." in *Truth and Method*, translated by Joel Weinsheimer and Donald G. Marshall, 528－567, London: Bloomsbury, 2013, pp. 550－551），即洛维特诉诸的希腊"宇宙"观念，正是他想要否定的事物的一个反面镜像，而不是积极的哲学基础。由此可见，洛维特的"廊下派"思想更像是对现代哲学的反思，而不是"真正的"古典立场，这也可以适用于布鲁门伯格所谓的"伊壁鸠鲁主义"，不过，对洛维特的廊下派思想真实性的分析超出了本文讨论的范围。

② Karl Löwith, *Meaning in History*, p. 4; Karl Löwith, *Wissen, Glaube und Skepsis*, pp. 218－239.

的理性"则本着平静的顺从与接受命运的态度，拒绝了希望与害怕——与廊下派哲学家的教义既不希望，又不恐惧（nec spe nec metu）相一致（《历史中的意义》，前揭，页199-204）。洛维特赞成希腊的选择，同时要读懂他著作的大部分内容，就应该根据他顺从的态度，尝试"无望地（hopelessly），不是绝望地（de-sperans）"来生活。①

从雅典与耶路撒冷的区别之中得出的重要推论，就是洛维特最终拒绝了现代性。这一推论基于该对立的两个特点：雅典与耶路撒冷两方都同意基本上历史无意义，且双方各不相容。现代性——由于它基本的进步原则——被洛维特拒绝，因为现代性不能在理性与信仰中做出选择。相反，现代性意图调和两种选择，方式则是一面拒绝超越的信仰，同时又拥抱充满希望的未来。现代思想设法凭此把意义与希望强加到历史领域，然而，信仰与理性都认为这种强加并不可能。② 因此，现代性的错误在于没有意识到其构成部分的根本对立：

> 现代人仍然生活在基督教十字架与（and）古希腊循环的中心之中。西方思想史不断尝试用一方去协调另一方，协调启示与理性。可这种尝试从没成功，也不可能成功，除非妥协。尼采与基尔克果已经显示，在基督教与异教之间最初的决定仍是关键性的。人们怎么能把"世界是永恒的"这一古典理论与基督教的创造信仰相协调、终末与循环相协调，把异教徒对命运的接受与基督徒的希望义务相协调呢？（《历史中的意

---

① Joe Paul Kroll, "A Human End to History?" p. 115.
② Karl Löwith, *Meaning in History*, p. 192; Karl Löwith, "Christentum, Geschichte und Philosophie", pp. 435-436, 444-445.

义》,前揭,页165)

这一问题,让两条思路——"世俗化即合并"与"雅典、耶路撒冷之争"——能够彼此相联系。现代进步观念是神圣历史与世俗历史合并的结果,仔细分析,它与关于现代意识不能在希腊思维方式和基督教思维方式之间做出选择的论断并不相同。那就是神圣历史与世俗历史之别——它们都设想了线性意识而不是循环意识——已经是基督教的产物。洛维特对世俗化的描述没有表述现代性如何夹在雅典与耶路撒冷之间,也没有表述为什么现代性没有在二者之间做出选择。他只描述了现代性如何从基督教的位置离开,即通过合并世俗历史与神圣历史,创造一个有意义的历史。实际上,洛维特描述的世俗化作为一种合并,没有给出拒绝现代历史观念的理由,因为他不希望回到基督教的立场本身。

继续重建洛维特的描述,这两条思路能归结为同一个结论,虽然第二个论证很明显比第一个论证更重要。《历史中的意义》的主要目的,是根据现代历史思维之背离基督教与希腊思维模式,评估现代历史思维。洛维特对现代性的否定,在于它抛弃了基督教的纯粹超越(信仰),然而又没有诉诸另一个唯一真实的选择,即希腊哲学对不变宇宙的理解(理性),以及对任何未来希望的拒绝。相反,现代思维,特别是历史哲学,取代了原初的超越,以目的(telos)为结尾,它既不是全然内在的,又不是超越的,而是两者内在不稳定的混合。世俗化即合并这一论证,阐述了现代进步观念起源于基督教,然而,在我的理解中,它只是为雅典与耶路撒冷之争提供了规范性依据,以此来拒绝现代进步观念。洛维特对现代历史思维"不属于智慧和信仰"的谴责,服务于《历史中的意义》的最终指向(《历史中的意义》,前揭,页192)。

重估布鲁门伯格的批评

布鲁门伯格视洛维特为世俗化定理的代表,相应也是更广泛的衰落史类型的一种代表。① 然而,洛维特的理论能从那些衰落史(histories of decline)中区分出来,至少正如布鲁门伯格所描述的那样,它是某种隐秘神学叙述的异化,或某种对超越性来源的征用。实际上,在《历史中的意义》及其他数处文字中,洛维特自己均拒绝将这种衰落史视为他所反对的黑格尔历史哲学的悲观版本。② 我们应该记住,洛维特的廊下派观点不仅与希望有关,也与害怕(仅仅是希望的另一面)有关。不难看到,比起那些悲观的衰落史,他的历史描述是为了让人清醒,因为它放弃了对未来或过去的渴望。因此,洛维特不仅放弃了实现某种未来的希望,也放弃了对黄金岁月(我们

---

① 关于文化悲观主义、衰落史以及世俗化定理之间的联系,参 Joe Paul Kroll, "A Human End to History?" pp. 93。哈贝马斯(Jürgen Habermas, "Karl Löwith: Stoic Retreat from Historical Consciousness.", pp. 84)、罗蒂(Richard Rorty, "Against Belatedness." *Review of Legitimacy of the Modern Age*, by Hans Blumenberg, *London Review of Books* 5, no. 11, 1983, pp. 3 – 5)以及另外一些人将洛维特描述为一个衰落论历史学家(Verfallshistoriker)。布鲁门伯格指出,洛维特属于"文化悲观主义"阵营(Hans Blumenberg, *The Legitimacy of the Modern Age*, p. 15 – 18)。

② Karl Löwith, *Meaning in History*, p. 11 – 13, 199; Karl Löwith, "Das Verhängnis des Fortschritts", p. 19 – 20; Karl Löwith, "Die Dynamik der Geschichte und der Historismus", in vol. 2 of *Sämtliche Schriften*, 296 – 329, Stuttgart: Metzler, 1983, p. 300, 318; Jeffrey Andrew Barash, "The Sense of History: On the Political Implications of Karl Löwith's Concept of Secularization", *History and Theory* 37, no. 1, 1998, pp. 81 – 82; Vincent P. Pecora, *Secularization and Cultural Criticism: Religion, Nation, and Modernity*, Chicago: University of Chicago Press, 2006, p. 59.

应从中脱离出来）的渴望，毕竟，这是衰落史的一个前提（《历史中的意义》，前揭，页89-90、180-181、190-200）。

布鲁门伯格针对洛维特更具体的批评始于对本体论的指控。洛维特的描述没有追溯单一实体的逐步异化，而是集中于体系或模式如何持续存在，但其内容或实质却慢慢被取代。比如，洛维特说，孔德采纳了"没有基督信仰的天主教体系"，在该体系下，基督教形式已经背离了它的实质，类似于在启蒙运动中，基督教最初关于有目的之历史的观点，如何被解释为战胜基督教本身。① 据洛维特的说法，这解释了

> 重要的进步观念的模糊结构，它在推导上既是基督教的，又是隐晦地反基督教的。（同上，页61）

有时，洛维特甚至似乎倾向于对"世俗化"进行更实用主义的描述，因此接近于布鲁门伯格的论证。比如，洛维特提到，

> 最终……进步学说必须承担上帝的职责，那就是预见未来，为未来做好准备。（同上）②

诚然，洛维特的理论在实质-形式（substance-form）的差异方面并不完全一致，同时差异也不完全清晰——这让他的描述容易被指控为本体论上犯了错。③ 不过，即使在少数情况下洛维特似乎提

---

① Karl Löwith, *Meaning in History*, p. 83, p. 88.

② 另参 Karl Löwith, "Das Verhängnis des Fortschritts", p. 26："通过大量成功的科学进步，现在物理学家占据了神学家的位置：可规划的进步已经取代了天意的作用（重点已注）。"

③ 比如，注意关于马克思的部分在 Karl Löwith, *Meaning in History*, 页111、114 与44 的区别。

出了不同看法，但细读《历史中的意义》仍可以得出大意，那就是，作者将世俗化描述为实质上的不连续与形式上的连续，即将救赎模式投射到世界历史的材料上。

为了支持布鲁门伯格的批评，人们对洛维特上述说法可以提出反对意见，主张即便这种连续性纯粹是形式上的，它仍可以根据征用来评估，因此也可以根据不正当性来评估。然而，仔细审视洛维特的论证会发现，无论是实质上还是形式上，他对现代性的攻击都不是基于征用模式。在笔者回到什么可以作为洛维特规范性的理由之前，我们可以承认，《历史中的意义》没有描述"世俗"（the world）对基督教实质或形式的窃取，而是展示了世俗化如何起源于基督教本身——比如方济各会的约阿希姆的灵性概念（《历史中的意义》，页155-159）。此外，布鲁门伯格在论述中引入的司法术语——征用、财产、所有权——在对洛维特理论的批评上则是误用。评论者察贝尔（Zabel）已经注意到这一点，洛维特本人也早有警觉。① 实际上，洛维特在针对布鲁门伯格的书撰写的评论文章中（写于第一版《现代的正当性》出版后的两年）清楚地指出了这一点，他指出自己从没想过在司法意义上用"世俗化"来表示"实质"的正当（legitimate）或不正当（illegitimate）所有权。洛维特在评论文章中指出，正当所有权的前提对历史来说是无效的，因为所有的想法或概念在被征用时，都必定会脱离其起源。因此，所有历史的发展都是"不正当的"，它会让这一概念变得无效：

---

① Karl Löwith, "Besprechung des Buches *Die Legitimität der Neuzeit* von Hans Blumenberg", in vol. 2 of *Sämtliche Schriften*, 1983, p. 459; Hermann Zabel, "Verweltlichung/Säkularisierung," pp. 229-230.

> 在比喻意义上,用于历史[的概念],不存在正当或不正当的问题。①

洛维特没想让"世俗化"概念成为司法意义上的罪过范畴,在对布鲁门伯格的回应中,洛维特指出,自己只是想要辨析现代历史思维的可能性条件:

> 我们的论点表明的无非是,旧约的预言与基督教的终末论已经创造出的一种"问题-立场"视野以及一种知识氛围——从历史哲学的角度来看:一个未来与"实现未来"的视野——这使得现代历史观念与世俗进步信仰(的存在)成为可能。②

这一论断既没有表现出布鲁门伯格归于洛维特名下的本体论,也没有表明——如洛维特的批评者认为的那样——"世俗化"概念应该具有规范性意义。我对洛维特理论的重建证实了这一看法,因为此重建表明,洛维特对世俗化的描述展现了现代进步观念产生的过程:现代进步观念借助了基督教对未来希望的实现,达成了实质上的不连续与功能上的连续性,而没有形成现代自身的主要规范性论证。

布鲁门伯格的批评在某种程度上受到了误导,因为他错把洛维特对世俗化的描述当成了规范性论断。如果世俗化确实被视作规范性

---

① Karl Löwith, "Besprechung des Buches *Die Legitimität der Neuzeit* von Hans Blumenberg", p. 459; Karl Löwith, *Meaning in History*, p. 212 – 213.

② 参 Karl Löwith, "Besprechung des Buches *Die Legitimität der Neuzeit* von Hans Blumenberg", p. 455。然而,洛维特在他的评论文章里只提出了模糊的反驳,没有严格地处理布鲁门伯格实际提出的指控,比如关于本体论或征用的指控。也许正是由于没有贡献什么建设性批判,这篇评论文章极少受到研究洛维特与布鲁门伯格之争的评论家们的关注。

的唯一载体，即作为罪过范畴，那么它很容易遭受不正当与征用的指控。这样的误解在后来版本的《现代的正当性》依然存在，布鲁门伯格也确实回应了洛维特"猛烈的"攻击，但他仍然把后者解释为：

> ……历史意识的自主权作为一个终极范畴，一旦根据世俗化定理，被视为受基督教的"恩泽"而存在，就会暴露出它的自我欺骗性。①

布鲁门伯格仍然认为，洛维特说现代性不正当，无非是因为它是世俗化的。

第二条思路——布鲁门伯格几乎忽视的雅典与耶路撒冷之争，正是在这一规范性基础之上——形成了《历史中的意义》的结论：拒绝现代的历史思维，因为它没有在信仰与理性两种理想类型中做出选择。因此，洛维特最重要的规范性论断需要拒绝现代历史意识，不是因为它不正当，而仅仅因为它是错的。他在现代意识中发现的致命错误，就在于它试图合并两种彼此矛盾的态度：信仰与理性。一个是交织着"非宇宙"（acosmic）的希望——用韦伯的术语，然而另一个则必定要拒绝希望，同时肯定宇宙（cosmos）。现代思维的错误包括了它拒绝宗教希望的超越本性，却又执守希望本身。现代思维保留了宗教思维的框架，却拒绝了其重要的核心——超越的目标指向。之后，现代思维又错误地将它的希望导向历史，一个被信仰与理性同时拒绝

---

① 参 Hans Blumenberg, *The Legitimacy of the Modern Age*, p. 28, 重点已注。如引言所示，布鲁门伯格在这方面没有改变他对洛维特的解释。虽然在后来版本的《现代的正当性》中他承认了洛维特倾向于希腊世界观而不是基督教——他写道，据说洛维特促进了"循环宇宙论的复兴"——可布鲁门伯格还是继续把《历史中的意义》视为世俗化定理的一个例证。

的领域，被视为完全且本质上无意义的领域（《历史中的意义》，前揭，页89-90、189）。

如前述，洛维特批评现代性是错误的，而不是不正当的（illegitimate）。这一区别很重要，因为它不仅属于布鲁门伯格的批评是否合理这一问题，还阐明了洛维特的描述的一个重要特征，即他的理论的所谓"非历史性"（ahistorical）品质。按理说，布鲁门伯格引入"（不）正当"的司法框架是为了陈述那些只能被称为"历史的"事务。① 它指的是正当的（rightful）或不正当（unrightful）的所有权，以及对存疑的"财产"的正当（legitimate）转移或不正当（illegitimate）征用，也就是指历史的状态或发展。② 然而，根据我的理解，这不是洛维特（他被描述为一个反历史主义者）想要做的。为了避免自相矛盾，洛维特需要避免给人留下这种印象：他在一个本身是历史标准的基础上来批评现代历史意识。这就是为什么洛维特需要一个非历史的基准——"信仰与理性之争"——作为批评基础。我们能设想洛维特多次试图逃避针对他的批评，即，洛维特仍在某种程度上得益于他试图拒绝的历史意识。③ 这种对洛维特理论的解读，非常契合他在一些次要著作中对伽达默尔与一般历史主

---

① 顺带一说，"正当性"（legitimacy）是历史连续性范畴的概念，能在施米特对布鲁门伯格的批评中找到，参 Carl Schmitt, *Political Theology II: The Myth of the Closure of Any Political Theology*, pp. 116-120。

② 此外，（不）正当的后代更具生物学意义的隐喻，现代性作为基督教的私生子，也依赖于这样的历史思维模式。

③ 参 Jürgen Habermas, "Karl Löwith: Stoic Retreat from Historical Consciousness," p. 86; Berthold P. Riesterer, *Karl Löwith's View of History: A Critical Appraisal of Historicism*, p. 78；另参 André van der Elst, "De bevrijding van de holbewoner: Karl Löwithen het herstel van de humaniteit", PhD diss., Vrije Universiteit Amsterdam, 2004, pp. 139-140，这段文字更详细地处理这个问题。

义提出的反对意见,即真理是独立于其历史表达的。① 在这种意义上,可以推测,对洛维特来说,现代性不是不正当,而仅仅是错误的——一个非历史的、逻辑的范畴。或许是由于《历史中的意义》的模糊性,布鲁门伯格似乎没有认识到洛维特理论的这一原则。相反,他把洛维特描述为一个简单的衰落史学家(Verfall-historiker),而且大多数评论者均认为没有必要去看看这一"稻草人"的背后。

在我谈及这种反驳对于评价洛维特与布鲁门伯格之争有什么影响之前,还有三件事需要解决。第一,上述混淆与误解已经在他们的争论中留下了印记,部分误解可以归结为形式与实质的混淆。也就是说,既然布鲁门伯格把世俗化仅与本体论关联,他就只能根据实质上的连续性来设想世俗化,因此忽略了世俗化也能用来指形式上的连续性与实质上的不连续性,就像我们的确可以在洛维特的描述中发现的那样。② 可反过来,洛维特也没能看到布鲁门伯格对世俗化进行了一个纯粹实质性的定义,这解释了为什么洛维特没有攻击该定义本身,并阐明自己的定义来让实质上的不连续成为可能(would)——他仅仅在《现代的正当性》的评论中相当天真地问道:除了将原本超越的事物内在化(immanentization),世俗化还能是什么呢?③

---

① Karl Löwith, "Die Dynamik der Geschichte und der Historismus";关于伽达默尔与洛维特的争论(以洛维特积极的"非历史主义"的可行性为中心),参 Hans-Georg Gadamer, "Hermeneutics and Historicism", 以及 Karl Löwith, "Vermittlung und Unmittelbarkeit bei Hegel, Marx und Feuerbach", in vol. 5 of Sämtliche Schriften, 186–220, Stuttgart: Metzler, 1983, pp. 215–218。

② Karl Löwith, *Meaning in History*, pp. 113–114, 155–156, 197; Karl Löwith, "Besprechung des Buches *Die Legitimität der Neuzeit* von Hans Blumenberg", p. 456。

③ Karl Löwith, "Besprechung des Buches *Die Legitimität der Neuzeit* von Hans Blumenberg," p. 456。

第二，虽然洛维特避开了世俗化定理的可疑假设，他自己的论证也并非无可指责。然而，那些针对洛维特关于世俗化的描述的批评，并没有威胁到洛维特的规范性论断，因为这些批评只描述了现代进步观念如何形成，而没有说明为什么应该拒绝现代进步观念。即便真如布鲁门伯格所想，现代进步观念源起于基督教，那对洛维特的规范性论断也影响甚微，因为后者建立在哲学的先验性（philosophical a prioris）之上，不容易被驳倒——虽然明显有争议。

第三，尽管布鲁门伯格无法反驳洛维特的理论，但这并不是说，洛维特与世俗化定理的衰落史之间的关系仅仅是空想的。也就是说，虽然洛维特的理论不能简化为"天堂的异化"这一准神学（quasi-theological）叙事，但不难看出为什么他的理论——更准确地说，其他人从中提取出的公式——适合于这种挪用。鉴于罪责的双重定义，世俗化不能被视为洛维特论述中的罪过（guilt）范畴，即便洛维特确以某种方式论及"负债"的问题，且非常接近他那些批评者们的理解。① 按照我的重构，即便承认这种负债的暗示不是洛维特批评现代性最重要的规范性基础，仍必须承认，这种暗示不是纯粹"中立的"。人们有时能在《历史中的意义》中，特别是关于马克思那一章，发现一种陶醉于如下这种批评的倾向：某些反基督教的事物似乎一直受惠于基督教——尽管这种断言的含义仍不清楚。②

---

① 在这篇评论中，我"感谢"某位匿名的评论者，他谈到，虽然"罪行"指控已经被反驳，在洛维特的理论中仍有"债务"，此概念在规范意义上并非完全中立。

② Ulrich Ruh, *Säkularisierung als Interpretationskategorie*, pp. 242–245.

一致与分歧

要理解洛维特与布鲁门伯格之间的争论,即便二者之间的理论论争并非绝对互斥,我也需要关注到有些学者已经注意到,洛维特对自己的描述与布鲁门伯格对洛维特的描述之间差异。显然,评估洛维特与布鲁门伯格的争论,总体上取决于如何理解洛维特的描述,以及如何解读布鲁门伯格的批评。即便人们认为布鲁门伯格曲解了洛维特,仍能从中得出不同的结论。在这一方面,我将说明前述学者忽略了洛维特论述的重心,他们倾向于调和布鲁门伯格与洛维特的观点,不过据笔者分析,二人观点差异巨大。

显然,某些学者更关注布鲁门伯格的描述与洛维特的描述之间的某些差异,他们同意布鲁门伯格的主要批评,即关于本体论的批评未经证实。与布鲁门伯格的论断相反,利布施承认,人们在洛维特那里找不到世俗化的本体论定义。韦茨也同意,洛维特"绝不会把现代历史哲学仅仅理解为中世纪救赎历史品质的转变",他认为洛维特关注的是现代思维的可能性。[①] 同样,有学者如巴比克指出,洛维特对世俗化的描述更应该视为形式上而非实质上的连续。确实,

> [洛维特] 没有声称先验的上帝之城跨越了划时代的裂痕,只声称终末(eschaton)完成了跨越——此乃从终末论的结构来理解

[①] Burkhard Liebsch, *Verzeitlichte Welt*, pp. 70 – 71; Franz Joseph Wetz, *Hans Blumenberg*, p. 47.

历史的习惯。①

大多数评论者批评布鲁门伯格对洛维特的描述，他们似乎以此主张在两种立场之间达成某种和解。如果只聚焦于洛维特对世俗化的描述性叙述（descriptive account），那确实有可能，因为该叙述表明了基督教与现代性之间实质上的不连续与形式上的连续性，而这类似于布鲁门伯格的理论。比如，巴比克、克罗尔与马夸德指出，这两种描述都指向现代进步观念与基督教终末思维的联系，它们或是把救赎历史投射到世界历史上，或是对一个中世纪问题的现代答案表述。② 关于洛维特的基督教观念为现代性提供了前提条件，克罗尔提到，

> 说圣经终末论开辟了一个新的视角，这与声称缺乏直接的共同起源的推导（本体论）是可协调的。甚至与布鲁门伯格用"进步"在功能性上替代终末论的理论，也是可协调的。③

对此，还可以补充说：洛维特甚至在上述言论中提出了一种功能性的替代，即"人试图取代天意"或"进步必须承担天意的功能（function）。"④

洛维特与布鲁门伯格各自描述的可沟通之处，延伸我们视作规范的层面，尤其是他们对"历史哲学"共同的厌恶。洛维特与布鲁门

---

① Milan Babík, "Nazism as a Secular Religion", p. 393.
② Joe Paul Kroll, "Human End to History?" p. 111; Milan Babík, "Nazism as a Secular Religion", p. 393; Odo Marquard, *Schwierigkeiten mit der Geschichtsphilosophie*, Frankfurt am Main: Suhrkamp, 1973, p. 17.
③ Joe Paul Kroll, "Human End to History?" p. 111.
④ Karl Löwith, *Meaning in History*, p. 111, 60.

伯格都反对夸大"进步"观念并将其扩展到历史整体,但这在历史哲学中很常见,在历史哲学中,世俗的"救赎"有望在历史中发生。① 比如皮平就称布鲁门伯格

> "非常赞同"洛维特的观点。尽管布鲁门伯格提出了各种批评,但他同意,作为整个历史的"意义"的现代进步观念,是各种前现代传统的残余。这种看法是不恰当的,甚至是不正当的,我们不能将现代进步观念的根源追溯到现代性本身。②

对内在终末论(immanentized eschatology)的厌恶——它包含了对一切阻碍未来实现事物的极大潜能——指向对极权主义的共同恐惧,这是巴拉什(Jeffrey Barash)的看法,也指向对基督教的共同厌恶,这是克罗尔的看法。③ 实际上,洛维特与布鲁门伯格各自的描述都可能被解释为试图"克服"基督教残余:对救赎希望的期待,或在历史内或在历史外。④

上述评论者的论点皆有价值,他们尤其直接地呈现出,洛维特与布鲁门伯格各自的描述虽则在叙述层面上可以沟通,然而洛维特的论述并没有像布鲁门伯格的后继者所认为的那样,被彻底"否定"。然而,这些缓和势态的形成,似为令人遗憾的趋势所致,即未能公正处理洛维

---

① Burkhard Liebsch, *Verzeitlichte Welt*, pp. 70 – 71, n. 162; Joe Paul Kroll, "Human End to History?" p. 157; Robert B. Pippin, "Blumenberg and the Modernity Problem", no. 3, 1987, p. 541; Ifergan, "Cutting to the Chase", no. 111, 2010, p. 168.

② Robert B. Pippin, "Blumenberg and the Modernity Problem", p. 541.

③ Jeffrey Andrew Barash, "The Sense of History", p. 70; Kroll, "Human End to History?" p. 157.

④ Odo Marquard, "Politischer Polytheismus—auch eine politische Theologie", p. 79.

特立场的规范核心——洛维特坚决拒绝现代性，是由于现代性在信仰与理性上的错误。因此，评论者们未能注意到，洛维特与布鲁门伯格在更深的、规范的意义上无法调和。此外，调和的做法常会削减一方立场，使其与另一方保持一致。这就意味着，尤其是根据克罗尔与罗伯特·布赫的看法，当从布鲁门伯格的层面上来理解洛维特，且布鲁门伯格的论证应该被认为是优于洛维特的，特别是因为布鲁门伯格的批评揭示了《历史中的意义》中的弱点。① 因此，上述学者几乎毫无保留地支持布鲁门伯格的批评，同时，只有当洛维特可被视为与布鲁门伯格保持一致时，他们才愿意给估洛维特的立场以积极的评价。②

然而，我对洛维特描述的重构，已重新评价了洛维特与布鲁门伯格之间的争论。洛维特与布鲁门伯格的理论虽在叙述层面上有所

---

① Robert Buch, "Umbuchung", p. 353 – 356。克罗尔指出，一旦把洛维特、布鲁门伯格与施米特相比，他们两人各自的描述并非如此不同（Joe Paul Kroll, "Human End to History?" pp. 154, 169, 241）。说到这一点，相对于施米特，克罗尔有时候没有着重强调洛维特与布鲁门伯格之间的差异，而施米特则被描述为他们真正的"对手"（Joe Paul Kroll, "Human End to History?" pp. 17 – 20, 158, 237）。不管这一论断，即施米特与洛维特或布鲁门伯格之间的差异，比起洛维特与布鲁门伯格之间的差异显得更大、更深，克罗尔在解读洛维特时似乎都有些不一致。最初他批评布鲁门伯格对洛维特的理解，但后来他似乎毫无保留地接受了布鲁门伯格本体论 - 司法（substantialist-juridical）的解读（Joe Paul Kroll, "Human End to History?" pp. 154, 169, 241）。然而，在这两种情况下，人们都会留下一种印象，即洛维特与布鲁门伯格各自的理论非常相像，但布鲁门伯格显然是这两个相像论证的高级版本（Joe Paul Kroll, "Human End to History?" pp. 17, 154 – 157）。

② 参 Robert B. Pippin, "Blumenberg and the Modernity Problem"; Robert Buch, "Umbuchung"; Joe Paul Kroll, "Human End to History?" 顺带一提，马夸德似乎反着来，试图让布鲁门伯格同洛维特保持一致（Odo Marquard, *Schwierigkeiten mit der Geschichtsphilosophie*, p. 15 – 18）。

相似，但在规范性层面上有重大分歧。这要从另一个角度来评定这场争论：不能把这场争论归结为一种高级理论对低级理论的明确驳斥，但同时，也不应为了掩盖两人之间更深层次的相似性而捏造分歧。相反，应该把这一争论视为两个根本上不相容的规范性立场的冲突。洛维特与布鲁门伯格对历史哲学的批评，应视作他们各自展开批评的根基：一个是对总体"历史意识"的谴责，一个是对现代性或保守的进步观念的辩护。

我们可以这样做个小结：即便在洛维特的理论中不能发现本体论、征用或对（不）正当性的关注，即便有人只聚焦于洛维特第一个关于世俗化的论断（像大多数学者那样），我们也必须承认，洛维特并不是一个世俗化理论家。然而，这并不是说两人之间的对立是显而易见的。只有考虑到洛维特的第二个论断——雅典与耶路撒冷之争，才会清楚地看到二人潜在的差异，而雅典与耶路撒冷之争为《历史中的意义》的核心观点提供了规范性理由：对现代性在面对（vis-à-vis）信仰与纯粹理性时的犹豫不决展开批判。洛维特试图拒绝任何形式的历史思维——以及可能涉及的现代性本身——并且求助于"非历史"的、信仰与理性的理想-典型立场，而布鲁门伯格则预设了他自己对现代性的辩护。布鲁门伯格维护关于历史进步的保守观念，并以此捍卫作为人类习惯的历史领域，反对任何以元历史（metahistorical）标准来衡量现代的企图。

结 论

如果在神圣历史与世俗历史的合并中，洛维特对世俗化的描述性叙述只假定了形式上的连续性，那么，布鲁门伯格针对洛维特世俗化定理的批评就站不住脚。然而，在通常的看法中，最明显的错误就是混淆洛维特对世俗化的描述性叙述与他们规范性主张。布鲁门伯格没有区分这两条论证,他把《历史中的意义》归纳为一个公式,即"现代性不合法,因为它世俗化了"。笔者业已指明,在洛维特的理论中,世俗化并没有作为罪过的载体,尽管它留有负债的细微迹象。洛维特规范性的真正基础在别处,即在信仰与理性之争中。在这方面,我认为洛维特采纳的这两个理想化的、非历史的术语可能饱受争议,但却超出了布鲁门伯格试图反驳的范围。

我对这场争论的重构指出了两位学者之间的根本分歧。布鲁门伯格主张维护现代性、反对超越性,洛维特则反对人类的狂妄,支持一种与更大的整全、与宇宙有关的相称感(proportionality)。洛维特与布鲁门伯格都发现,现代性如同普罗米修斯时代(Promethean age),其标志是反抗超越者,无论是对宇宙还是对神。① 洛维特谴责这一举动背离了任何衡量标准,导致人类在无意义的虚无当中漂泊——如尼采所谓"在任何方向永远衰弱"——而这就是历史。② 另一方面,布鲁门伯格则颂扬这种反抗。他不仅维护现代性,反对其愤怒的前身(即神学)的攻击,或反对世俗化定理中的隐秘神学,而且他的《现代的正当性》以及其他著作,也表明他努力证明人类试图以自然或超越的形式,来为现代性争夺一席之地,以对抗他所认为的"绝对"的威胁。可以说,这是反-

---

① 关于现代性"普罗米修斯式"的特点,参 Karl Löwith, "Das Verhängnis des Fortschritts", p. 26–29;以及 Blumenberg, *Work on Myth*。关于后者,参 Gregor Campbell, "Work on Reason", Review of *Legitimacy of the Modern Age* and *Work on Myth*, by Hans Blumenberg, and *The Philosophical Discourse of Modernity*, by Jürgen Habermas, *diacritics* 21, no. 4, 1991, pp. 53–68。

② Friedrich Nietzsche, *The Gay Science*, translated by Josefine Nauckhoff, Cambridge: Cambridge University Press, 2001, p. 94.

普罗米修斯式（anti-Promethean）的拒绝历史与普罗米修斯式的捍卫历史之间的区别，这也是真正能够区分洛维特与布鲁门伯格的内容，决定了他们在相互误解与隐蔽的相似性之下的争论。从根本上讲，布鲁门伯格的描述不仅可以视为对现代性的维护，也可视为对新颖性（novelty）的维护、对开创新事物权利的维护。洛维特的理论是对所有这类狂妄尝试的批判，因为这些真理可能是非历史的，而洛维特依旧赞同这些真理的古老表述。只有在这个总体意义上，对洛维特与布鲁门伯格争论的共同描绘才是正确的，即古今之争（a struggle between the new and the old）。承认这些，也就解释了为什么洛维特的观念会被认为——尽管不公正——是保守的、是隐秘神学的衰落。

当代的后世俗主义话语仍在努力解决洛维特与布鲁门伯格之争留下的那些话题（我已经展示过）。戈登（Peter Eli Gordon）与什科尔尼克（Jonathan Skolnik）已经指出：

> 布鲁门伯格常被誉为伟大的现代主义者，人文主义与自我肯定的拥护者，可以说，最期待当前宗教复兴的是洛维特，他断言我们永远不会超越宗教。[1]

如果确实如此，那么重新评估洛维特与布鲁门伯格争论的那条思路（我已经概括的），与当前的话语就特别相关。重估不仅确证了后世俗主义的说法，即如两位学者所推测的，现代性与宗教的关系不能转化为简单的不连续，同时也表明，遵循洛维特思路的观点对那些在后世俗主义领域的学者来说似乎是可行的，比如瓦蒂莫（Gianni

---

[1] Peter Eli Gordon and Jonathan Skolnik, "Editor's Introduction", p. 6.

Vattimo）就希望探讨基督教与现代性之间可能的连续性。① 可能更重要的是，这条思路表明，对现代性与宗教间关系的任何概念化，尤其是如果它受到不相容的规范立场的影响（informed），都将被证明是极具争议性的。

（译者单位：北京第二外国语学院文化与传播学院）
本译文受"北京第二外国语学院科研启航计划项目"资助

---

① Matthew Edward Harris, "Gianni Vattimo's Theory of Secularisation in Relation to the Löwith-Blumenberg Debate", *Heythrop Journal* 56, no. 4, 2015, pp. 636–649.

布鲁门伯格与施米特论世俗化

伊菲尔甘(Pini Ifergan)撰

崔嵬 译

"政治神学"(political theology)这一术语以概念的方式呈现了如下尝试:重现并揭示政治织体中交织着的神学维度。我们定然认为,政治神学针对的是现代语境中"政治的"常见概念背景,至少是霍布斯的《利维坦》在1651年出版之后的背景。以现代的观点来看,政治的独特特征在于其与任一或一切高蹈的神学概念完全无关,正相反,政治与此时此地更紧密相关。现在,人们努力揭示神学与政治之间的依存关系,并非要将神学或宗教推回至人类存在的中心——在现代西方对世界与人性的理解发生重大变革之后,信仰便失去了中心位置。毋庸置疑,宗教在现代并未完全消失,它的基础地位随后在实质上得到了恢复。即便如此,清理神学与政治之间的依存关系的动机也并非宗教性的,而是产生于现代政治和法律思想本身之中,其目标在于努力回答这一问题:现代政治理论在多大程度上基于或依存于神学领域？

最细致地投身于阐明政治的现代属性的哲人是施米特（Carl Schmitt, 1888—1985）。在《政治的神学》（1922年）中，施米特有关政治神学的主要论述业已成形："现代国家理论的全部典范概念都是神学概念的世俗化。"① 从规范的立场来看，这一表述可以理解为一种中性观测。换言之，施米特没有做出原则性的判断，而仅仅是指出，在现代国家与基督教神学的重要理论原则之间存在一种概念性的类比或相似性。这一简明的句子可直接视作一种规范性观察，它是在检审现代性从神学思想遗产中解放出来的问题。事实上，这一表述——以及总体上的政治神学——受到了两派的批评，一面是神学世界观的信徒，一面是笃信现代性原则的人。前者大肆攻击施米特企图从他们所认为的基本神学内容中萃取出政治思想，而现代性的倡导者们则惋惜根本政治理论的缺失，因为［现代社会］本可借此理论彻底脱离宗教世界观的束缚。施米特应为政治神学基本立场的含混负主要责任，因为他总是拒绝讲出自己的动机。结果，施米特立场的特有影响仍然是一个开放性的问题。不过，不确定性的面纱的存在显然不只是由于施米特的立场，尽管他的全部作品清楚地指向了他的神学学识。

模糊性还来自一个更宽泛、更原则性的问题，这恰好反映了施米特的立场：现代意识观念作为一种自足自生的系统，不仅规则完备，还能自我辩护。正是由于这种独特的辩护形式，现代自我

---

① Carl Schmitt, *Political Theology: Four Chapters on the Concept of Sovereignty*, trans. George Schwab, Chicago: University of Chicago Press, 2005, p. 57;［译按］中译文参施米特，《政治的神学》，刘小枫编，刘宗坤、吴增定译，上海：上海人民出版社，2015；后文均为据英文直译，不再说明。

意识能够再次确认，其规则体系涵盖一切，且完全不同于基督教神学架构——现代性的建立者认为他们就是要脱离基督教神学架构。这种基本的目标业已达成，并已伴随西方智识历史左右，时间上远早于施米特的神学政治理论出现的时间。然而，施米特将整个问题融入一种特定的形式之中，从而使其与前面的阐释有别。

施米特的方法由于两个原因独一无二。原因之一，当《政治的神学》一书最初问世时，尼采对现代意识起源的尖锐批评正甚嚣尘上，此外，韦伯对现代社会和政治建制的社会历史描述也已大行于世。更重要的是，尼采和韦伯已经在实质上打击了现代性推崇者的自信态度，后者曾坚信现代意识是一种历史阶段，人性在此阶段已经摆脱了基督教神学世界观的枷锁。

第二个原因就更具地域性。施米特在魏玛共和国初期的著作（包括《政治的神学》）影响深远。新的政治秩序建立于帝国政府的废墟之上，当时德国刚经历了"一战"的惨败，于是，新政体的稳定性、力量以及其缺陷问题引发了广泛的讨论。施米特对新政府持批评立场。他关注"主权"概念，认为这个概念已经失去其正当性，因为在魏玛共和国里谁拥有决断权含混不清。正是在这种极其真实的语境之中，产生了政治神学的主要原则，即将政治神学概念世俗化，以强化现代国家理论。该立场使得施米特可以发起关于主权问题的清晰讨论，他将主权问题等同于神圣统治者身上拥有的古老的神学信仰。在施米特看来，主权合法性的概念仅在一种情况下能够复兴，那就是假定基督教神学术语与现代国家的术语之间存在某种继承关系。换句话说，他的世俗化论述必须主要被理解为一种在现代政治语境之中支撑政府权威（最有名的便是魏玛共和国）的方式，以便政府克服其不稳定性。然而，施米特论述的特殊政治语境最终在关于世俗化的讨论中占据了次要位置，尤其是在那些与现代性要求相关的内容中，这些要求均视自身为新的历史纪元，其正当性来自自身且仅来自自身。

观念史运动弃绝主流思想，支持边缘思想，并在某种程度上将这种变化推广到更大的语境范围，这正是那些困扰着现代西方思想界的巨大决裂所造成的结果，在所有那些事件之中，魏玛共和国的倒台以及极权政权的崛起尤其令人困扰。这些事件引发了关于极权主义的讨论，在所有的关注之中，施米特特别强调与本国相关的要点，即相关性甚至是正当性问题（施米特本人还卷入了纳粹政权）。相反，意图解释对"二战"的恐惧所引发的巨大决裂，则刺激了人们去进一步分析意识形态起源问题，以及现代意识的正当性问题。下述作品呈现了这种分析的必要性：霍克海默（Max Horkheimer）和阿多诺的《启蒙辩证法》（*Dialectic of Enlightenment*，1944）、洛维特的《历史中的意义》。作为这场讨论的一部分，布鲁门伯格在1966年出版了《现代的正当性》一书。布鲁门伯格的长处在于，他似乎与这场由危机意识占主导地位的论争完全无关，而且他创造性地关注的问题是：如何解释世俗化并非现代意识产生的构成要素。布鲁门伯格清楚地区分了自己的工作与对现代性的批判。这样，他就将自己置于一个独特的立场之上。

布鲁门伯格强调产生这种变化的动力，同时断然无视这种变化的枝蔓细节，这样，他就可以专注于批判那些思想流派——他们认为世俗化是理解历史动力运作的钥匙。据布鲁门伯格所述，这种解释对于现代性而言并不合适，它以对现代性的本性的误解为基础。布鲁门伯格公然拒斥关于现代性批评标准的讨论，但他的做法并不意味着其立场缺乏标准维度，而只是意味着其立场遮掩了这一维度。在布鲁门伯格看来，现时代的规范化义务能在对历史变化动力的解释之中加以确定，这种历史变化预设了一种明显的现代人性图景，以及人类在世界中的行为背后的动机。这些动机并没有直接宣布为，而是逐步被揭示为同一种解释的组成部分。

布鲁门伯格的独特策略，与施米特批判现代性的方式颇为类似。他们都不直接面对现代性问题本身，关于这个话题的观点是在神学政治的争论框架之中浮出水面的。两位哲人论述模式相似，增加了我们对他们之间往来信件的兴趣。他们的通信可以帮助我们理解他们的立场，尤其当它们指向一种与现代性困难作斗争的非凡方式之时。两位哲人既拒绝将自己视作神学家（施米特），亦不承认他们是启蒙运动的鼓吹者（布鲁门伯格），如此，两位哲人均偏离了论辩的标准框架——在标准的框架里，现代性的支持者和强烈批评者的争论轮廓清晰可见。相反，两位哲人的通信重估了这些立场，改变了这些立场的意涵，却仍然将论述保持在现代意识的重要讨论的边界之内。

布鲁门伯格首先致信施米特，然后施米特回信，二人的通信时间在1971至1978年间，这些书信于2007年正式出版。① 最早的一封信寄自1971年3月，布鲁门伯格决意向这位同行讨教，是由于施米特对《现代的正当性》一书的批评引发的"强烈冲动"所致。② 施米特的评论收录于《政治的神学续编》(*Politische Theologie II*) 的附录，初

---

① Alexander Schmitz and Marcel Lepper eds., *Hans Blumenberg Carl Schmitt Briefwechsel*, 1971 - 1978, *und weitere Materialien*, Frankfurt am Main：Suhrkamp, 2007；书信见于页103 - 158。本文所提到的关于施米特与布鲁门伯格的通信若出自该书，则记作《通信集》(*Briefwechsel*)；若引用提及其他材料，则记作《其他文集》(*Materialien*)。

② Hans Blumenberg, *Die Legitimität der Neuzeit*, Frankfurt am Main：Suhrkamp, 1966；*The Legitimacy of the Modern Age*, trans. Robert M. Wallace, Cambridge, MA：MIT Press, 1985；所有的引文均出自英译文，英文译自德文的第二版。

版于1970年，那是在布鲁门伯格的书初版之后的第四年。① 布鲁门伯格把自己的"强烈冲动"转换成行动，是由于施佩希特（Rainer Specht）的鼓励，他与两位学者都有交往。施佩希特让布鲁门伯格确信，这位年长的哲人会宽容这种主动交往。② 正如书信所示，施佩希特的推动极有必要，这不只是由于布鲁门伯格情有可原的担忧——他疑心自己的行为会被施米特彻底忽视，或被其视为不恰当，而他又是如此尊重施米特；这同时也是由于学术批评本身独特的潜在力量。布鲁门伯格告诉施米特，他总以为，被批评者针锋相对地回应批评者有些不恰当，但他还是觉得有必要把这一次视作例外，因为施米特的话尤其"刺痛了"（innerviet）他。为了避免过度分析的陷阱，布鲁门伯格似乎用了生理学术语来描述施米特的批评所造成的影响，这一用法就是要将此批评与其他关于该书的回应区别开来。因为，事实上，施米特的话语中的确存在某种东西激发了布鲁门伯格，让他忍不住要作出回应。为了辨析施米特批评中的独特要素，弄清它何以引发了布鲁门伯格的强烈反应，笔者决定先概述布鲁门伯格最初的立场，并转述施米特的批评。

1966年，施米特的小册子《政治的神学》出版30年以后，③ 布鲁门伯格的大部头作品《现代的正当性》在德国出版。在该书第一部分，布鲁门伯格探究了"世俗化"作为神学范畴的各种用法。他以此解释

---

① Carl Schmitt, *Politische Theologie II*：*Die Legende von der Erledigung jeder politischen Theologie*, Berlin：Duncker und Humblot, 1970；后续引用均出自笔者的翻译。

② 两位编者Schmitz与Lepper，在书信集的后记中详细叙说了导致两人通信的一系列事件；参施米特，《通信集》，前揭，页250–300，尤参页252。

③ Carl Schmitt, *Politische Theologie*, Munich：Duncker und Humblot, 1934；另参 *Political Theology*, 前揭。

了现代以来人类理解自身及其周遭方式的巨大变化，其中最重要的一个品质便是世俗化。正如该书首章的标题"世俗化：对一个错误的历史范畴的批评"所明示，布鲁门伯格不仅要着手勾勒世俗化范畴在不同宗教知识背景中的作用，还要阐明范畴的规范性要素，该要素远非表面上看起来那样中立。尽管布鲁门伯格和其他学者一样，揭示了对世俗化范畴的考察，但他的工作是独特的，因为他不会"指责"使用这一范畴的哲人故意破坏那些为新的历史时代所作的辩护。

在布鲁门伯格看来，他们的努力不应被归于某种前定的规范性动机。相反，它们应被理解成中立的神学思考的结果，这种神学思考正是该历史阶段的本质，尤其是其中那些所谓引入了变化的内容。将世俗化的历史概念范畴视作现代产生的内在原因之一，从根本上说，就是让现时代确为新时代这种观念失去正当性，这种归因判断让布鲁门伯格的判断，即新的历史时期沿袭了前代的准"文化继承"（debt）变得更加可信。在布鲁门伯格看来，上述说法只有在下面的情况下才能被驳倒：世俗化被视为"重新占据"了宗教神学视野所持有的"立场"，于是全新的观念取代了旧时的语境。与之相反的情形则是，将现存的宗教神学概念复制成新的版本，而此版本实质上保存了原初的内容。因此，布鲁门伯格坚持认为，历史转入到现时代，取旧内容之精华，用新元素填装原有的空架构，于是产生了时人眼中的新时代。与对现代性的批评之中所使用的世俗化范畴不同，布鲁门伯格视此世俗化为一种戏仿，并把"新时代"所主张的正当性视作最低标准，以利于开创某种"新"，即便同样的现象并不是——也永远不可能是——某种出自空无之中的事物。

这种对《现代的正当性》的简述关注到问题的复杂性与标准立场的含混。在该书的第二版（1974年）中，布鲁门伯格尝试着手解决标准的模糊性问题，或至少解释这种模糊性，以应对初版问世之后遭受的诸种批评。正如前文所述,迫使布鲁门伯格修改初版内容的批评家无疑是施米特,而施米特的哲学所关注的,正是现代国家的法律体系。考虑到布鲁门伯格到此为止都只是顺带提及施米特的作品,那么施米特的批评性质和程度多少有些令人吃惊——该书初版时,施米特与许多哲学家一样,在分析现代时把世俗化当作一个基本范畴。然而,布鲁门伯格或许自开始就视施米特为明确拥护世俗化范畴的最杰出思想家之一。举例而言,在《政治的神学》中,施米特断言,"现代国家原则中的所有重要概念均是神学概念的世俗化"。[1] 然而,在《政治的神学续篇》的结尾,施米特认识到布鲁门伯格没能注意到他自己对此分类的独特用法与其他所引学者用法的差别,这使得布鲁门伯格误解了施米特的政治神学理论,也误解了世俗化在其政治神学中的作用。

尤其是,布鲁门伯格未能区分施米特的立场与那些受"模糊形而上学"推动的立场,故而过于肤浅地描述了施米特的观点。施米特还考察了布鲁门伯格攻击的其他哲人所持有的各种立场,诸如现代进程的概念与一神论神学中弥赛亚终末冲动之间有关系,或认为现代形式中的西方理性主义将审美的宗教实践具体化了。施米特将这些观点描述为形而上学,据此,他也部分地接受了布鲁门伯格对世俗化范畴的批评,布鲁门伯格把注意力集中在形而上学的前提之上,认为它强化了世俗化范畴所解释的长久的历史史实,甚至还包括某些史实变化。然而,施米特尽力指明,为何布鲁门伯格把他的作品纳入该范畴之中是一种误导。就施米特自己的考虑而言,他本人使用这个范畴是基于高度专门化的国家和法律理论,根据这些理论,第一阶段与第二阶段之间实现了转换,后一个阶段

---

[1] 参施米特,《政治的神学》,前揭,页36。

参照前一阶段实现了世俗化，而这个第二阶段便是基于天主教对这些理论及对欧洲公法（Ius Publicum Europeum）的解释。施米特承认这种转变相当于重写战争的国际规则，并构成了主要的历史通道，新的时代从该通道之中诞生。换言之，向现代性的转换将人性从神学的背景中释放出来，而法律此前亦被置于神学背景之中。在《政治的神学续篇》和致布鲁门伯格的信中，施米特把读者的注意力转向了真提利（Alberico Gentili，1552—1608）这位知名的国际法学者。据施米特所述，真提利以为，神学家应该"对自己以外的领域闭嘴"，也就是对历史的领域保持沉默，而该领域正是新时代的门槛。

在论战交锋之中，施米特已显明自己是一位尖锐的反讽批评家，至少从某种程度上讲，他倾向于假设一种自我引致的（self-induced）天真。举例来说，施米特引用布鲁门伯格自己的话来描述"新"时代的晨曦，前者认为新时代是"重新占有"此前战争法则"立场"的过程，并将在现时代实践那些法则。在提及真提利［关于神学家闭嘴］的要求时，施米特同样语含微妙的反讽，因为，在引用相关文字之后，施米特立即提到真提利是布鲁诺（Giordano Bruno）的同时代人——后者同样受到宗教法庭的迫害。此外，在布鲁门伯格对现代性诞生的描述之中，布鲁诺被塑造成了核心主角。施米特借助反讽的手法，竭力使自己的理论与朋友在信中批评的其他方面保持距离，同时又费尽心机地暗示他自己的思想线索与布鲁门伯格另一线索在结构上的相似，以此尽力指明他与布鲁门伯格立场之间的相近。换言之，施米特采用这种方法，削减了他的批判锋芒，自己伪装出一副无辜的样子，似乎若有什么事要归咎于他的话，他是既非故意，又无能力做那些事的。因此，施米特假装自己被归错了阵营，此阵营总是意图破坏对现代与此前时代所作的区分。

施米特与布鲁门伯格争论时表现出的这种反讽及自我引致的天真，不能视为修辞大师的权宜之计；这些内容可视作为某一更高的专门目标——维护并证成施米特的神学政治学范畴——服务的，它构成了其整个哲学的支柱。事实上，施米特曾明确表示，他决定与布鲁门伯格的志业缠斗下去，后者的志业源于一种新近的非神学化企图，从而让施米特的神学政治学范畴变得多余：

> 该书将非绝对列为一种绝对，并致力于科学地否定每一种政治神学。然而，该否定被视为科学的，仅是出于一种科学术语的立场，不再有福音救赎立场的"重新占据"或持续影响的余波，而福音救赎立场就其本身而言，仅在宗教将其自身视作绝对之时才是正当的。这种"重新占据"与那同样的神学保持着联系，被布鲁门伯格仅仅视作对过去时代的"肃剧性继承"。新时代的世俗化正在于不知疲倦地努力取消那种"继承"，而新时代正是除去了神学的精华内容，然而，世俗化正是现代性的持续重任。①

于是，施米特构设了两条进路以与布鲁门伯格的规划竞争。第一条进路从表面来看无限中立，指出了两者在立场上的相似，第二条进路则是，将布鲁门伯格的作品视为对其政治神学概念立场的正面进攻。这两种进路都暗示了施米特自身立场的含混性：这是一种双重承诺，既针对所谓中立的科学客体，又针对与之对立的较大的概念化和神学化观点。施米特与布鲁门伯格的对话不可避免地将我们引向如下疑问：政治神学是不是一种中立范畴，旨在解释发生在法学理论与国家层面的变化；该变化发生在向现时代转换的过程中，且主要借助于政治神学本身，或借助于有关法学和国家的基督教理

---

① 参施米特，《政治的神学续篇》，前揭，页85。

论与现代性的类比。或者，也许无论对现时代作何种理解，该理解中均需包含一种基督教神学的维度，因为对现代性的任何解释或证成若是缺少了这一维度，即便不算缺陷，也有所不足。

两位哲人之间的论战式对立，为我们提供了一个驱散神学政治范畴四周云雾的机会。施米特将整个关于这个问题的争论放置于布鲁门伯格的志业之中，以暴露如下事实：在他的对手所谓的对新时代的中立解释的背后，在布鲁门伯格避免陷入世俗化范畴的背后，有一种明确的反神学动机。施米特由此确定——既在法律上也在事实上——神学政治范畴的背后存在着强烈的神学冲动，即便那只是作为对新历史时期兴起的对比性解释而已。此外，施米特试图在自己的难题中给布鲁门伯格设陷阱，迫使他参与关于基督教精神在政治公共领域持存的神学争论。

大多数时候，施米特主导着与神学家们的争论，后者认为政治神学类型应该从公共讨论领域中移走，因为他们区分了"神圣之国"与"尘世之国"，且神学领域与政治领域也天然地不相融。与此相反，他与布鲁门伯格就世俗化的对话却在另外一条战线上展开。布鲁门伯格主要针对的是关于现代性的批评，该批评认为新时代仍然受基督神学概念结构的束缚。在卷入与施米特的争论之后，布鲁门伯格——与其他人一起认为现代性引人瞩目地成功脱离了基督教的根源——发现自己与神学家们搅在了一起，而那些对话者批评神学家们低估了神学政治范畴的正当性。

这样，施米特基本上就再次与这类人为伍了——他们相信现代性没能让自身摆脱其神学起源。事实上，他显然从布鲁门伯格的假定中证实了自己的观点，即，曾经或一直以来都存在一种意图将宗教从公共领域驱逐出去的趋势。在布鲁门伯格看来，施米特及其同类，已是誓不两立的意识形态论敌，所以他有责任驱除这些人破坏现代正当性的神学动机。总而言之，施米特引诱布鲁门伯格参与论争，而布鲁门伯格加入论战也是自愿。此后，两位哲人开始搜罗证据展开论争，一方是一神论的神学支持者，另一方则是现代观点的支持者（包括后者所暗示的概念性框架），然则即便是两方的成员，也均认为论争成败早已决定，或论争根本就从来没有发生过。

布鲁门伯格愿意在施米特含混的框架内与之论争，二人最初的书信来往已经显露了他的意图。布鲁门伯格毫无保留地接受了施米特的论点，将施米特的世俗化范畴与其他哲人的范畴混在一起，没能认清其独特性。尽管布鲁门伯格接受了施米特的批评，然而布鲁门伯格没有解释，至少在第一封书信中没有解释，如何理解其收信人对范畴的运用与其他哲人之间的不同。相反，在这种情况下，布鲁门伯格仍致力于揭示其正当性概念的内在动力。因此，布鲁门伯格以"重新占据"（reoccupying）或"重征领地"等术语重估历史的变迁，并非意在为新时代辩护，而是为了揭示某些潜藏的不正当因素，它们栖身于世俗化范畴批评者的使用之中。唯有借助于暗示这种新的理解，布鲁门伯格才能考虑将世俗化与正当性联系起来的可能性。在第一封写给施米特的信中，布鲁门伯格探讨了这样一种意图，即将正当性论证的纯偶然性问题视作"陌生而完全矛盾的"，在这样的讨论背景下，布鲁门伯格描绘了"世俗性正当化"之类的概念迅速崛起的过程。①

更为特别的是，据布鲁门伯格所述，此类概念并非完全来源于一种已然建立的概念体系，而是历史动态变迁中的"专断"结果。布鲁门伯格"正当性"概念的概括性谱系背后还有一个目标，即反击施米特的看法，后者认为布鲁门伯格对"正当性"术语的使用是一种误导，

---

① 参施米特，《通信集》，前揭，页105。

还指明布鲁门伯格的真实意图是为新时代的正当性代言。施米特表明，这个术语的使用包含着某种真诚的历史维度，它认为现时代是过去的合法继承者——只要现时代能实现某些继承性，以使这种转变正当化或得到辩护。然而，这种辩护模式暗示在过去与现在之间存在着某种关联。施米特认为，这并不是布鲁门伯格所要诉诸的辩护方式。据施米特所述，布鲁门伯格提出了一种理性化的辩护模式，于是，现时代的正当性出自一套坚定的、历史性自足的法律体系，所以时代对法律的依附才是其立场的核心标准。

在勾勒这一论述的过程中，施米特努力劝诱布鲁门伯格成为现代性的又一代言人，致力于为新时代辩护，为启蒙时代奔走呼告——从历史的视角来看，这个时代的特征是理智的永恒法律代理体系。事实上，尽管施米特在此方向上推进，将自己设定为启蒙的旗手、宗教的敌人，但他的主要目标却是推翻布鲁门伯格关于世俗化范畴的批评。施米特认为布鲁门伯格的"正当化"概念基本上是指合法化的问题，而他认为现时代的合法化仅仅是法律的神学观念的世俗化再生。

布鲁门伯格充分理解了施米特的策略，他知道概要性的谱系意味着迈向可能答案的第一步。然而，直到1974年他才给出综合性回应，当时，他出版了《现代的正当性》一书增订版：

> 有人反对说，我在正当性的标题之下所关注的只是合法性，这种反对质疑本书的主题令人生疑，并质疑其主题只是一种历史主题。作为一种批评，这是极难的回应了。[①]

[①] 布鲁门伯格对《政治的神学续篇》的批评出现在《现代的正当性》的第二版，于1974年发表。内容主要集中在"政治的神学与续篇"一章之中，参《现代的正当性》，前揭，页96。

布鲁门伯格坚持认为，他提出的"正当性"概念应被视作一种历史性范畴，或更准确地说，一种从对历史动因的理解中产生的范畴，而非某种应对实际历史事件的逻辑性或临时性范畴。他立场坚定，有意区分自己的理论与那些为启蒙运动辩护的理论，也与那些将如下事实视作理论前提者分道扬镳对［现代］思想链条的唯一替代是回到不久前的神学护教学——这个立场正是启蒙运动的支持者竭力抨击的目标。施米特声言布鲁门伯格的"正当性"概念专指合法化，他想据此把正当性的概念困于某种钳形运动之中，迫使布鲁门伯格采纳启蒙运动的观点，这样他最终便可以批评布鲁门伯格本质上是对"人类的自我赋权"感兴趣。① 人类的自我赋权证明了人类理性是仅有的辩护工具，或者承认现时代极大地依赖着某种神学形式的辩护，而布鲁门伯格正致力脱离这一辩护形式，以防落人口实——恰如施米特所述，那种辩护形式是内在特征的一种"自闭症"（autism）。

然而，施米特全然不顾第三个选项，这种"自我赋权"——或布鲁门伯格所谓的自我确认和自我决断——本质上是一种历史性的反应，它将一种持久性的（非暂时且非历史性的）法律体系，视作对早前解释框架的某种替代。在布鲁门伯格看来，重点不应该放在对同一体系的自我描述之上，而应放在它所实现的"具体历史功用"之上——这样的功用可以用自我确认和自我决断这类术语来定义（同上，页97）。在他对新时代起源的细节描述之中（该论题超过了此文的论述范围），布鲁门伯格解释了为什么出自个体的理性体系是对神学体系内在崩溃的历史性反应。施米特对布鲁门伯格引介的独特替代方案误会颇深，其内在原因是双重的。他忽略了该替代方案，而过分强调理性系统的

---

① Schmitt, *Materialien*, p. 39.

自我描述——该描述假设性地切割了理性系统发展的历史条件。布鲁门伯格这样描述施米特的疏忽：

> 自我确认决定了理智的极端性，而非其逻辑的极端性。一种极端的自我确信的压力，作为一种自我建基造成了时代观念的产生……它从无中直接出现。它必然与施米特矛盾，后者以为一个时代的正当性在于它与之前历史的非延续性，且正是这一悖论使他无法想到，在面对发布实证法令的具体理智之时，除了仅有的正当性之外，还会有其他什么处于争议状态的事物出现。（同上）

由于误解了布鲁门伯格的替代概念，施米特无法领会世俗化过程中的困难，因为他基本上将其视作一种实现正当性的方式。于是，施米特将过去的历史视作根源，为当前的现实重新定向并维系稳定，但是，由于与过去的历史保持联系，当前的实在似已堕入偶然无序状态的边缘。据施米特所述，世俗化范畴为新的历史状态提供了正当性，他将世俗化范畴视作正在进行的历史特性（identity）建构的不可分割的一部分，而历史特性建构所伴随着的变化也同样由世俗化范畴来加以描述和辩护。假定这种历史特性使世俗化进入一种尤为令人注目的、涉及正当性的范畴，那么，它就会引发沉思这一特性的一系列后果，毕竟该特性否定了全"新"的可能性。

事实上，正是这种否定暴露出了世俗化范畴中的非正当性要素。施米特小心翼翼不去揭露"历史特性"的特定品质。相反，他更愿意颠覆关于新时代的说法，直斥从无中创造事物的企图本身固有的荒谬性。站在施米特的立场来看，的确存在"某种事物"，其多样性的化身或阶段可归于某个单一特性之中，以此形成解释变化的理由。此外，那样的"某种事物"还可以将意义赋予例外状态或异常现象。这对于施米特的假设而言尤其重要，因为由于特性本身的缺失，异常现象注定要成为对稳定体系的挥之不去的威胁。在此颇值得一问的是，施米特的特性概念是否与神相近，与形而上的实在、存在本身相近，或与体现如下原则的任何事物相近，即"主权者就是［在任何时刻］有权决定例外状态者"。①

或许这是一种二分法，就像敌与友或陆地与海洋，各部分的协同呈现了同一特性。无论谁阅读施米特，均可感受到在这些可能性间的徘徊。尽管如此，此文并不决断何种选择最适于施米特的立场，或最适合表达这些相互矛盾的理论之间的关系。然而，施米特深深扎根于这种特性概念中，从他的立场来看，特性概念正位于历史事件的核心，且使他与布鲁门伯格分道扬镳。

布鲁门伯格怀疑是否存在这样的特性问题，他把这个问题替换成了功能性的约束问题，即认识到需要一个体系来维持秩序与意义。布鲁门伯格的体系从本质上讲并未与任何关于特性的说法相关。他力证现时代的合法性，却未曾为揭示"人类理性本质""秩序的系统"或"存在的终极意义"的意图辩护。此外，现时代并非历史或神学进程中的顶点，而仅是新的历史时期一个合法且独特的体系，以处理对秩序与意义的必然需求。正是施米特最早简明地描述了布鲁门伯格的意图，他在1942年出版的《陆地与海洋》一书的结尾中写道：

> 然而，人对新事物的恐惧常常与对虚无的恐惧同样强烈，尽管新事物是对虚无的克服。因此，那些人只看到毫无意义的

---

① 施米特，《政治的神学》，前揭，页5。

混乱，殊不知一种新的意义正在为某种秩序而斗争着。①

事实上，布鲁门伯格一直推崇编年式的定义，研究新时代如何生成、人类如何努力用源自个人的新意义秩序取代逝去的过往。于是，解决的方案赋予了新秩序某种正当性，而非取决于从前的正当性。据施米特所述，这种转变到新结构的过程经历了一种明显的虚空（void），且仍受此前阶段的统治，还渗透到目前的系统之中，为建立新的意义和秩序提供了框架结构。尽管具有新奇性，现时代仍无法与过去及其形式相比。据上所述，难道我们必须承认持续特性的存在，以便为从旧至新的事实性转变据理力争？是否每一项转变基本上都包含着已存特性的重现？

施米特与布鲁门伯格之间的争论，最终落脚到基本的形而上学问题之中，这可见于他们两个阶段的通信，在这些通信里，布鲁门伯格占据主导，指出了他们二人之间的不同。《政治的神学续篇》结尾收录了施米特最初对布鲁门伯格的批评，在这段文字里，施米特提出了对歌德自传《诗与真》第四部分题辞的解释。这段题词说：nemo contra deum nisi deus ipse［无人能反对神，除非他本人是神］。② 歌德的警句尽管反映了一种整体的概念，但仍为一种内在的双重性留下了足够的空间。对于施米特而言，这篇文字必须放

---

① Schmitt, *Land und Meer*: *Eine weltgeschichtliche Betrachtung*, 3rd ed., Cologne: Hohenheim, 1981, p. 107。［译按］中译文参施米特，《陆地与海洋：古今之"法"变》，林国基、周敏译，上海：华东师范大学出版社，2006，页64。

② 参 Goethe, *From My Life*: *Poetry and Truth*, in *The Collected Works*, ed. Thomas P. Saint and Jeffery L. Sammons, trans. Robert R. Heitner, vol. 5, Princeton, NJ: Princeton University Press, 1987;［译按］中译文参歌德，《歌德自传》（上下），思慕译，北京：生活·读书·新知三联书店，2014。但该译本未能标示原文页码，查询多有不便，中文据英文直译。

入神学-政治学背景才能理解。换言之，它包含着一种不稳定或分裂的内核，因而极有可能改变这种统一性的感觉。施米特使用希腊语 stasis［动乱］的拉丁译法，以描述政治的不稳定、背叛或内战状态。然而，他注意到，在希腊语中，该意义为次要意项，而首要意项是：内在的和谐或稳定状态。

据施米特所述，歌德的陈述蕴含着如下表达，即"神学转变成动乱学"（stasisology）。① 换言之，即便这一表达来自一位杰出的现代思想家［即歌德］，它还是再次体现了神学与政治之间的关系。施米特兴味盎然，穷究此题词的神秘根源，并非仅仅出于一种哲学性的好奇，而是为了在众军事理论家与拿破仑作斗争的背景之下，讨论他在克劳塞维茨的政治思想中发现的"敌人"概念。为了将克劳塞维茨的敌人概念与费希特相区分，施米特从神学政治学的立场分析了歌德的题词。

此外，施米特不厌其烦地强调讨论歌德题词具有政治相关性，他注意到"在［'二战'］期间的许多私人谈话场合中，许多人熟悉歌德，常引用并解释这句题词"。② 不用说，该文本解释了施米特为何兴味盎然地将题词的出处追溯至神学的起源，因为他急欲将另一神学政治论述归到一位受人尊敬的人物身上，人们普遍认为此人在政治神学的争论中没有偏于一方。题词的政治背景围绕着拿破仑及其对日耳曼城市的征服问题展开，施米特在此语境中提出，其神学因素来源于伦茨（Jakob M. R. Lenz, 1751—1792）的未完成剧作《西那的凯瑟琳》（*Catherine of Sienna*）残篇。③ 施米特引用了剧中数段文字，以证实这段题词的神学起源，例如：

---

① Carl Schmitt, *Materialien*, p. 47.
② 参施米特，《政治的神学续篇》，前揭，页94。
③ 伦茨一段时间曾为歌德家的座上宾。

> 我的父对我怒目而视，
> 像一位慈爱、悲伤的上帝。
> 只要他伸出双手——上帝对抗上帝。
> [她从胸膛之中掏出一个小十字架，亲吻了它，向另一个上帝许诺了]
> 保护我，拯救我，我的耶稣，我跟随你！①

对施米特来说，这段文字与歌德题词的联系非常明显，他都不用说明为什么将其作为对题词的解释，更不用说其源头了。

这种省略显然会引来批评，但对于同布鲁门伯格的争论来说，这仅是外围内容。施米特论述的关键是需要用一把神学钥匙来解开环绕歌德作品四周的神秘氛围，我们显然很难怀疑歌德拥有所谓的宗教狂热。如果歌德事实上支持这样的观点，那么便可以说，神学的维度不能被清除，它在关键性的政治领域中都能找到。神学问题在历史政治语境的核心处出现，强化了如下论述：重要的神学基础就是——无论有意识还是无意识地——理解政治事务，且神学内容可以很好地用作政治意义的基础。接着，施米特引用了歌德与米勒（Chancellor Friedrich von Mueller）在1823年10月10日的谈话，歌德在自己的日记里记录了此次谈话：

> 米勒关于与耶稣的神性的学说，需要一种专制（despotism），也许比专制[自身]更需要专制。②

---

① 参 Jakob Michael Reinhold Lenz, *Werke und Schriften*, ed. Britta Titel and HellmutHaug, vol. 2, Stuttgart: Goverts, 1966, p. 435; 英译文参 Hans Blumenberg, *Work on Myth*, trans. Robert M. Wallace, Cambridge, MA: MIT Press, 1985, p. 534。

② 参施米特在《政治的神学续篇》（前揭，页96）对相关文段的引用。

尽管施米特引用这段文字来弱化歌德给人留下的在基督神学方面的矛盾印象，但这段文字明显包含了施米特的神学-政治立场。

如前所述，布鲁门伯格致力于探索自己与施米特之间的差异，这种差异从第一封信开始，一直贯穿至后来的批评。布鲁门伯格提到，令他感到惊讶的是，他发现二人都在各自寻求解释歌德的神秘题词并追溯其源头。与施米特的基督教式解释不同，布鲁门伯格提供了一种围绕着革命之神普罗米修斯形象的多神论解读。布鲁门伯格不厌其烦地（或许是为了表明在他们的通信中二人拥有共同的开端，而他对歌德题词的兴趣并无隐秘的动机）告知施米特，他在施米特的书出版之前一年已经处理了歌德的题词问题（在一次与肖勒姆［Gershom Scholem］及伽达默尔［Hans Georg Gadamer］的对话中）。

布鲁门伯格解释的前提十分明确，与此直接相关的事实是，在第三部分的结尾（在题词之前的部分），歌德讨论了一桩丑闻，它最初在《致普罗米修斯颂歌》中被提出，却导致了后谓的泛神论争端（其主要的论战对象是莱辛和雅可比）。用歌德的话说，颂歌是

> 爆炸的引线，它揭示并引发了那些高贵者的争论，论题则是他们的隐秘关怀，但即便他们也未必了解，这些论题已在这个启蒙的社会以别样的方式沉睡了。①

除开论争之外，就施米特与布鲁门伯格之间更直接的关系而言，我更关心后者如何立足多神论语境来推翻施米特的神学-政治解释，

---

① 参歌德，《诗与真》，前揭，页469。

该解释依赖于坚定的特性原则。布鲁门伯格似乎认为，对歌德的题词之谜不如作多神论的解读，后者允许新秩序的出现。这与施米特的立场不同，新秩序并不仅仅是对一个单一、坚定且以不同样式出现的特性（identity）的修正。相反，这个时代是由不同力量间的斗争所塑造，或因力量的此消彼长、前赴后继而塑造。即使布鲁门伯格没有对他的解释做出详细的说明，他对该题词的多神论解读，除了其他影响之外，仍构成了对施米特政治神学的基本前提及其一神论基督教背景的攻击。

据此，布鲁门伯格认为——施米特也不会否定——对过去时代的继承感只有在一神论的神学预设中才是明显的，而向多神论思维方式的转变，拔掉了潜藏在神学政治范畴及其功用实现之背后的根基，即世俗化的范畴。为了反对施米特及其基督教式的理解，布鲁门伯格显然采纳了歌德自己的解释，因为歌德对后来所提到的普罗米修斯的"诗化形象"激动不已，甚至将此形象与撒旦作对比，后者正是一神论神学传统的"诗化形象"：①

> 提坦诸神的多神论衬托，就像邪恶可以被视作一神论的衬托一样。但无论他所代表的对比是后者，还是独一的上帝，均非诗化形象。弥尔顿的撒旦……处于不利的从属地位，因为他打算毁灭至高存在的伟大创造。另一方面，普罗米修斯则占据优势，能够创造并构筑与更高存在的对抗。同时，这也是一个适合诗歌的美丽想法：人不是被世界的最高统治者创造，而是被一个更低级的形象创造，然而，这个更低级形式已经足够重要，配

---

① 最终，布鲁门伯格在他论神话的书中将该问题作为主题，书中同样提到了与施米特的争论，尽管有些简短。参 Hans Blumenberg, *Arbeit am Mythos*, Frankfurt am Main: Suhrkamp, 1979；英译文可参 *Work on Myth*，前揭。

得上完成此事，因为他是最古老王朝的后裔。①

布鲁门伯格再次强调他与施米特的不同，是在两人最初互相交换看法且又沉默了三年之后。在一封较长的信里，布鲁门伯格回应了一篇施米特所写的文章，即《提供历史理解的三个阶段》，这篇文章后来附在一封书信之后。② 就像二人就歌德题词的通信一样，两位哲人利用一切机会直接表达自己的立场。更为重要的是，这篇文章还把洛维特拉入了混战。洛维特的作品，尤其是《历史中的意义》，在布鲁门伯格最初决定要着手写作论述现代性的文字时起了重要作用。③ 同时，它也对施米特的神学－政治理论产生了重大影响，在前面提及的文章中，施米特还称赞并直接引用了《历史中的意义》。该书提出的知名理论，后来在很长一段时间里成为历史观念理论讨论的主流，它假设现代的历史哲学现象应被理解为：一种犹太－基督教式终末理论观点的晚近的世俗化身。当然，该理论进一步加强了施米特的神学－政治立场，因为他对现代国家理论的贡献似与洛维特对历史性意识形态氛围的贡献一致，后者强化了对现代意识的讨论。

然而，洛维特与施米特思想在实质上的相似，却未能扩展到他们的动机层面。尽管洛维特的理论揭露了现代主张脱离神学起源的自由性与自主性，但他并没有以或神学或世俗化的现代性的名义来揭露这样的观点。相反，他用其理论反驳基于如下前提的两种

---

① 参歌德，《诗与真理》，前揭，页469－470。
② Carl Schmitt, "Drei Stufen historischer Sinngebung", in *Universitas*：*Zeitschrift fur Wissenschaft und Literatur* 8, 1950, pp. 925－930。
③ 该书最初以英文写成，在美国出版；参Karl Löwith, *Meaning in History*：*The Theological Implications of the Philosophy of History*, Chicago：University of Chicago Press, 1949。

学派的思想，即现代意识只能以神学立场加以解释，以及现代意识深受终末论观念的影响。相反，施米特对现代性的反对，似乎着重于现代性的追随者固执地虚称他们已脱离了其神学根源，而洛维特在书中恰好揭露了这样的根源。施米特断言，若现代性意识到了它对神学过往的依赖，这一点可以得到修正。借助洛维特在环形时间（希腊－异教）与线性时间（犹太教－基督教）之间所作的历史性区分，施米特提到他自己对历史意识的描述，这为他自己的时间和时代提供了说明。

尤其是，施米特断言时间既非循环，也非终末论式的，而是完全受限于个人，个人可以呈现并决定历史时间的意义，还可不断地为了某个人或其他人把历史时间转换到意识的框架之中。这样一来，历史就不再被理解成宇宙时间或神圣计划的呈现；历史仅仅是把意义赋予某人，再用于或强加于他人之上。尽管洛维特与施米特均认为，历史意识是一种终末论时间概念的新近体现，然而施米特却避开了洛维特的结论，认为人类必须再次拥抱某种环形时间，以避免终末论时间观造成的问题。也就是说，施米特坚持认为，有可能让终末论信仰与历史意识相吻合。而若把这样的观念归于洛维特，则仍显得有些奇怪，因为他已把历史意识视作对终末论信仰的依赖与具体体现。

恰恰是这一点体现了洛维特和施米特的不同动机，而就我的目标而言，我还是会联合洛维特与布鲁门伯格一道反驳施米特。洛维特把他对现代历史意识的批评与终末论信仰联系起来，以此表明，正是在这样的时刻，西方将自己从拯救的许诺中（它至今仍在审视此许诺）解放出来，人类就此转变成了一种毁灭性的力量。只要终末论信仰仍受重视，且无可争议，那么它就拥有力量阻止历史意识的出现，而历史意识会扭曲已认可的历史意义，即对终末时刻与拯救的渴望。施米特一直努力展示，在新的历史意识形式框架范围之内，终末论的信仰会继续存在，且他坚持认为有新的方法能将两者联系起来。正由于坚持这一点，施米特才转向了"拦阻者"（katékhon）这一神学观念，它出现在保罗的《帖撒罗尼迦后书》（2：7）。据施米特所述："两者的联系依赖于一种有力的形象，它可以推迟所启示的结局到来，击败邪恶。"① 换言之，现代意识发挥了拦阻者的作用。据此，它仅仅推迟了终末的来临，但它无法抹去终末论信仰。既然个人把意义赋予了历史，那么神学体系就应该足够灵活，以便包容这种延迟，甚至可以预防人类走向洛维特所警示的那种毁灭。

在写给施米特的信中，布鲁门伯格怀疑自己"是否已经成功指明我们两人之间关键的不同"。② 尔后他再次写信一试，回应施米特前面所提到的著作。与施米特不同，布鲁门伯格支持的观点有些像对洛维特观点的回应，在布鲁门伯格看来，历史意识和终末论信仰根本无法和解。布鲁门伯格再一次决意证实这一新观点，即现代历史意识，证明的方式是提出一种与所谓"拦阻者"迥异的解释。布鲁门伯格问：终末时间的推迟和终末信仰的式微是否仍保留在同样的终末论领域之内，抑或二者均强调了对整个观念的抛弃？布鲁门伯格用一种独特的方式回答：现代观念提出的不仅是历史的和终末论的同时性，还有它们意义的相互颠转。结果，拯救的前景仍然保持着终末论承诺的形式，而现在此前景必须悬置对终末论的拒斥。布鲁门伯格对这一颠转提供了综合性的解释，而拯救的希望却一次又一次地受到冲击。在这个过程中，预示终末开始的标志就是向某种事

---

① Carl Schmitt, "Drei Stufen historischer Sinngebung", p.929.
② 参施米特，《通信集》，前揭，页131。

物的转变，这种转变太过残酷，人类除了尽力阻止其发生之外别无选择。据布鲁门伯格所述，"拦阻者"只是历史上某时某刻的一种终末渴望的激进表达。如此这般，布鲁门伯格把对"拦阻者"的解释纳入神学结构，而拒绝把它视作历史意识的概念性基础。

宗教概念的激进表达，使得该概念元气大伤，消失于无形，结果另一概念在其位置出现，这一过程构成了布鲁门伯格描述现代意识之诞生的关键因素。不过，他围绕着上帝作为"绝对权力"的概念，而非围绕着终末拯救的概念。布鲁门伯格所认为的中世纪晚期神学唯名论所引起的类似进程，与上述激进化的独特实例区别的标志是：在前者中，神学结构能够满足复活的渴望，而在启蒙运动之中，激进化导致了框架结构的垮台和另一结构的形成。

于是，布鲁门伯格在给施米特的信中说，从概念化的立场来看，现代意识的兴起必然跟随着"终末性麻木"力量的明显渐消或渐长而到来。然而，现代意识的出现为人所知，仅是以终末力量的"完全否定"为背景的——这不同于仅作转变或修改——因为，若非如此，它就可能控制了终末论的因素。就上述内容来看，布鲁门伯格意识到了施米特诉诸一种强有力的特性概念，该概念主要用于将终末论信仰与历史意识联系起来。另一方面，布鲁门伯格则采纳了一种更温和、"功能化的"特质概念，这使得我们可以追溯整个过程——意义结构的元气大伤引发了一种反应，其含义已经不能再在旧结构中得到解释。① 布鲁门伯格描述了这一虚弱的特质，他曾在《现代的正当性》一书的第四部分提到该内容，认为"重新占据"是理解这个新历史时期的关键概念：

---

① 参布鲁门伯格1975年8月7日致施米特的信，载施米特，《通信集》，前揭，页130–136。

"重新占据"的概念借助暗示，指明了所能发现的最少的特质，或至少预设了并寻找这种特质，即便是在最为躁动的历史运动之中。①

尽管布鲁门伯格已尽其所能，但施米特并无义务接受通信者的立场。如果施米特事实上反驳了布鲁门伯格的解读，我们就不得不采纳另一套理论来理解施米特的立场——施米特坚持寻找替代性的桥梁或转换性的范畴，以保存基于神学的实体性历史存续，而非其他历史存续。正如布鲁门伯格所述，施米特的概念不断致力于桥接神学内容与那些脱离神学的内容之间的概念性鸿沟；施米特的概念可被视作一种实践，预设并献身于一种坚定的形而上学特质，以体现对基督教神学世界观的继承。然而，施米特本可以避开这种形而上学预设，仅需断言这种献身属终末性的，而非形而上学性的；换言之，这种观念由规范性世界观所推动，在其中，历史哲学对话只是证实其立场的手段。

对形而上学讨论的揭露，显然或至少部分由于施米特的立场，即与规范性或神学性领域保持距离，并充分利用了介于神学与其他人类行动领域之间的概念性范畴。这种立场在与布鲁门伯格的通信中接受了考验，后者同意施米特在最初的批评中所定下的概念交换规则。接着，布鲁门伯格继续揭示施米特所强调的形而上学出发点，这迫使施米特虽尽力避免形而上学领域，却不得不诉诸规范神学作为替代以捍卫其立场。与布鲁门伯格的对话所流露出的内容绝非偶然。对于布鲁门伯格而言，形而上学的出发点既展示了施米特的上述学问，也是一种中立性的概念展示。也即是说，

---

① 布鲁门伯格，《现代的正当性》，前揭，页466。

揭露既非布鲁门伯格的直白目标，亦非其意图。

规范性维度在澄清二人争论的过程中自然地浮出水面，而概念性的描述在此刻被扬弃。事实上，二人的通信同样也展示了布鲁门伯格的忠诚。施米特说布鲁门伯格的观点在诸多对立立场中最中肯，且在阐明其观点的过程中，这位年轻的同伴也在帮助他认知。施米特不太明智地将布鲁门伯格引向一个他无心争夺的角色——世界观的最出色表述者。在所有人中，唯有施米特在对布鲁门伯格最初的批评中对此前景提供了最简洁的概述——如《政治神学续篇》的附录，这是施米特生前最后出版的作品。

早在1918年，施米特就对同样的世界观提供了明晰而又讽刺性的描述，这是借一位叫作布里布恩肯（Buribunken）的角色之口：

> 我写故我在；我在故我写。我写了什么？我写我自己。谁写我？我自己……我写的是什么内容？我写我写自己。什么样的推动力让我免于陷入"我"的自我循环之中？历史！若真如此，我就是历史的打字机中的一个字符；我是一个写其自身的字符。然则，若要我更准确些，并不是我在写我，而仅是那些我所是的字符在写我。然而，正是借助于我，世界精神呈现——书写——其自身，所以当我认识到我自身之时，世界精神亦呈现出来……换而言之，我并不是世界历史的唯一读者，但是……却是书写它的那个人。①

极有可能的情况是，施米特的批判在同伴身上激发的"神经刺激"与布鲁门伯格的愿望相关，后者不想被认为，仿佛自己总有

---

① Carl Schmitt, "Die Burikunken", in *Summa: Eine Vierteljahrensschrift*, 1918, pp. 89 – 106, esp. p. 103.

一种内在动力意图证明新时代的合法性。布鲁门伯格忍受着将他自己与这类形象相联的说法，或者干脆直接否认这种形象。相反，他坚持一种中立的态度，围绕历史变化的可能性展开论述，而这有时似乎是他唯一为现代性所尽的义务。换言之，这种世界观拥有清晰的规范维度，植根于坚定的概念分析，回避或隐或显的形而上学预设。

尽管如此，布鲁门伯格还是无法忍受施米特强加其上的规范维度的矛盾，这至少表明，布鲁门伯格认识到了规范维度的可能性；即便布鲁门伯格努力与规范维度拉开距离，他依然倾向于将其视作概念决断的产物，而非概念决断背后的理智。同样，布鲁门伯格坚持批评施米特，认为施米特的理论过于强调形而上学前提，而非其显见的神学维度；布鲁门伯格的批评表明，他意图尽可能避免将争论溯源至规范性的轨道之中。同样，布鲁门伯格也固执己见，最终使得自己所从事其中的规范性领域遭遇困境，该领域或可定义为"现代"。布鲁门伯格在批判他所讨厌的、强势的、实质性的特质概念时，这一点表现得尤其明显，该概念总出现在施米特笔下。在这样的背景之下，布鲁门伯格拒绝接受施米特强加给他的形象，即以为他创造了自身及其世界。然而，正是用这样的办法，布鲁门伯格明显对被描述为"绝对"之物的存在表示质疑。布鲁门伯格拒绝承认绝对事物的存在——无论其为神、人性、实在或自我建构的客体本身——这成为他唯一意图表达的动机，不过，对现代性的规范性的承认，则以公认的迂回方式，归在了布鲁门伯格名下。

布鲁门伯格倾向于让自己摆脱"绝对的"立场，并与之保持距离，这与施米特不懈努力去定位和强化同一"绝对"的存在形成尖锐对立。布鲁门伯格似乎与施米特互相需要，以激活规范化维度，两人都倾向于——每位均有其自身的方式——将规范化维度混同为有意识之努力的一部分,以承认单一的"外在者"在他们所讨论的结构中的作用。正如施米特通过神学讨论所完成的目标一样,布鲁门伯格据此以哲学论述的方式讨论现代性。在我看来,施米特与布鲁门伯格之间的通信事实上改换了每位参与者的位置,两人都渴望一种"外在者"的特性,或至少是一种独特的思想者的特性。

(译者单位:北京第二外国语学院文化与传播学院)
本译文受"北京第二外国语学院科研启航计划项目"资助

进步、世俗化与现代性

华莱士（Robert M. Wallace） 撰

乔拓新 译

一　当代人对进步的各种态度

"进步"不再是美国和西方国家曾经的口号，不再是毫无疑问的有益目标和进程。在世界大战、"最终解决方案"等的影响下，欧洲知识界在不久以前摆脱了对进步的幻想。在美国，这种天真的幻想持续更久，但随着越南危局和环境危机，人们普遍怀疑"进步"铁三角——民主、工业和科学——是否真正有能力化解所有问题，这种怀疑已然成为一种"正常"状态。现在不单只是意识形态上"反文化"的那类人质疑进步的可能性和意义。如今，尽管那些拥核者、麦当劳缔造者，连同那些基因重组研究者偶尔还会用"进步"这个词来形容这些计划，但他们在用这个词时，并非在说这些计划本身会带来直接益处，而仅指这些计划会创造就业机会，或者终究是"无可避免的"。如此一来，对于大多数人来讲，"进步"已然成为历史轧路机的代名词——现在看来，这个轧路机只有在碾过了它的"司机们"和其他一切时才会停下来。

事实上，我们可能会怀疑这是否一直都是"进步"的真正本质。偶有世界大同主义者建言，这些现象实际上是晚期资本主义的非理性症状，唯有通过建立一个更彻底的民主制度，一个为满足实际需要而组织的工业，以及一个旨在解决人们实际问题的科学方能加以克服——如此这般天真的"进步性质的"建议备受质疑。现存的这些"世界大同主义"国家，似乎甚至比我们这些晚期资本主义国家更热衷于一些会造成环境污染的进步。这些国家也难以使人相信它们自身会朝向民主的方向。但更基本的是，我们怀疑自己是否有能力将真实的需求与虚假的、"被操纵"的需求区分开，是否有能力定义真正有价值的目标并实现"真正的进步"。我们的经验总是被官方机制所摆布和充斥，以至于当我们设想进步的替代方案时，通常会认为这些替代方案是虚假的进步。这种替代方案几乎很难将自身以一种不同的进步的姿态示人——实际上这才是"真正的"进步——而仅能以非进步的面貌示人，是逃避进步及与之相关的一切。当然，也有很多"世界观"可以帮助那些想定义非"进步"的存在模式的人。东方宗教、神话、冥想、原教旨主义基督教或者存在主义基督教、回归土地的无政府主义、新柏拉图主义、新亚里士多德主义、新学派或海德格尔式哲学等等，所有这些都有可能得到某种复兴或挪用，甚至是（打住这个念头）商业化。在这些声名狼藉却又"不可避免"的带有官方性质的持续进步机制的阴影笼罩之下（而且往往得益于这种阴影的笼罩），各种"替代方案"层出不穷。

然而，上述那些多少带有逃避主义倾向的现象，对任何真正的进步概念造成的实质性威胁，都没有下述这些尝试构成的威胁严重：这些尝试将进步的想法本身解释为错误的，或者认为进步只是其他事物的高仿版本。最近，这类尝试层出不穷，其中有些便是受生态环境启发，试图追溯西方宗教的支配性或剥削性本质的起源。海德格尔认为，现代人类对技术的执念是人类表现出来的一种遗忘性现象，这种遗忘性或许可以追溯到某些希腊哲学。其中最有趣，也是最精辟的一种尝试侧重于进步的概念本身，这在美国不像前面提到的二者那样广为人知。造成这种结果的原因，可能一来是它相比于近来的生态运动来说过于久远，二来它也没有像海德格尔的学说那样家喻户晓。它就是洛维特提出的伟大学说，即现代的进步观念是由基督教终末论转变而成的世俗形式——终末论指基督徒将未来视为"最后的事物"，也就是世界末日、最后的审判、救赎、灭亡等等。

二 洛维特将进步理论视为世俗化的终末论

洛维特所著的《历史中的意义》在1949年由芝加哥大学出版社出版，其副标题不幸被翻译成"历史哲学的神学含义"。而其德文版于1953年在洛维特返回德国后出版，副标题被更准确地改为"历史哲学的神学预设"。洛维特此部著作关注的并非神学本身，相反，它是在追溯现代历史哲学的演变历程，以及它们对源于基督教（以及通过它，来自犹太教）的进步的几乎不间断的赞美。它是关于现代历史意识的——最隐蔽的——神学预设，正如18及19世纪领军思想家（伏尔泰、杜尔哥、孔多塞、孔德、蒲鲁东、黑格尔、马克思）所体现的那样。

洛维特发现，这些历史哲学从基督教中衍生出来的关键在于黑格尔，他是一位将自己与基督教的关系作为其体系的核心与显著特征的现代历史哲学家。黑格尔的学说认为，现代的精神世界和政治世界（他声称在他的哲学中已完全阐明）是在世界历史中基督教改革阶段的"暂停而后推进"（Aufhebung ［扬弃］）中产生的。① 显然，洛维特摒弃了黑格尔关于这一过程是"向前迈进"的假设，但他的学说中保留了黑格尔的框架，即现代的进步观念是暂停（对洛维特来说是"伪装"）并（以世俗化的形式）推进了基督教与终末论的关系。洛维特这本书试图表明，与除黑格尔以外的大多数论者的认识相反，"历史哲学起源于希伯来和基督教对世界末日的笃信，同时又终结于［那个信仰的］世俗化的终末模式"。②

洛维特该书并非力图呈现"进步"现象的历史全貌或加以分析。大多情况下，它停留在思想史的层面（此处主要是哲学和神学层面）。它从19世纪盛行的一些"笃信进步"的乐观表述出发，并一路追溯，不断寻找这一思想的各种早期表述形式及其最初起源。这本书的核心内容是对马克思、黑格尔、蒲鲁东和孔德等人理论的讨论。这些人是19世纪的社会主义者、理想主义者或实证主义者，在洛维特看来，他们都（尽管他们之间经常有激烈的分歧）秉持一个共同的信念，即世界历史是统一的，可以从一个基本的模式中理解，即朝着某种形式的理想的最终人类状况，不间断且似乎

---

① 洛维特在其第一部主要著作中详细探讨了黑格尔。参 Karl Löwith, *From Hegel to Nietzsche-The Revolution in Nineteenth-Century Thought*, New York, 1964; German original published in Zürich in 1941。

② Karl Löwith, *Meaning in History: The Theological Implications of the Philosophy of History*, Chicago: Chicago University Press, 1949, p. 2.

不可避免地迈近。洛维特嘲讽这种态度，然而他并没有声嘶力竭，而是镇静有力。对于一位青少年时期恰逢第一次世界大战，青壮年时期经历魏玛共和国，中年时期遭遇"第三帝国"第二次世界大战、"最终解决方案"及广岛与长崎事件的欧洲人来说，他的确可能采取这样的态度。他采纳了科学、客观并笃信人类日常经验的模式，探究这种非理性信念的起源，认为早该认识到这个信念是荒谬的，根本不该在其身上浪费时间和精力。他在对每位作者进行总结时，并不羞于反复陈述其结论，即这种奇特的固定思维，唯有被视为希伯来及基督教信徒们笃信的、人类将一直朝着关乎全人类福祉的某个未来方向不断进步的伪装版本，才能够被人们所理解。

有一种可能的替代解释，洛维特没有考虑，就是唯物主义或社会学类型的理论。按照这种理论，这些知识分子的幻想只不过是某种热情的高仿版本，这种热情在18、19世纪甚至更早的时候，由于科学、技术、工业等物质生产力的明显进步而普遍存在，而且即使没有这些知识分子的帮助也会普遍存在。当然，我只能猜测为什么洛维特不考虑这种类型的解释。不过我确实想到了两种可能性。第一个可能性是，洛维特或许认为智力现象（思想史）必须主要通过参照其他智力现象才能得到解释，同时认为社会学解释存在着一种无法接受的"简化主义"，并且一旦走向极端，便会否定思想本身的可能性，从而甚至使自身作为（具有自身意识的）理论也被反噬。面对唯物主义者们把思想理论"揭露为"仅仅是对社会现实的反映这种做法，洛维特秉持此态度自然有一定可能性。第二种可能性是，洛维特内心深处认为，基督教思想和态度的世俗化，不仅是对进步观念的根本解释，也是对推动进步实现的动力和力量本身的根本解释。这一点，可以在诸如16世纪以来的欧洲资本主义社会（包括经济、军事、科学等领域）的整体动态中得以体现。洛维特确实做出过某些推测性的评论，特别是在该书的结尾（页202-203）暗示了这种解释的可能。如果这确实是他的真实想法，那么，将进步的想法解释为物质发展在头脑中的反映，只能导致基督教再次成为这些物质发展的根源。在这样的循环中，从唯物主义演绎出的大部分动机就将消失。

但是，让我们回到洛维特言明的内容——他的思想史。除了提出现代进步观念是希伯来和基督教"未来主义"世俗化所导致的，洛维特思想中另一个反复出现的主题是，未来主义这种对未来的执念与洛维特所认为的古代——耶稣诞生之前——的特有态度的反差，后者将历史视为一系列上升和下降、成长和衰退等的连续过程，类似于生物和天体的自然循环。这集中体现在一般的希腊理论中，比如廊下派学说中的历史宇宙学将历史视为一个持续的"循环"，过去、现在和未来基本上没有不同。很明显，洛维特觉得自己被这种古老的世界观吸引，甚至超过了对世俗进步的漠视，而这种漠视正是他所认为的真正基督教的特征。虽然他可能尊重后者，但后者历史性的出现和胜利依旧是古代的终结，至少是造成我们最基本的现代困惑的根源。

基督教催生了现代的进步思想，这种转变到底是如何发生的？洛维特考察了多位18世纪思想家——伏尔泰、杜尔哥、孔多塞——在他们的时代，人们普遍认为进步思想已经完全呈现出现代的清晰特征。洛维特还研究了维科玄妙的孤著，以及波舒哀（Bossuet）、约阿希姆、圣奥古斯丁、奥罗修斯（Orosius）等一些作者明显带有基督教历史神学性质的著作，并研究了圣经的作者们。这些讨论非常有趣，但没有出现明确的模式或转变的顺序。

例如，洛维特似乎没有暗示，基督教思想在中世纪变得越来越世俗化，从而预示着其最终会转变为表面上非宗教的现代进步学说。他也没有界定基督教思想中的一个压力点、弱点或潜在危机，而这样做将有助于解释这种转变。他也没有提出任何"唯物主义"或社会学类型的解释，而其他人在解释基督教中世纪的衰落时经常会面临这样的诱惑。终末论的世俗化过程显然是一个异常难以捉摸的，或者异常隐秘的过程。思想史的文献不见对这个过程的各个阶段——如果存在各个阶段的话——做出的明确说明。也许，它只是一种"理论构建"，虽足以解释可观察到的事物，但本身却无法得到数据支持。怀疑论者可能会猜测，对进步观念兴起的唯物主义解释，是否与这种高度揣测性的理论的说服力不相上下。

但洛维特没有显露出丝毫不确定的迹象。显然，他不是在寻找确认，而是在他所研究的作家中寻找对他的世俗化理论的"说明"。由于没有看到关于现代进步观念的其他智性解释——在20世纪60年代布鲁门伯格的研究出现之前，没有其他解释——洛维特便自然地相信，自己提出的解释在某种意义上必定正确。

如若我们接受洛维特的理论，会有什么后果？它的最基本含义是现代思想对其自身有着根本性的错误认识。与历史有关的现代思想虽然声称自己是真正的人类理性的表达，但它实际上是从神学、启蒙运动及其19世纪的"历史主义"继承者们所关注的教条中获得其基本解释模式的，即朝向未来的目标或实现。现代思想即便不想否认，至少也希望摆脱这些解释努力。这不是某种无辜的"借用"，似乎"术语"可以很容易与它的原始语境分开。因为在其原始语境中，这种解释模式与信仰的概念紧密交织，以至于它一旦在现代语境中出现，就必须从根本上去质疑在该语境中，人类拥有基本理性的这种典型现代主张是否还能站得住脚——如果我们承认了该模式的来源的话。

> 现代人的思想还没有决定自己应该是基督徒还是异教徒。它用一只信仰的眼睛和另一只理性的眼睛来观察。因此，与希腊或圣经的思想相比，它的视线必然是模糊的。（页207）

对于我们这些想从现代哲学中——以及就此而言，从现代社会中——挽救一些事物的人来讲，这个结论颇为严峻。洛维特并没有试图美化它。他承认这种错误意识所造成的现代性的残骸，没有从中得出令人欣慰的道德观。他也没有（至少在《历史中的意义》中）提出任何"出路"。他赞扬布克哈特（Jacob Burckhardt）等人坚韧不拔地拒绝幻想的精神，并将古典希腊的自然、宇宙等概念令人信服地描绘为不受希望、进步幻觉等困扰的世界意识的一个模型。

也许这昭示出我们这个时代的枯竭，因为直到1962年，才见有人系统地批判洛维特的主题——尽管至少在德国，它曾被神学家和哲学家们广泛了解、引用和阐述——而且直到1966年才有专门驳斥它的书籍出现。不论造成这种延迟的原因何在，该批判和反驳现在已经存在，并构成了本文其余部分的主题。

三　布鲁门伯格对世俗化理论的批判

布鲁门伯格比洛维特年轻。在与洛维特辩论之前，他作为讨论《哥白尼转向》一书中"隐喻学范式"部分作者，以及其他相关的专业研究的作者广为人知。在1962年举办的第七届德国哲学大会上，布鲁门伯格阅读了一篇论文，其中包含对"世俗化"概念及基于此的相关主张的透彻分析，以及对他视为合法的现代"进步"思想的起源和宏大的历史哲学的起源的另一种建设性解释——在这些思想中,"进步"思想发挥了十分重要的作用。布鲁门伯格1966年出版的《现代的正当性》①一书,修订、扩展了这篇论文,并增添了极具原创性的对于整个现代之起源的论述。

该书第一部分和布鲁门伯格原初的论文一样,标题是"世俗化——对一类历史非正当性的批判"。其中,布鲁门伯格提出一个问题:称一个概念或结构是基督教概念或结构的"世俗化",这究竟是什么意思?② 首先,他指出这种说法与更一般的说法——即我们处于一个"世俗化的时代",或者说我们的时代总是越来越世俗化(即对宗教的兴趣减弱或宗教的支配地位在下降)——有何不同。无论真实与否,这种说法显然与某些现代现象是基督教现象的世俗化版本的说法大相径庭,而且远不如后者有趣。谈到后者,布鲁门伯格认为洛维特的那部著作和随后的作品暗示了一个世俗化过程的模型,他用三个标准来阐述:

第一,一种可识别的共同"基质"(substance)经历了从基督教到"世俗化"形式的转变。举例来说,仅有类似的形式,而没有一个连续的转变过程将它们连接起来,就不符合条件。

第二,这种"基质"属于早期的、基督教的框架。

第三,这种转变是一种"片面的"转变,不是由基督教(可以

---

① *Die Legitimität der Neuzeit*, Frankfurt am Main, 1966;该书第二版的英译本(由本文作者翻译)将由MIT出版社出版。[译按]具体英译信息为:*The Legitimacy of the Modern Age*, Cambridge, MA: MIT Press, 1983。

② 布鲁门伯格提示我们,除了关注进步思想的所谓"世俗化"诞生过程之外,还应关注其他一些所谓的"世俗化"进程。认识论中有关确定性这个核心问题可以追溯到基督教的救赎确定性问题;现代工作伦理学被追溯到基督教圣徒和禁欲主义;政治主权被追溯到神的主权;世界大同主义被追溯到天堂或天启;宇宙的无限性被追溯到神的无限性等等。布鲁门伯格仅对上述所谓世俗化的一部分进行了批评。

说是"世俗化"本身)实施的,而是由基督教之外的因素推动的。①

我在这里的讨论将主要围绕三个标准中的第一个,这也是布鲁门伯格主要针对洛维特所作批评的核心内容。布鲁门伯格针对"世俗化理论"的总体批评包含了许多内容,非本文所能囊括。

关于所谓世俗化过程的共同"基质"这一标准,布鲁门伯格首先指出,各种终末论相关观念和进步观念之间存在明显的形式差异。前者总涉及某种形式的戏剧性的超验入侵(弥赛亚到来、世界末日、最后的审判),这些入侵自外部来完成世界历史。而进步概念,不论它在某些版本中被精神化到何种程度,总是呈现出一种在历史内部("内在于其中的")运作的过程,通过内在逻辑从一个阶段运转到另一个阶段(甚至到最终"结束"),而不是通过外部干预。

洛维特在《历史中的意义》一书中多处体现出他意识到该问题,特别是在后记中,他煞费苦心地描述了终末论和现代思想的共性,即把未来作为人类的关键"地平线",把希望或期待作为人类对该地平线的态度。② 这显然是为了让大家的注意力离开基督教及其各种世俗化版本中的诸多"圆满"模式。在对布鲁门伯格的批评的最终答复中,洛维特再次重申了这一最低限度的共同基质。③

布鲁门伯格的第二条批评路是线质疑终末论的基质在"世俗化过

---

① 这种模式受到了各种理由的批评,布鲁门伯格在该书第二版中对此进行了辩护,参见其第一卷:*Säkularisierung und Selbstbehauptung*, suhrkamp taschenbuch wissenschaft, No. 79, Frankfurt, 1974, pp. 23 – 31, 37。据我所知,还没有人对"世俗化"概念提出如此清楚的替代性分析。洛维特在回应布鲁门伯格的批评时,也没有致力于提出一种替代性分析。

② *Meaning in History*, Chicago, 1949, pp. 84, 111, 196, 204.

③ *Philosophische Rundschau*, 15, 1968, esp. p. 198.

程"中的连续性,这不是通过质疑这个过程的终点的特性,而是通过为现代的"结果"提出一个完全不同的推导:一个不同的"进步思想的谱系"。① 简言之,他所断言的是,现代的"进步"观念是在早期现代的两个主要经历中产生的:16及17世纪天文学的兴起,以及17世纪后期盛行的"古今之争"。哥白尼、伽利略和开普勒记录的天文进步,只有在对几个世纪以来的观察进行比较的基础上才有可能实现。这项事业的成功依赖于两点:一是远远超过个人寿命的时间跨度;二是理论方面的努力(比如数据收集和传输),这同样哪怕是在原则上也无法由某个人单独完成。在这方面,早期现代天文学不仅展示出各种结果,也展示出一种结构(作为一项人类事业),这在西方经验中是全新的。没有人会怀疑它作为一个至今仍被人们沿用的现代科学模式的价值。布鲁门伯格认为,作为一种有条不紊的进步模式,天文学不仅重要,并且实际上在"科学"之外颇具影响力。

但在以这种方式概括该思想之前,"古今之争"也丰富了这种组合。此处关键的结果是,在争论古代艺术和文学的成就是否足以媲美现代或者被现代超越之时,讨论者们逐渐摆脱了文艺复兴时期的思想,不再认为这些成就构成了永久有效的完美模式,而倾向于将艺术视为表达其特定时代的创造精神。与科学不同,艺术的成功不一定需要诸多个体或几代人的努力,但确实激发了各个时代的人们对尊严和创造力的反思。有两个概念:新的科学理念,即将许多人的努力整合为一个总体的、"进步的"整体;新

---

① 这个"谱系"的天文学部分在布鲁门伯格迄今为止唯一一部英文文本中有详细的考察。参见"On a Genealogy of the Idea of Progress", *Social Research*, Spring, 1974。

的美学理念，即占据着支配地位、并孕育着勃勃生机的角色，既不是上帝，也不是自然，而是人。这两个概念在18世纪最终被整合到囊括性的"进步"概念中，在所有领域——科学、艺术、技术、社会等——中都是"人类创造历史"，这个"进步理念"显见于伏尔泰、百科全书派、康德等人的著作之中。

因此，布鲁门伯格所描述的，是逐渐出现的"整体的进步"的概念，它发源于各个特定领域的局部经验，在这些特定领域内，早期的现代人付出辛劳，积累了一些最富意义的经验。直到两个世纪过后，一种"进步观念"才出现，它的普遍性可与终末论相媲美。但它在形式上仍然与终末论有重大不同，它的圆满过程是"内在的"而不是"超验的"，布鲁门伯格一开始便指明了这一点。它的"谱系"，至少在表面上看，与终末论无关，而仅与布鲁门伯格在书中第二部分所说的"人类自我确信"有关。也就是说，后基督教的现代人所做的努力从根本意义上看都与宗教无关，他们只想充分利用今生今世所拥有的一切。①

这种断言自身具备合法性的（非世俗化的、真实的）进步概念，纵然已具备高度的普遍性，仍与终末论有一个关键的不同：与后来孔多塞、蒲鲁东、孔德，黑格尔等人雄心勃勃的"历史哲学"不同——而这些也是洛维特分析的重点——此处"进步"概念尚未被，且基本上没有被视为对整个固有的"历史的意义"的解释。这个概念之所

---

① 布鲁门伯格并不否认现代性的"自我主张"经常使用宗教语言。他认为，这样做要么是为了掩饰其非宗教的意图，要么是作为一种刻意的"风格"来渲染其大胆和极端，因此这种"语言的世俗化"并不意味着这一过程也包含了宗教内容的世俗化。参见 *Die Legitimität der Neuzeit*（以下简称为 *Legitimität*），页 62 - 71；*Säkularisierung und Selbstbehauptung*（以下简称为 *Säkularisierung*），页 119 - 133。

以成功，只是因为人类选择了它，并成功塑造了它——很显然进步概念并没有出现在所有有记载或未记载的历史中，也不能"合理解释"或"阐明"人类在历史上为何绝大部分时间都遭受苦难。它仍旧只是对人类经验某一方面的片面解释，尽管这一方面事实上对我们很多人来说至关重要。

四　洛维特的回应

但是，如果假设这种相对温和的、真实的有关进步的观念在18世纪可能已经存在，并发挥了些许作用——假设它仍然存在于我们所继承的传统残余之中，而我们中的一部分人对其呵护有加，那么读者可能想知道，这个观念如何如此迅速地（如果不是即刻）转化成了孔多塞、圣西门、蒲鲁东、孔德、黑格尔和经常被解读的马克思等人雄心勃勃的框架呢？在所有这些框架内，读者都看到，人类历史的整体是通过一个看似不可避免且可预测的进步过程，朝着一个更高的状态发展。这种思维方式不正是现代世界观与古人和原始社会的世界观最鲜明的区别吗？由于古代和现代世界观之间的根本区别——布鲁门伯格并不否认这一点——由于基督教作为介入它们之间的主要经验而存在，所以，拒绝将现代的进步观念解释为基督教对未来的态度的移植——世俗化，似乎就是（在洛维特看起来则必定是）一种武断之举和故意视而不见。洛维特在评论布鲁门伯格的著作时写道：

> 谁能否认一个强大的传统（在两千年的西方历史中，有什么传统，哪怕是政治权威，会比制度化的基督教更有效、稳定？）会对一个后来事物的产生有一定的决定性意义？即便是对

所有相对崭新的事物来说，它也是具有决定性的影响因素之一。如果认为进步只有局部意义，并且诞生于局部，也就是源自十七世纪科学发现和文学美学争论，而不触及历史意义和历史进程本身作为一个整体这个问题，就好比认为现代人所具备的理性与自主性是绝对原创且独立的，这同样是不可取的。①

此时，布鲁门伯格尚未提出其最终论点，因为他书中的整个第二部分都致力于展示现代人提出自主理性——这是"人类自我确信"这个复杂问题的一部分——的历史背景。因此，可以确定，布鲁门伯格未考虑包括基督教在内的前现代历史。但是，如果现代性不是自发产生的，而好像是在历史的"外部"产生的，那么，有关进步的思想不就必然可追溯到前现代的各种思想吗？布鲁门伯格为此提出了何种可以替代世俗化理论的解释呢？他为什么提出如此解释呢？

布鲁门伯格实际上已经回答了这些问题——不过他的回答通常篇幅有限，也不够深入，并非所有回答都易于把握。所以，《现代的正当性》第一部分在第二版时被重写，并扩充了大量内容。布鲁门伯格很清楚，他所重构的"合法的"现代进步观念无法满足"雄心勃勃"的历史哲学的要求，而洛维特则倾向于走向历史哲学——我们感到失望或愤世嫉俗时往往也会如此。布鲁门伯格建立起一套完整的理论，一方面可以解释这种差异，另一方面也可以展示他眼中的基督教在催生这些"雄心勃勃"的现代历史哲学方面发挥的真正作用。他对基督教在"合法的"进步观念起源中发挥的作用也有一个完整的解释（上面提到的对"人类自我确信"的起源的解释）。我将按顺序概述他的这些解释：首先是他对"雄心勃勃"的历史

---

① *Philosophische Rundschau*, 15, 1968, p. 197.

哲学的解释，然后是他对人类自我确信和对进步思想的解释。

五 布鲁门伯格对野心勃勃的"历史哲学"的诠释

首先，我们该如何理解孔多塞、圣西门、蒲鲁东、孔德、黑格尔等人？布鲁门伯格写道：

> 进步观念，作为对整个人类历史的意义和形态的构想，其出现的条件并不是神学终末论的转变及其"原始的"意图被剥离……相反，若要现代观念能够回应一个自从被神学冠上污名后便一直悬而未决，难以有满意答案的问题，那么［原始的、温和的进步观念］必须从最初具有区域限定性的、客观上有限的有效区域中延伸出来，并被夸大，担当"历史哲学"的角色。①

这是有关历史总体意义的问题——这个问题，进步观念和整个启蒙运动都无法合理回答。但由于基督教（将创世论和终末论作为解释整个历史的最基本的开端和结局）对人类最根本的期望产生了强大影响，因此人们认为这是任何世界观都必须回答的问题。

布鲁门伯格继续说道：

> 进步观念的形成，与它取代了对历史的宗教性解释，是两件不同的事……笃信进步有它的经验基础，这是因为，大量的现实可以佐证进步这个理论真实有效，并且这一点通过科学方法亦可有效验证。当这种经历过的、不断被稳定验证的东

---

① *Legitimität*, p. 35. Cp. *Säkularisierung*, p. 60.

西，被转变为一种对未来的信仰之时，作为推动历史进程的原则，即理性之自我意识，就被用来满足一种本身并非理性的需要……①

但这种过度延伸或夸大并非必要，亦非无可回避。毫无疑问，这是很自然的，因为我们有一个根深蒂固的习惯，即试图回答我们面临的每一个看似重要的问题，但这并非不可避免。布鲁门伯格写道，"我们必须摆脱一种观念，即总存在一种事关重大问题的确定的正典"，然而这种观念一直在引导着人类的探求，并将一直如此。"问题并不总是先于它们的答案"，② 一些问题只有在人们相信答案已在掌握之中时才会出现，并成为关注的焦点。诸如邪恶起源、世界起源之类的问题都是如此——希腊人没有问过自己类似的问题，至少他们不会期待这些问题会有直白的答案。因为他们没有听说过灵知派所谓的邪恶的创造者，没听说过原罪，也没听说过凭空造物的上帝。对于历史整体意义和模式的问题也是如此——希腊人不问自己这个问题，一个原因是他们没有创世或世界末日的概念，唯有一种可能是将这两个概念视作世界毁灭和再生的循环过程的两个阶段。

既然这些问题并不总是困扰着我们，我们也无需总是将其视为对我们的智力活动的约束。但这并不是说我们可以简单地用"形而上学"这样的贬义词来否定它们。那便成了走实证主义之路，也就是参照某种特定的知识模型（通常是物理科学的模型）粗暴地提前阻止相关的智力活动，并在没有经过历史性反思的情况下，便假定这种特定知识模型就是决定所有知识的基础。但是，我们也不应该拒绝设想，一个问题（一个经典的"问题"）的起源可能会与它的

---

① *Legitimität*, p. 36. Cp. *Säkularisierung*, pp. 60–61.
② *Legitimität*, p. 42 and p. 43; *Säkularisierung*, p. 78.

现状和我们目前对其给予的关注有一定关联；同时，我们也不能草率地认为，既然我们一直不能很好地解释这个问题（当代哲学对这种失败早已司空见惯），那就说明这个问题本身无法解释，而应该认为，这个问题本身可能需要根据历史语境来解释。

当然，在一种智力活动几乎被放弃的情况下——就像历史哲学遭遇的情况——从"雄心勃勃"的意义上讲，现在不仅仅是要反思历史科学的方法论，也是时候考虑它究竟为什么产生，它试图处理的问题源自哪里、地位如何。这个问题对我们来说是否是，或者应不应该是一个有效问题？这个问题在18和19世纪会不会成为一个有效问题？或者，应不应该通过对其起源和真实意义的条件进行批判性的探求而消解之——实际上，是将其从现代思想所思考的那些重大问题中肢解出去？①

当然，洛维特亦以他的方式，针对不恰当的问题（他会说，概念或态度不恰当）对我们思维造成的扭曲给出了类似的观点。但他发现的是整个现代的取向和概念设置（至少与历史有关的那些）都不恰当，而并没有区分真正的现代问题（例如怎样可以有效地言说我们在世间的需求和担忧）和概念（例如"进步"的概念）与不真实的、灾难性的问题（例如历史整体的"意义"）。后面这些问题会导致前面那些概念过度延伸并失效。

因此，处在现代历史哲学之中的各式理论，作为历史整体的模式野心勃勃，盛行于世——布鲁门伯格对此的解释是：从整体上看，现代思想难以通过思辨来消除那些它从基督教继承的问题，

---

① 在他的书中，布鲁门伯格援引了这种过程的其他几个案例，案例中基督教提出的问题被现代思想不加反思地接受为一个"必须"处理的永恒问题，然后以一种对现代性的前后一致性来说所谓灾难性的方式被"处理"了（见本文最后一条脚注中参考的段落）。

例如历史整体之意义和模式的问题，这不像驳斥基督教的答案那么容易。事实上，布鲁门伯格指出，基督教本身在与古代世界的关系上也存在着相似的问题，并产生了相似的结果。因此，这个领域就出现了对"世俗化"概念的过度延伸，以及随之而来的，针对"世俗化"概念存在的虚假意识的质疑。

六 布鲁门伯格对现代起源的诠释

由于前述原因，在布鲁门伯格看来，"历史哲学"可以通过某种连续性，而不是通过世俗化，追溯到基督教。① 但是，在他用进步的观念本身，即所谓的合法进步观念，作为答案去回答现代思想本不应回答的问题之前，布鲁门伯格是否认为这个想法是凭空产生的，不认同它的起源是由伟大的基督教传统等"共同决定的"？

不，他不这样看。但是，他在书中第二部分对"共同决定"（co-

---

① 与洛维特不同，布鲁门伯格并没有将马克思纳入"历史哲学"的现代体系内，这两位理论家对此作出了不同的解释。洛维特认为，与黑格尔相比，马克思"保留了超验的信仰与现存世界二者原初的矛盾"（参见《历史中的意义》，前揭，页51）。（因此，这就是世界大同主义的"唯物主义"的真正意义！）布鲁门伯格则认为，"如果《共产党宣言》所宣布的人类社会的最终状态将对'无限进步'的不耐烦和不满转化为对最终行动的召唤，这种纽带至少排除了有限历史和无限历史这两个概念同时被世俗化的可能性"（Legitimität, p. 57；Säkularisierung, p. 101）。他进而指出，《共产党宣言》与救世主和福音传统这两种话语表述方式类似，都表明一种同样的紧迫性，一种"对人类意识的长期效用"，但二者的内容并不相同（Legitimität, p. 58；Säkularisierung, p. 102）。布鲁门伯格或许会认同当下某些评论家的观点：某些"世界大同主义者"认为，借终极革命取得进步的必然机制，恰是对马克思提出的社会历史模式的误读（这种误读与雄心勃勃的"历史哲学"的诞生存在着相同的问题）。

determination）的方式的描述，仍与世俗化或者任何深层次的基质或传统之延续无关。正如我所提到的，布鲁门伯格将"进步"概念解释为"人类自我确信"的体现，而他又将后者视为现代所有表现形式的根本特征与合法核心。① 他认为，人类的自我确信只有被视为对"教父"（圣奥古斯丁等人）时代带有自我毁灭机制的基督教含义的回应时，才可以得到透彻理解。他认为这种机制体现在中世纪晚期的唯名论学说中，并将其概括为"神圣的绝对论"。"教父们"的伟大成就是将古代具有正面价值的宇宙纳入基督教的教义，并将世界上的邪恶解释为并非本质的邪恶，是对人类原罪的惩罚，从而克服了灵知主义，后者将基督带来的讯息解读为对世界的否定，这里隐含的意思是世界的妖魔化。但取得这一成就所付出的代价是引入一个全新的概念，即绝对任意的"自由意志"，它既是原罪的根源，也是对上帝将全人类都圈在罪中，却仅将一部分人从原罪中救赎出来这种令人琢磨不透的恩典行为的"解释"。

  这种以"神的全能"为形式的意志是中世纪神学的中心主题，它既日益削弱了经院哲学繁盛时期的亚里士多德化努力，也日益削弱了重新强调人的重要性以及基督与福音的意义的各种尝试。奥卡姆的学说将这种情况淋漓尽致地展现出来。在他看来，为何偏偏是这样一个（而非其他样子的）世界被创造出来，其实根本没有什么原因，正如恩典的运作除了上帝的意愿（quia voluit）之外，再没有其他理由一样。如此一来，救赎与创世就根本无法解释，

---

① 或许我们需要警惕，不要轻易将这种"自我主张"解读为完全由，或者主要由技术进步造成的。不过，我们可以说，技术进步的重要性必然会在其与自我主张的关联中得到彰显（*Legitimität*，p. 159，p. 170；*Säkularisierung*，p. 225，p. 236）。有关布鲁门伯格对自我主张的定义，参 *Legitimität*，p. 91；*Säkularisierung*，p. 159。

也无法让人信其可靠。在此情况下，容许人们采取的态度不是信仰（这需要恩典），也不是爱（这大概也需要恩典），而只余下盲目顺服。如若人类不愿像上述那般绝望地生存在这世上，一个办法便是采取人类的自我确信。而采取这个办法，就必须放弃对完满的执念，转而把关注点放在权力以及一个失序的、充满因果偶然性的世界之上——因为除此之外，人类已别无他选。①

显然，并非全体欧洲人都同步得出上述结论，否则人们就可以确定现代诞生那一瞬的"事件"了。对于我们中的某些人来说，或许"现代"尚未来临。但对于解读"思想史"的文献来说，"现代"的假设很有必要，对此布鲁门伯格在该书第二、三、四部分里面已然详细说明。并且，对于我们这些多少仍信奉一些基督教的人来说，其论述精辟地呈现了我们基督教和后基督教意识中根本的利害关系与正在发生的状况。

至于进步观念及其与基督教的关系，希望这个简短的总结可以表明，进步观念（作为人类自我确信的一部分）如何被基督教在最大程度上"共同决定"（事实上，在某种程度上是被基督教完全决定的），但却没有成为基督教原有的概念工具的变体。这只是一个被动回应挑衅或接受挑战的问题，而不是看到历史上已经存在的某些观念正在遭受危机而主动去挑战。

此外，我也希望以上总结可以表明，在解释这些现代思想的起源

---

① 在基督徒看来，这看上去当然是骄傲自满，从根本上来讲是人类自封为神。路德说，人们骨子里不会希望上帝成为上帝，而是希望自己能成为上帝。我们更愿意说，我们致力于有意义的、有可能做成的事情，"即使上帝不存在"，或者是将上帝再阐释为"最完美的存在"，且他确保世界的善与可靠（正如笛卡尔、莱布尼茨及18世纪的自然神论等观点中所体现的那样）。参 *Legitimität*，页143–144；对照 *Säkularisierung*，页210–211。

时，人们如何可以有理有据地谈论"合法性"，而非世俗化理论所暗示的非法性。"合法性"不仅意味着没有偷窃，不靠窃取的资本过活；也可以指有意识地得出一个合理的结论，有意识地在条件允许的情况下向前迈进一步。但是，要想知道为何在这种情况下自我确信是合理的一步，就必须更严肃地——更加从历史角度——来看待基督教，尤其是它的自身发展及面临的诸多问题，而不能效仿某些人的所作所为——将基督教简单假定为与希腊"理性"相对立的"信仰"。

七 "变相使用"与"自我确信"之争

遗憾的是，洛维特在1968年时尚未吸收这些想法。在对布鲁门伯格一书所作评论的末尾处，谈到历史进程这个问题时，他清晰地表明：

> 实际上，在涉及历史时代问题时，对于不合法的事物，其合法性根本无从谈起。因为在概念史、观念史和思想史中，对于那些篡改传统内容的行为，都可以用［法学意义上的合法性这个概念］。而如果根据真正的所有权标准，无论在任何时期，这种变相盗用原有传统的做法都不能称为原创。［布鲁门伯格］没有认识到，在历史上，无论是政治历史还是其他历史，那些新时代的缔造者，永远要把自己期望实现的目标，与旧时代统治者再难达成的伟业区分开来。历史中诞生的新事物（在原创性上）都是"不合法的"。①

---

① *Loc. cit.*, *Phil. Rundsch.* 15, 1968, p. 201.

这段话首先非常清晰地阐明，在洛维特看来，历史变革的过程，似乎只能被设想为对预先存在的内容的变相使用，也就是使用并将之改头换面，但无论如何，都是在某种程度上延续过去的传统。不过，虽然在对抗被视为土崩瓦解的统治传统时，新的结构和思想会诞生，并且会受该传统所"决定"，因为所有抗衡者都由它们所要抗衡的事物决定，但这些新事物的实质未必由传统实质演变而来——这在洛维特看来似乎不可思议。这位伟大的历史主义评论家固执己见，以至于他根本想不到历史中可以出现一个相对崭新的事物，除非这个事物（例如笛卡尔的思想）可以极端地主张自己拥有绝对的原创性，且不受任何历史背景的束缚。这类极端主张在我们当下看来荒谬绝伦，甚至根本无须费力驳斥，而在洛维特看来，所有这类以现代性的名义所做的主张都需要予以驳斥。

在某种意义上，洛维特在这个问题上的立场听起来似乎相当耳熟且纯真。他针对解读历史时运用"合法性"概念所提出的质疑，对于我们这些自幼便被教育要把事实问题和价值问题作出"科学的"区分的人来说，毫无疑问就像我们的良知对我们自己的提醒一样。然而，是谁在《历史中的意义》中把现代的"杂合物"，即"一只眼是信仰，另一只眼是理性"，与明确地选择希腊和基督教世界观的做法进行了对比？这难道不意味着现代所特有的一种特殊的"非法性"吗？或者，我们是否应该这样来理解：基督教与希腊世界的关系就像现代性与基督教的关系一样，都是通过"变相使用"可利用的传统内容来实现的？也因此，无论是基督教还是现代性，都无法完全主张其原创性及真实性？洛维特显然并非此意。相反，他认为基督教的诞生确实是西方世界连续历程上的一次大断裂，这里"不是插入了一个普普通通的时代，而是一个具有决定意义的时代，而且它"

(非常糟糕地！)"把我们与古代世界切割开"。①

在洛维特看来，有些时代是合法的，它们拥有真正原创的基础并传承下来，可以主张真正的"所有权"，而有些时代则不然，这不是显而易见吗？

面临这种以基督教及古代名义提出的主张，现代性难道不应该努力找到比不尽如人意的世俗化理论更好的方法，来证明自身是连贯严谨、纯正合理的吗？正是在这样的努力之中，洛维特这位现代历史学家，如果有能力的话，是否也应该把具备原初性的概念要素及现代的基础性成果（如在进步概念中所见的那样），与通过这些现代方式解决前现代问题而造成的失败苦果（如在伟大的"哲学史"中所见的那样）区分开来？难道他还要试图将这些内容混为一谈？保持一贯的科学严谨，难道不是他必须做的？

八　现实意义

洛维特和布鲁门伯格二人的立场，不仅在理论层面相互对立，对社会实践和政治实践会带来的影响也迥然不同。洛维特对当代社会现象的态度是一种系统性的疏离（detachment）。他承认这些现实，但尽可能地对未来既不抱希望，也不感到恐惧。自《历史中的意义》一书起，他便在一系列著作中一再强调人性的恒常。他认为即使核战争真的爆发，也不意味着，或者说不会导致一个人与世界的关系，或者与其他人的关系发生任何根本的转变，因为这样的转变毫无可能。

---

① *Loc. cit.*, *Phil. Rundsch.* 15, 1968, p. 199.

在历史开始时，人的本质如何，那么在历史结束时，他的本质也不会发生丝毫变化。

在洛维特看来，珀律比俄斯观察到的政制的自然更替、一个政权从兴起到衰落、从被征服再到统治他人，这种周而复始的循环过程，依旧是针对人类政治本性所得出的最终论断。① 显然，在这种境况下，一个头脑冷静的人能够采取的态度唯有坚韧不拔、自力更生，并听从命运的一切安排。当然，前提是他选择皈依为基督徒，远离现世的理性，转向对超然救赎的信仰。

相比之下，布鲁门伯格则通过构建一个合法的（不被世俗化的）"进步"概念，以此否认"轧路机"式的宿命论；他为人类有可能把历史改造得让自身更能忍受而辩护；他也为被指控为完全是错误意识的启蒙运动及其后来的继承者正名。他还针对启蒙运动传统遭受的歪曲和否认进行了诊断和批判。无论是在"雄心勃勃"的历史哲学中，还是在启蒙运动自身仓促地陷入乐观与悲观之争的倾向中，无论是在主权概念及由主权国家所定义的公共领域等现代概念上，还是在现代人试图通过"进化"或其他"自然的"自我调节过程，来寻求一把解决所有问题的万能钥匙，而不实事求是地解决具体问题等方面，我们都可碰到这类歪曲和否认。②

在我看来，如若布鲁门伯格所做的种种努力能够成功，那么其

---

① Cf. *Gesammelte Abhandlungen zur Kritik der geschichtlichen Existenz*, Stuttgart, 1960, p. 160; Cf. Jürgen Habermas, *Theorie und Praxis*, Neuwied and Berlin, 1963, p. 363.

② 布鲁门伯格对于后面这些问题的论述，本文此处只能略加提及，详见 *Legitimität*，页 61，59 – 61，192 – 200；对照 *Säkularisierung*，页 103 – 118，259 – 266。

现实价值将显而易见。讽刺的是，尽管洛维特不认为当下"时代"有什么哲学，但是他的思想目前可能更契合于利己主义和认为人皆自私的"时代精神"；相比之下，布鲁门伯格的思想则显然对于当下那些希望切实掌控时局的人，也就是对想要取得一些真正进步的人来说至关重要。这种思想可以让我们摆脱官方的"进展"，以及由此可能带来的致命后果。洛维特的立场虽然蕴藏了丰富的传统智慧，但对于当下来说，传统智慧或许未必比盲目的实证主义强多少。因此，我们需要了解我们自身的历史进程和我们自己的思维过程的来龙去脉。无论是洛维特，还是布鲁门伯格，都试图用各自的方式阐明这一点。

（译者单位：北京第二外国语学院 高级翻译学院）
本译文受"北京第二外国语学院科研启航计划项目"资助

历史中的恶：洛维特与陶伯斯

斯泰夫豪斯（Willem Styfhals）撰

张娟 译

大约于20世纪40年代末，很多德国哲学家开始讨论现代性和终末论之间的关系。在犹太-基督教传统里，终末论是关于历史终结和人类救赎的神学教义。洛维特在《历史中的意义》中把现代进步论定义为世俗化的终末论，是前现代的终末论和现代思想之间存在延续性的最佳范例。① 当然，洛维特并非孤例。在《历史中的意义》出版前两年，犹太哲学家陶伯斯就已经在《西方终末论》（*Occidental Eschatology*）中提出了关于西方现代性的终末观念。②

---

① Cf. Karl Löwith, *Meaning in History: The Theological Implications of the Philosophy of History*, Chicago: Chicago University Press, 1949, pp. 2, 60.

② 参 Jacob Taubes, *Abendländische Eschatologie*, Berlin: Matthes und Seitz, 1947；笔者用的是英文版 Jacob Taubes, *Occidental Eschatology*, trans. David Ratmoko, Stanford: Stanford University Press, 2009。

许多哲学家，包括施米特、沃格林和科恩（Norman Cohn）等重要学者，也从非常不同的角度把终末论的观念应用于现代政治研究之中。①

然而，布鲁门伯格对世俗化和终末论的深刻批判，导致上述这些对现代性的终末论解释经常遭到扭曲，甚至是彻底忽视。②比如，在英美学者关于洛维特和布鲁门伯格之争的回应中，洛维特的世俗化观念常遭到极端简化——即被理解为对基督教神性的简单剥离：进步论只是去除超自然部分的终末论，更加普遍地说，现代性被认为是去除超验上帝这一部分之后的基督教。③但在洛维特看来，基督教终末论和现代进步论之间——即并不是简单的剥离关系。他认为，二者的关系里还蕴含着有关现代性以及现代性与前现代性之间关系的丰富深刻意涵。本文的目的就在于，重现终末论命题背后的现代性丰富而深刻的意涵。通过揭示终末论和邪恶问题之间的本质关系（第一部分），笔者认为，在根本上，洛维特对现代历史意识的终末论解释，以恶的概念及其对现

---

① Cf. Carl Schmitt, *Der Nomos der Erdeim Völkerrecht des Jus Publikum Europaeum*, Cologne: Greven, 1950; Eric Voegelin, *The New Science of Politics: An Introduction*, Chicago: University of Chicago Press, 1952; Norman Cohn, *The Pursuit of the Millennium: Revolutionary Millenarians and Mystical Anarchists of the Middle Ages*, London: Pimlico, 1957.

② Cf. Hans Blumenberg, *The Legitimacy of the Modern Age*, trans. Robert Wallace, Cambridge, Mass.: MIT Press, 1983, pp. 37–52.

③ Robert M. Wallace, "Progress, Secularization, and Modernity: The Löwith-Blumenberg Debate", *New German Critique*, 22, 1981, p. 64; Martin Jay, "Review of *The Legitimacy of the Modern Age*", *History and Theory* 24, 1985, p. 192; Laurence Dickey, "Blumenberg and Secularization: Self-Assertion and the Problem of Self-Realizing Teleology in History," *New German Critique* 41, 1987, p. 152.

代思想的重大意义为中心而得以构建（第二部分）。

因此，把洛维特和陶伯斯的终末论放在一起比较，就极有启发（第三部分）。关于邪恶问题在现代性中的角色，陶伯斯的论述远比洛维特清晰。陶伯斯不像洛维特那样只提到基督教的终末论，他对现代性的解读还借鉴了启示论（Apocalypticism）和灵知论（Gnosticism）——两个以悲观主义宇宙观为根本特点的极端二元体系。但是，尽管陶伯斯和洛维特存在上述不同，陶伯斯的《西方终末论》和洛维特的《历史中的意义》的主题范围却出奇一致：都从揭示终末论的根源切入，来描述现代历史意识的发展脉络；都认为终末论的世俗化源于约阿希姆（Joachim of Fiore）的中世纪历史哲学；都认为终末论的世俗化在19世纪黑格尔和马克思哲学中达到顶峰。

虽然二人有上述相同点，但洛维特在《历史中的意义》（1949）里仅有两次提到陶伯斯的《西方终末论》（1947）。① 这个显著的现象可以理解为，陶伯斯的终末论观点对洛维特的著作影响不大。洛维特在20世纪40年代早期便已通过数篇文章建立起关于终末论世俗化的根本观点，这些文章都发表在《西方终末论》出版之前。② 由此可见，二者的影响次序应该颠倒过来。陶伯斯的博士论文《西方终末论》里大量引用洛维特的著作《从黑格尔到尼采》，这显然证明洛维特对陶伯斯的早期思想有着重大影响。陶伯斯甚至在介绍施米特的自传性引言里毫不掩饰他对《从黑

---

① Cf. Karl Löwith, *Meaning in History*, pp. 248 n. 19 and 255 – 256 n. 4.

② Cf. Karl Löwith, *Von Hegel zu Nietzsche. Der revolutionaire Bruch im Denken des neunzehnten Jahrhunderts*, Zürich: Europa Verlag AG, 1941, part I, chap. I and V; Karl Löwith, "Nietzsche's Doctrine of Eternal Recurrence", *Journal of the History of Ideas* 6, 1945, p. 3, p. 274.

格尔到尼采》一书的称赞,他写道:

> 当我循着洛维特勾勒的脉络,从黑格尔到马克思,从基尔克果到尼采,我的眼前好似云开雾散,豁然明朗。①

换言之,我们通过比较洛维特和陶伯斯的现代终末论,可以对陶伯斯的早期著作产生新解。陶伯斯的遗作《保罗的政治神学》是他的学术巅峰之作,近期的相关研究如雨后春笋般层出不穷,其早期著作却在这些研究中鲜有提及。② 近期研究要么论述《保罗的政治神学》对当代政治神学的影响,尤其是对阿甘本《剩余的时间》的影响,要么探讨陶伯斯与两次世界大战间(犹太人的)政治神学之间的关系。笔者另辟蹊径,更多聚焦于陶伯斯在战后德国世俗化争论中的立场,尤其是他在此环境下对终末论的影响的思考。③

---

① Cf. Jacob Taubes, *To Carl Schmitt: Letters and Reflections*, trans. Keith Tribe, New York: Columbia University Press, 2013, p. 2.

② Cf. Jacob Taubes, *The Political Theology of Paul*, trans. Dana Hollander, Stanford: Stanford University Press, 2004.

③ Cf. Giorgio Agamben, *The Time that Remains: A Commentary on the Letter to the Romans*, trans. Patricia Dailey, Stanford: Stanford University Press, 2005. 关于陶伯斯与阿甘本,参 Nitzan Le bovic, "The Jerusalem School: The Theopolitical Hour," *New German Critique* 35, 2008, pp. 97 – 120; Mark Lilla, "A New, Political Saint-Paul," *The New York Review of Books* 55, 2008, p. 16。关于陶伯斯与两次世界大战间的政治神学,参 Benjamin Lazier, "On the Origins of Political Theology: Judaism and Heresy between the World Wars", *New German Critique* 35, 2008, pp. 143 – 164; Marin Terpstra, "God's Love for his Enemies: Jacob Taubes' Conversation with Carl Schmitt on Paul", *International Journal of Philosophy and Theology* 70, 2009, pp. 185 – 206。

一 启示论与基督教终末论

终末论被普遍认为是关于时间终结、上帝之国建立和人类救赎的神学教义。历史的终结(世界末日)不仅意味着现世的毁灭,在基督教传统里还意味着神意对世界历史的终结。因此,时间的故事始于创世,终于历史终结时刻的人类救赎。陶伯斯和洛维特都认为,关于救赎的终末论神学彻底不同于古典的循环时间观。① 历史不再是相同模式的无限重复,而是一个从起点到终点的线性和渐进性演化,也就是从创世到救赎的演化。两位思想家一致认为,这个线性结构决定了迄今为止我们的现代时间体验。他们同样相信,该体验对现代历史观和进步观具有根本意义。

但是,尽管陶伯斯和洛维特对终末论的本质在整体上持相同立场,却各自侧重于不同历史时期的终末论。例如,陶伯斯精通启示录论的终末论(the eschatology of Apocalypticism)。犹太教和早期基督教的灾难想象应该是终末思维的最初表现。启示录论宣称,时间的终结并不意味着世界历史在遥远未来的完结,它意味着一个劣等世界可能随即发生的毁灭。因此,天启是现世的灾难性灭绝,或者现世毁灭后上帝之国在地球上得以建立。无论哪一种,启示录论都在历史和神学的框架下表达了简单直接的政治和道德主张。宣告时间的终结,几乎总是遭到残酷压制的少数群体——巴比伦的犹太人、早期罗马帝国的基督徒——进行政治反抗的举动。阿斯曼表示,

---

① Cf. Karl Löwith, *Meaning in History*, pp. 1–7; Taubes, *Occidental Eschatology*, pp. 3–9.

启示录论和压迫如影随形。启示录论是一种宗教和思想反抗形式，并且［……］只有存在残酷压制和迫害的情况下才会出现。①

身处灾难之中的少数群体无权无势，无法指望任何世俗力量在政治或军事上推翻压迫政权，只能把革命信仰寄托于一个超验存在。也就是说，只有当拯救人类的上帝在世界末日降临，才能在宇宙层面摧毁邪恶。由此看来，政治上的无力并非缺点，因为它最终证明了启示录论者在精神上的优胜。启示录论者在邪恶的劣等世界里无能为力，这只是说明天启即将降临，说明存在着一个超越现世的精神力量。由此看来，启示录论的前提是恶的本体体验。只有当启示录论者认识到现世是邪恶和不信神的，才能发现将在时间终结时刻降临的隐匿上帝（Hester Panim）。相反，如果启示录论者像统治阶级一样适应当下的现实，那么通往革命和遥远超验存在的通道就会被阻塞。从这个意义上说，对恶的体验意味着天启时代跟历史过去的彻底断裂。启示录论者们相信，既然世界是罪恶和堕落的，就会有一个超验力量通过毁灭现世秩序，创建一个崭新的更加美好的世界。

显然，启示录信仰的最大难题在于，时间的终结并没出现。不同于陶伯斯，洛维特认为，时间终结的延迟问题跟基督教中有关耶稣道成肉身的本体论和终末论的模糊性有关。在基督教传统里，耶稣不只被认为是宣告历史终结和上帝降临的先知，他还是道成肉身的上帝本尊。既然耶稣本身就是拯救者，他便不能只宣告救赎。基督教在这一点上不同于其他信仰天启或终末的宗教，

---

① Cf. Jan Assmann, *Of God and Gods*: *Egypt*, *Israel and the Rise of Monotheism*, Madison: University of Wisconsin Press, 2008, p. 122.

基督教既没重新计算终结的时间，也没明确表示终结时间已延迟到将来，没有以这两种方式来回答天启没有发生的问题。相反，基督教传统把终末事件安置在了过去，即耶稣道成肉身和复活的时刻。洛维特表示，"伴随耶稣基督的显现，真正到来的是终末的开启"。[①]

由此可见，基督教的终末论指向过去，过去好像就是一种未来。也就是说，基督教至少部分地改变了精神的未来指向，使其指向过去，并通过这种做法，维护了其终末希冀的现世和未来指向的框架。洛维特确实在《历史中的意义》里强调，耶稣道成肉身是基督教世界史上至为重要的终末事件。因此，当下的现世是世界历史的最后阶段，耶稣道成肉身是人类救赎史上最后一个具有重大意义的历史性事件。世界在耶稣复活后停止进步，安静等待自身随时到来的终结。真正的历史性变化不会也不再可能发生。

根据洛维特的解释，基督教终末论就这样在过去和未来之间摇摆。一方面，对终末救赎的期待重新指向过去；另一方面，基督徒尚未到达完美的上帝之国，仍在期待未来的救赎。洛维特在谈到奥古斯丁时表示，真正的上帝基督之国不会出现在现世之后的未来。奥古斯丁的上帝之城是超越俗世的超验存在——是超越尘世之城的存在（同上，页163 - 173）。因此，耶稣道成肉身事件所开启的纪元，虽然是世界历史的最后一个时代，却并非千年上帝之国在政治意义上的实现。基督教终末论不能被理解为现世的毁灭，因为救赎不是对政治历史的宇宙干预，不会以现世时间终结的方式集体性呈现。洛维特同意奥古斯丁的观点，认为"基督教民族的历史命运并不是基督教某个具体的政治历史解释的对象"（同上，页195）。通过去

---

① Cf. Karl Löwith, *Meaning in History*, p. 197.

除启示录论中的政治和革命成分，基督道成肉身的教义把救赎观转变为属于信徒个人的纯超验性和非政治性的精神圆满或宽恕。① "基督教的救赎史关乎每个个体灵魂的救赎。"② 在《犹太教的弥赛亚观念》(The Messianic Idea in Judaism) 里，犹太神学家肖勒姆（Gershom Scholem）把基督教的个体灵魂上的终末论与他观察到的犹太教包含的启示录论政治终末论做了同样的传统上的区分。③ 陶伯斯在《保罗政治神学》里明确表示，在基督教和犹太教之间进行如此简单直接的划分是有问题的，这显然是在回应肖勒姆。在此之前，陶伯斯已在《西方终末论》里明确表达了类似观点，认为（早期）基督教终末论具有启示录论的特点。

在这一点上，洛维特对终末论的解释没有像陶伯斯一样清晰阐述邪恶问题。洛维特认为，如果基督教的终末论与启示录论的终末论相分离，那就意味着，基督教的终末论抛弃了启示录论的邪恶本体论。历史的终结不再是邪恶世界的毁灭，而是上帝对超验救赎历史的终结。因此，基督教终末论在过去和现在之间的摇摆恰好跟关于邪恶的模糊解释一致。一方面，基督徒不相信世界的本质是堕落的。在中世纪的基督教神学观念中，邪恶问题甚至不被认为是一个本体论问题。在仁慈上帝所创造的世界里，恶只是善的缺席（priva-

---

① 关于耶稣道成肉身的（非）政治性意义，另参 Marcel Gauchet, *The Disenchantment of the World: A Political History of Religion*, trans. Oscar Burge, Princeton: Princeton University Press, 1999, pp. 76–86; Mark Lilla, *The Stillborn God: Religion, Politics and the Modern West*, New York: Vintage Books, 2008, pp. 31–39。

② Cf. Karl Löwith, *Meaning in History*, p. 195.

③ Cf. Gershom Scholem, "Toward an Understanding of the Messianic Idea in Judaism", in *The Messianic Idea in Judaism and Other Essays on Jewish Spirituality*, New York: Schocken Books, 1971, p. 1.

tio boni)。① 另一方面，恶的问题又当然存在于基督教及其终末论之中。奥古斯丁没有把邪恶定义为世界的本体障碍，而把它归结为人类个体的不道德行为以及上帝对良知主体所犯恶行施加的正义性惩罚。② 由此看来，救赎不再是摆脱本质邪恶的世界的历史性拯救举动，而是对人类原罪的个体和超验性宽恕。

二 洛维特：历史中恶的意义

洛维特在《历史中的意义》的引言中明确表示，终末论的线性时间观以恶的存在为前提。如果邪恶和苦难是人类无法超越的根本性体验，我们的时间观似乎就需要我们对历史作出进步性解释。因为当下的恶似乎无法解决，人们就把救赎投向未来。只要从邪恶世界向美好世界的演进有了可能，历史进程便具有了意义和方向。

> 然而，一种历史观得以形成的突出要素，是关于邪恶、苦难，关于人类追求幸福的基本体验的。一言以蔽之，对历史的解释就是试图通过理解历史事件里苦难的意义，来理解历史的意义。③

因此，对邪恶的极端体验使得我们不可能把时间看作同一模式永恒循环的无意义的过程。我们希望有一个更好的、不同的、可以

---

① See Thomas Aquinas, *Summa Theologica*: *Volume I-Part I*, New York: Cosimo, 2007, art. 49.

② Cf. Aurelius Augustine, *On the Free Choice of Will*, *On Grace and Free Choice*, *and Other Writings*, ed. Peter King, Cambridge: Cambridge University Press, 2010.

③ Cf. Karl Löwith, *Meaning in History*, p. 3.

设想的未来。既然在想象中的未来,世界会随着时间从恶向善线性推移,发生本体意义上的颠覆,那么历史就必须允许结构性变化的发生。历史中的意义因而跟历史变化本身牢固地联系在一起。

因此,在洛维特看来,在非终末论的时间观里,邪恶、希望和救赎这些相互联结的问题并不存在——他心里想的是古希腊-尼采式的永恒循环观。① 洛维特发现"所有古典思想家的作品里,都不存在类似的希望和绝望",他认为,古典宇宙观和古希腊哲学的循环时间观里,结合着一种本体上的乐观主义精神。② 洛维特显然跟他的老师海德格尔一样,对"古希腊人"怀有非常坚定的理想化信念。在洛维特看来,古希腊宇宙观的乐观主义精神决定了古代有关邪恶的体验不可能产生本体论意义上的影响。这些宇宙观也体现在古代的时间体验之中。由于不存在宇宙层面的邪恶,对美好的不同未来的希望要么不存在,要么被看作一种肆心(hubris)。③ 洛维特跟尼采一样,把古希腊的时间体验看作同一模式的持续循环,甚至在古希腊人的观念里,过去、现在和未来没什么结构性差别。

> 根据古希腊的人生观和世界观,一切事物都在循环运动,就像日出日落、春夏秋冬永恒循环一样。④

因此,政治或文化史上的重大事件永远不会被看作真正意义上的进步。洛维特认为,古代思想无法在哲学意义上想象结构性的历

---

① Cf. Karl Löwith, *Nietzsche's Philosophy of the Eternal Recurrence of the Same*, trans. Harvey Lomax, Berkeley: University of California Press, 1997.

② Cf. Karl Löwith, *Meaning in History*, p. 61.

③ Cf. Julian Potter, "Meaning in Eternity: Karl Löwith's Critique of Hope and Hubris", *Thesis Eleven* 110, 2012, pp. 27–45.

④ Cf. Karl Löwith, *Meaning in History*, p. 4.

史变化,更无法想象进步。"对于古希腊思想家们而言,历史哲学这个概念本身就自相矛盾",哲学知识只关乎不变的事物:

> 永恒——就像宇宙天体固定不变的秩序一样的永恒——比任何渐进和剧烈变化,都对他们具有更强的吸引力和更大的意义。(同上)

根据洛维特的观点,赋予历史以终末意义的邪恶问题在古代并不存在。很显然,只有当世界在人类的想象中不再是一个和谐宇宙,对历史意义的终末探索才会发生。只有当人类的邪恶体验足够深刻,历史改变才第一次开始被想象,甚至被需要。但在洛维特看来,线性时间观和邪恶问题之间的关系反过来同样成立。历史意义不仅是解决邪恶问题的答案,也只有在历史终极意义的终末框架内才能设想邪恶本身的体验。

> 只有在预设的终极意义远景之下,实际历史才会看上去毫无意义。这一远景已被历史性创建,希伯来和基督教思想催生了这个庞然大物。(同上)

如果没有未来这块试金石赋予整个历史以意义,当下的事件就不会被理解为邪恶或无意义的体验。单独的历史事件本身根本无意义可言——也就是说,它们非善亦非恶。

根据基督教传统,对历史的终末解释最初并未强调恶的问题。由于邪恶问题在中世纪基督教传统中一直处于隐藏或至少处于模糊状态,终末线性时间观的问题似乎比邪恶问题更为原始。由此,经院哲学中的古希腊乐观主义宇宙观能与基督教终末论和谐共存。但是,基督教的历史框架终究会让邪恶问题再次突显。一旦人们开始想象有一个更好的未来,当下的世界便不可避免地被认为是堕落的。基督教终末论的影响只有在现代性和现代终末论兴起后才得以显现。

总之，邪恶问题和历史在根本上的相互缠绕是洛维特思想的核心：没有恶，就没有历史；没有历史，就没有恶。该发现表明，对现代历史哲学和基督教终末论的比较研究，要以解释邪恶问题在现代性中的角色为前提。邪恶问题是终末论的源动力，因而也在现代进步论的产生中发挥了关键作用。如果不是对现世和人类持悲观态度，就不会产生在未来获得拯救和进步的需要。对洛维特来说，

> 现代的进步论信仰始于对未来救赎的终末期待，以及因此产生的关于现世人类处于堕落状态的认识。（同上，页61）

洛维特在《历史中的意义》里主要讨论世俗化问题，他显然没把邪恶问题作为现代思想的关键问题加以阐述。但是，为了理解洛维特思想的全貌，我们非常有必要弄明白他如何看待邪恶问题在终末论中的角色，无论该终末论披着前现代还是现代的外衣。尼曼在《现代思想中的恶》一书中同样认为，应该如此解读洛维特的思想。她发现，20世纪的哲学"缺少对邪恶问题的清晰探讨"，"相比之下，战后德国的哲学史界从许多方面对这一问题做了大量扎实的研究"。[1] 她甚至为此明确提到洛维特和陶伯斯。[2] 通过强调邪恶问题在洛维特著作中的角色，我们不会再把他对现代进步论和终末论的比较简单概括为两者在形式上存在

---

[1] Cf. Susan Neiman, *Evil in Modern Thought*, Princeton：Princeton University Press, 2002, pp. 288 – 290.

[2] 同上，p. 334 n. 19。

的以未来为导向的共性。洛维特通过把进步论定义为世俗化的终末论，实际上揭示了现代性和前现代性之间在本体论问题上存在的重大延续性。因此，终末论中的邪恶问题和救赎的可能性都对现代思想具有根本意义。

然而，在洛维特看来，现代思想排斥基督教救赎观，试图通过新的、世俗的方式解决邪恶问题。解决邪恶问题的现代途径，不再是个体信徒的精神救赎，而转变成一种朝向完美的尘世世界不断取得历史性和可控性进步的进程。现代性因而为根植于犹太－基督教传统中的重大问题提供了一个崭新答案。为此，洛维特强烈批评现代性和现代进步论。他认为，基督教终末论的现代世俗化侵蚀了基督教救赎观的超验和个体意涵。现代进步论因而成为基督教神学的非法继承者：进步论是终末论的私生子。现代历史哲学家们，包括伏尔泰、孔多塞、黑格尔和马克思在内，借用了救赎史观的神学体系，却用它来解释尘世历史的有限进程。[①] 这些现代思想家们把信奉超验性历史终结的精神信仰转化为历史朝着完美世界不断进步的理性信念，从而赋予历史以意义和方向。这种尘世的终末论，即政治历史意义上的终末论，是基督教无法想象的。根据定义，基督教终末论和预定论跟现世的世界历史无关，只跟超验救赎的历史和可能发生的精神救赎事件（Heisgeschehen）有关。[②] 因此，基督教不涉及真正的（世界）历史哲学。基督教终末论的本质是超验性的，世俗的基督教终末论在概念上就是一种自相矛盾。

[①] 关于黑格尔和马克思，参 Löwith, *Von Hegel zu Nietzsche*, part I, chap. I, III, and V。

[②] 参洛维特德文版的《历史中的意义》: *Weltgeschichte und Heilsgeschehen: Die theologischen Voraussetzungen der Geschichtphilosophie*, Stuttgart: W. Kohlhammer, 1953。

对世界历史和救赎历史的现代混淆却并非简单的范畴错误，在洛维特看来，这是一个具有潜在危险的幻觉。现代性把救赎历史的终末论体系不正当地应用于解释世界历史，从而制造出一种幻觉，让人认为，世界历史的意义和人类得到救赎的可能都在尘世，因而在根本上是可塑的。尽管在这个问题上，洛维特的阐述不像沃格林和科恩等其他同时代思想家那样清晰，但他同样表示，这种现代幻觉在20世纪的极权运动——世俗宗教——之中得到了最极端化的表现。①

在洛维特看来，现代历史哲学虽然在无知无觉地延续前现代的基督教体系，并试图全面否认其影响，但这一影响并不是现代历史哲学步入歧途的原因。真正的原因在于这种延续主要是一种歪曲（corruption），是对原初基督教教义的损害和扭曲。现代性对终末论的世俗化，否定了基督教最核心的教义：基督教的超验上帝。洛维特认为，现代性对超验存在的摒弃最终导致了极端虚无主义和无根基的特点（groundlessness）。②在《海德格尔的弟子》中，沃林完美概括了洛维特对现代虚无主义的批判：

> 对古希腊人来说，世界的结构永恒不变；对基督教来说，它为上帝所创造。作为一种极端内在性的意识形态，现代性粗野地抛弃了这两个立场，并且顺理成章地发现自己深陷于被抛

---

① See Jeffrey A. Barash, "The Sense of History: On the Political Implications of Karl Löwith's Concept of Secularization", *History and Theory* 37, 1998, pp. 69-82.

② Cf. Karl Löwith, *Heidegger and European Nihilism*, ed. Richard Wolin and trans. Gary Steiner, New York: Columbia University Press, 1995.

弃的、没有目的的、缺乏永恒"根据"的状态中。①

尽管洛维特把自己从前的老师海德格尔视为虚无主义的典范，但沃林强调指出，洛维特批评西方思想史堕落衰败，在根本上还是受到海德格尔存在史观的影响（同上，页97）。有关西方思想史已经衰退的比喻确实在《历史中的意义》中随处可见。对洛维特来说，现代性复制了基督教终末论，却歪曲了它原本的意义。

> 现代社会既是基督教的，又是非基督教的……西方的整个道德思想史和社会政治史都在某种程度上受到基督教的影响，但又恰恰通过把基督教准则运用到世俗事务，消解了基督教的影响。②

现代思想的俗世意识，尤其是历史哲学，好像恢复了基督教之前的启示录论终末论。启示录论跟现代进步论哲学一样，更加关注历史进程的本体变化，而不是基督教的个体超验救赎。另外，启示录论不同于基督教的神定历史观，它拥有像世界大同主义和社会乌托邦主义哲学那样的革命和政治活力。洛维特在《历史中的意义》里没有区分启示录论的终末论和强调预定论和个人救赎的基督教终末论。在这一点上，布鲁门伯格尤为深刻地批判了洛维特的世俗化

---

① 参 Richard Wolin, *Heidegger's Children：Hannah Arendt, Karl Löwith, Hans Jonas, and Herbert Marcuse*, Princeton：Princeton University Press, 2001, p. 78；［译按］本书中译本参沃林，《海德格尔的弟子：阿伦特、勒维特、约纳斯和马尔库塞》，张国清、王大林译，南京：江苏教育出版社，2005，页84-85。

② Cf. Karl Löwith, *Meaning in History*, pp. 201-202.

理论：

>关于进步论，世俗化理论的倡导者们应该提早想好，他们究竟是以终末审判（世界终结）还是神意天启为起点（Terminus a quo）……①

布鲁门伯格认为，如果洛维特想要借助基督教神意分析现代历史思想——洛维特确实经常这样做，比如他曾经表示，"对尘世的无限进步的信念越来越取代了关于上帝超验神旨的信仰"——他就不能同时又认为"这些关于进步论的现代宗教是对未来救赎的终末期待"。②

在洛维特看来，预定论和终末论并不一定相互排斥，布鲁门伯格的批评或许听上去过于偏激。但却帮助我们看到，正因为借助于基督教终末论，洛维特的立场才的的确确在预定论和终末论之间来回摇摆。更为重要的是，他关于邪恶问题在现代性中发挥们种作用的解释，由于这个摇摆而变得模糊不清。洛维特经常强调，现代终末论的历史观建立在邪恶本体论的基础之上，但在基督教和基督教预定论的概念里，本体邪恶好像并不存在，或者至少没有那么紧要。如前文所述，陶伯斯从灵知主义和启示录论角度对现代终末论所做的分析，比洛维特更加系统清晰。

---

① 参 Blumenberg, *The Legitimacy*, p. 32；另参 Amos Funkenstein, *Heilsplan und natürliche Entwicklung: Formen der Gegenwartsbestimmungim Geschichtsdenken des hohen Mittelalters*, Munich: Nymphenburg, 1965。

② 参 Karl Löwith, *Meaning in History*, pp. 60 - 61。正文中强调部分为笔者标示。

三 陶伯斯：启示录论、灵知和现代性

1949年，灵知主义研究领域的泰斗约纳斯接到陶伯斯的来函，对方请他评论自己新近出版的《西方终末论》。陶伯斯在书中多次引用约纳斯的古代灵知主义两卷本巨著《灵知主义和古代晚期的精神》。① 陶伯斯在对西方思想史进行终末论解释时，也和约纳斯一样承认现代哲学含有灵知主义的特点。约纳斯当时既不认识陶伯斯，也不了解他的《西方终末论》，因而询问同事洛维特是否了解陶伯斯的著作：

> 我在会议开始前询问洛维特："你认不认识一个叫陶伯斯的？"他回答说："当然认识。""你能不能跟我说说这个人？他给我发来一封信。我从没听说过他，但他说，他写了本书，想跟我见面。你知道那本书吗？"他说："哦，知道，我知道那本书。""书写得怎么样？"他听到这儿，笑了起来，说："哈，那是本好书。而且不巧的是——书的一半是你写的，另一半是我写的。"②

洛维特和约纳斯的对话表明，虽然陶伯斯的分析引人注目，却不具有原创性。我们不得不承认，陶伯斯确实大量借鉴了约纳斯的灵知主义观和洛维特的终末论和现代性解读。但是，正因为陶伯斯

---

① Cf. Hans Jonas, *Gnosis und spätantiker Geist. Die mytbologische Gnosis*, Göttingen: Vandenhoeck und Ruprecht, pp. 1934 – 1935.

② Cf. Hans Jonas, *Memoirs*, trans. Krishna Winston, Lebanon, N. H.: Brandeis University Press, 2008, p. 168.

别具风格地结合了这两个视角——灵知主义和终末论,所以,他的观点,尤其是他对现代终末论中邪恶问题的讨论,才深具启发意义。属于基督教眼中的异端学说的古代灵知主义,不同于对洛维特至关重要的基督教终末论,它明确强调尘世的堕落本质,认为坚决要从这个邪恶世界中得到终末救赎。①

所以,陶伯斯对终末论的解读是启示录论的,非基督教的。陶伯斯甚至表示,中世纪经院学派信奉的传统基督教根本不存在终末论,传统的基督教终末论作为纯粹超验和个体的救赎论,在本质上已不具备历史性。在陶伯斯看来,基督教对历史作出的预定论解释摒弃了终末随时临近的革命性威胁。时间终结的临近性及其历史真实性是陶伯斯终末观的核心要素,他的思想主要源自启示录论和灵知主义。这两个理论主张:"转折时刻不会发生在某个不确定的未来,而是会随即降临。"② 他在《西方终末论》里几乎不加区分地使用终末论、启示录论和灵知主义这几个概念。在陶伯斯看来,这些宗教运动开启了一种新的思维模式,这种思维模式跟古代的时间体验全然不同,甚至跟整个古典形而上学彻底分裂。这些终末思维正是在现代思想里回归,

> 启示录论和灵知(Gnosis)开启了一种崭新的思维模式,尽管这种思维模式曾一度被亚里士多德式和经院学派的理性逻辑所淹没,但仍然延续至今,并得到黑格尔和马克思的继承发

---

① 关于陶伯斯的灵知主义观念,参 Carsten Colpe, "Das eschatologische Wiederlager der Politik: Zu Jacob Taubes' Gnosisbild", in *Abendländische Eschatologie. Ad Jacob Taubes*, ed. Richard Faber, Würzburg: Königshausen und Neumann, 2001, 105 – 129。

② Cf. Taubes, *Occidental Eschatology*, p. 10.

扬。(同上，页35)

在陶伯斯看来，早期的现代社会和德国观念论都是终末论的，这是启示录论和灵知主义在现代文化中得以复活的表现，而并非基督教神学体系被世俗化的结果。从这个角度来看，陶伯斯不像洛维特那样关心世俗化以及世俗化如何扭曲了终末论的问题。陶伯斯想要更加深入地探寻终末的现代性意味着什么。通过把终末论、启示录论和灵知主义联系起来，陶伯斯还比洛维特更为清楚地阐述了邪恶问题在终末论和现代性中的角色。邪恶问题在基督教终末论中只是隐性地发挥作用，在启示录论那里成为更加显性的存在，到了灵知本体论那里，邪恶问题甚至成为该理论的基石。在陶伯斯看来，灵知主义和启示录论根植于一个双重异化。首先，超验上帝与世界的异化达到彻底分裂的程度，这种形而上的异化又导致另一个存在性的异化。人类与上帝的异化，也意味着人类与自身的异化。一方面，人类成为无神世界的囚徒；另一方面，人类也不可否认地促成了这一点。

上述关于上帝缺席或隐匿的灵知主义观点也是两次世界大战之间犹太教和新教神学的核心主题。例如，巴特（Karl Barth）提出新教的危机神学，批判自由神学对上帝的世俗化解释，明确阐述上帝的全然他者性和超验性。陶伯斯曾于1949年至1952年间在耶路撒冷跟随肖勒姆学习，肖勒姆同样强调：

> 宗教就标志着在上帝——也就是无限和超越的存在——与作为有限造物的人之间划出了绝对不可逾越的鸿沟。[1]

---

[1] 参 Gershom Scholem, *Major Trends in Jewish Mysticism*, New York: Schocken Books, 1946, p. 7；[译按] 中译参肖勒姆，《犹太教神秘主义主流》，涂笑非译，成都：四川人民出版社，2000，页8。

因此，两次世界大战之间那个时代的神学常被认为是复苏了古代的异端学说——灵知主义。① 例如，灵知主义概念的确在肖勒姆的著作里随处可见。陶伯斯同他的老师一样对自由神学不屑一顾。虽然陶伯斯对灵知主义的了解可能来自约纳斯，但他谈及灵知主义时的神学动机，却好像更加接近肖勒姆，而不是约纳斯对灵知主义的存在主义解读。有关上帝缺席的话题也在"二战"后关于世俗化的哲学历史讨论中随处可见。灵知主义和隐匿的上帝（Deus Absconditus）观都在布鲁门伯格的现代性理论中处于核心地位。② 这些话题也再次出现在对犹太大屠杀的神学反思学以及关于隐匿上帝（Hester Panim）的概念之中。对于上帝缺席这一观点的强调，表明陶伯斯运用灵知主义的二元论来解读现代性并非出于偶然。他在书中有如下阐述：

> 上帝和世界之间相距并不遥远，只是互相异化和分裂，因而处于紧张关系之中。正如宇宙中没有哪一样是上帝，上帝是世界的空无。在世界中，上帝是那个"不可知的""不可见的""不可名的"和"不一样的"。③

据陶伯斯所言，灵知主义认为，上帝和世界之间的根本分离会导致一种极端悲观的本体论，这一本体论颠覆了古希腊的宇宙观：

> 即便在启示录论的早期论断中，世界依然处于上帝的全能范围之内，上帝与世界的分离也在之后不断加剧，以致于世界最终被等同于至恶，成为至善上帝的对立面。宇宙＝黑

---

① Cf. Benjamin Lazier, *God Interrupted: Heresy and the European Imagination between the World Wars*, Princeton: Princeton University Press, 2008.
② Cf. Blumenberg, *The Legitimacy of the Modern Age*, part II.
③ Cf. Taubes, *Occidental Eschatology*, p. 39.

暗（skotos），世界＝黑暗（darkness），这两个等式代表了灵知主义的生命观。（同上，页28）

灵知主义的典型特点是认为上帝与世界之间存在根本的二元对立关系，认为物质现实遵循一个低级、堕落甚至完全邪恶的法则而得以建立。此外，灵知主义还相信，人类可以通过了解这一悲哀的宇宙真相，获得摆脱邪恶的超验救赎。灵知就是关于现世的堕落本质和超验神灵的自然至善的神秘知识。由此看来，灵知主义以本体论的形式为启示录论铸造了历史基础。现世与未来上帝之国之间的历史性分离成为超验与世俗、善与恶之间的本体对立。陶伯斯表示，灵知主义为关于人类异化和时间终结的启示录神话及叙事提供了理论和思想框架。

启示录论在关于世界历史的叙事里引入了自我放逐这个惊人主题，正是在这个主题的基础之上，灵知派建立了更加理论化的本体论思想体系。很显然，启示录论和灵知之间的界线并不是截然分明。（同上，页36）

但灵知主义的本体论并未摒弃启示录论的历史和终末特点。相反，根据陶伯斯对灵知主义的解释，灵知宇宙观的本体邪恶只能理解为历史上的恶。陶伯斯与洛维特一样，认为邪恶问题跟历史性和线性时间观在根本上是分不开的——没有历史，就没有邪恶；没有邪恶，就没有历史。陶伯斯对灵知主义的解释表明，现世之所以堕落，是因其有限性。在陶伯斯看来，这种有限性只能理解为历史性。世界是有限的，这意味着世界的存在本质上是短暂的，也就是说，历史有起点和终点。我们在谈到世界的终结时，总是指时间的终结。并且，因为世界在本质上是短暂的，世界——既是短暂的又是世俗的——便成为永恒上帝的对立面。陶伯斯因而表示,时间的定义就是神灵的缺席。因此,上帝及其神圣至善完全缺席的世界历史,就是至恶:"嵌于创世和救赎之间的历史等同于万古罪恶。"(同上)最终,时间的终结只能被想象为救赎。历史的终结无疑是从短暂向永恒的过渡,也就是从无神向上帝、从恶向善的过渡。从这个角度来说,时间的终结就是邪恶的救赎式终结。

在陶伯斯看来,灵知主义和启示录论的悲观宇宙观和历史框架在他称作"现代启示录浪潮"中得以复归(同上,页85)。揭示现代性和终末论之间的承继关系,也因而相当于揭示邪恶问题在现代思想和德国唯心论中产生了怎样的划时代影响。

> 早期基督教的终末论虽然属于秘密传播的次经,却跟启蒙思想一起存续至今……这对于德国观念论的发展历史至关重要,关于邪恶的终极本质的认识也因而得以存续至今。(同上,页130)

现代性与传统的基督教相分离,恢复了早期基督教的灵知主义和启示录论精神。带有灵知特点的现代性因而强烈排斥中世纪经院学所提出的静态的、非历史的理性(rationality)。陶伯斯对现代性的解释如出一辙,他强烈批评理性主义和启蒙运动,并以里斯本的地震为例说明,对于现代人所面临的邪恶体验和非理性体验,"理性体系根本无法了解"(同上,页86)。陶伯斯反对启蒙思想和经院学,他认为,现代人无法把世界理解为至善有序的宇宙,也不能把它理解为超验现实的投影。换句话说,现代世界已与超验性相分离,成为一个并非为了人类而建立的去神圣化的、无意义的,甚至可能邪恶的存在。像约纳斯一样,陶伯斯在该虚无主义的世界观里看到了灵知主义的现代回归。①

现代世界因为失去了超验性，也丧失了它的良善和理性，基督教获得超验救赎的传统希望也变得无足轻重。陶伯斯因此表示，现代性再造了历史：

> 在哥白尼的世界，地球丧失了从前的母体——天堂……由于天堂与地球之间的距离已变得毫无意义，哥白尼的追随者试图按照一个理想来改造世界，他们相信这个理想会随着时间的推移成为现实。②

现代人不再追求基督教超验的个体精神救赎，把目光重新投向在未来的满足。现代性恢复了启示录论的救赎历史观，未来因此成为现代思想的试金石。现代世界的意义不再被先验地确定，而是完全取决于自身的历史进程。对这一意义的历史性实现不是渐进性的，而是在历史终末时刻发生的一种革命性的毁灭式的撕裂，是由恶向善的终末过渡。

陶伯斯与洛维特不同，他并不因为现代性的终末本质而对其加以批评。相反，陶伯斯在这些现代性的启示录论浪潮里发现了西方思想的根本动力。终末论的现代复苏并非对神学的侵蚀，而只是神学本身的合理演变。无论在生活中，还是在哲学著作中，陶伯斯都表现出他对启示录论反律法的革命性和虚无本质的强烈兴趣，他在宗教和世俗现象里都发现了启示录论的上述特点。在关于陶伯斯早期著作的为数不多的评论里，戈尔德表示，陶

---

① Cf. Hans Jonas, "Gnosticism and Modern Nihilism", *Social Research* 19, 1952, pp. 430–452.

② Cf. Taubes, *Occidental Eschatology*, p. 137.

伯斯的启示录论研究超越了神学范畴，

> 陶伯斯把启示录的神学概念转化为一种批评理论，之所以能够做到这一点，是因为他想明白了有关时间终结主张的政治和伦理内涵。①

因此，陶伯斯的终末观不是要给出有关现代性本质的一般定义。比如说，陶伯斯对神学概念和世俗政治之间不同的承继关系十分感兴趣，在这一点上，他跟施米特十分相像。从政治角度来看，启示是超越了作为静态规律的自由主义规范的终极例外。陶伯斯还尤其对政治革命抱有同情，无论这个革命属于极左还是极右。但是，他也同样关心启示神学体系在现代美学以及像超现实主义和达达主义这样的艺术先锋派中的回归。② 因此，在陶伯斯看来，灵知主义和启示录论的邪恶观不只限于道德和本体范畴，还泛指这个世界上一切在政治和美学意义上具有束缚性、枯燥、无序和丑陋的东西。

尽管陶伯斯对于现代性的态度不像洛维特那样悲观，但他强烈批评一切非历史的静态的思想模式，也因而强烈批评某些现代和前现代时刻，因为在那些时刻里，西方思想里的终末和启示录论因素或消失不见，或被人为设定。陶伯斯认为，只有当有人发出不正当的历史性宣言，表示上帝的国度已在当下实现，也就是说，只有把某个观点历史性宣告为绝对的不可侵犯的真理时，西方的终末论才会戛然

---

① Cf. Joshua R. Gold, "Jacob Taubes: Apocalypse From Below", *Telos* 134, 2006, p. 142.

② Cf. Jacob Taubes, "Notes on Surrealism", in *From Cult to Culture: Fragments Towards a Critique of Historical Reason*, ed. Charlotte Elisheva Fonrobert and Amir Engel, Stanford: Stanford University Press, 2010, pp. 98–123.

而止。

中世纪信仰和启蒙思想是欧洲的两大静态人生领域。中世纪教会和启蒙教会把自身确立为绝对真理，其成立的等式为：教会即上帝的国度。①

但在陶伯斯看来，西方终末论的力量在于，任何一个历史性观点都不可能宣称自身为绝对真理。从救赎的角度来看，任何历史性事物都有可能被颠覆、推翻和毁灭。在这一点上，陶伯斯像洛维特一样，他提醒人们："警惕那些以为救赎会发生在历史舞台上的幻觉。"② 虽然陶伯斯并没有提到，继中世纪和启蒙运动之后，可能会出现第三个制造历史性救赎幻觉的时刻，但由于他在瑞士撰写博士论文时正值第二次世界大战结束前后，我们不难想象，他当时心中想着什么。他会不会像同时代的其他思想家一样写道，"纳粹主义基于以下等式把自身树立为绝对真理：第三帝国即上帝的国度"？

四 对政治终末论的批评和辩护

洛维特和陶伯斯对终末论的讨论发生在特殊的历史背景之下，即两位犹太思想家是在第二次世界大战结束后的数年内撰写了上述著作。考虑到这一点，他们把邪恶问题放在如此重要的地位加以阐述，便绝非偶然。陶伯斯和洛维特的研究不像阿伦特（Hannah

---

① Cf. Taubes, *Occidental Eschatology*, p. 86.
② Cf. Jacob Taubes, "The Price of Messianism," in *From Cult to Culture*, p. 9.

Arendt）那般抽象，他们的历史视野决定了他们无法正面讨论反犹大屠杀的罪恶。① 但是，在他们研究西方思想史的过程当中，大屠杀一定始终萦绕在他们心中。尽管两位思想家都没有清晰解释极权主义，但我们却可以从他们隐晦的评价中想明白他们的立场。例如，深受陶伯斯和洛维特思想影响的沃格林，明确阐述了极权主义跟终末论的世俗化和灵知主义之间的联系。②

然而，令人吃惊的是，陶伯斯和洛维特的哲学体系都没有针对第二次世界大战的邪恶表达任何实际安慰或希望。在洛维特看来，今日已无希望可言。恰好相反，正是现代的终末希望框架本身使得第二次世界大战的浩劫成为可能，极权主义恰恰是人类为超越俗世邪恶和创造历史终末所做出的终极尝试。洛维特认为，这是现代狂妄症最具爆炸性和危险性的特点，正是这种尝试本身催生了新的更大程度的邪恶。

> 历史上不仅有"恶之花"，还有过度的善意和基督教犯错后所结出的恶果，这样的基督教混淆了救赎事件和俗世事务的本质区别，把世界历史和救赎历史混为一谈。③

事实已证明，原教旨主义要"终极解决"邪恶问题的"过度善意"充满了危险。洛维特因此提议，要彻底摒弃终末希望的信条。由于终末论导致了现代性和极权主义等极端问题，如今一切形式的

---

① Cf. Hannah Arendt, *The Origins of Totalitarianism*, New York: Harcourt Brace, 1951; Hannah Arendt, *Eichmann in Jerusalem: A Report on the Banality of Evil*, New York: Viking Press, 1964.

② 参 Voegelin, *The New Science of Politics*, pp. 110–127；关于对陶伯斯和洛维特的引用：Voegelin, *The New Science of Politics*, p. 111 n. 8。

③ Cf. Karl Löwith, *Meaning in History*, p. 203.

终末论都成为怀疑的对象。洛维特因而反对把任何简单回归基督教或犹太教的方法当作摆脱现代危机的出路。洛维特与肖勒姆、布洛赫（Ernst Bloch）以及陶伯斯在内的许多同时代犹太思想家不同，他质疑"未来是真正适合人类生存的美好前景"（同上，页204）。犹太－基督教面向未来的希望已经遭到严重曲解，已不可能回到这一价值观最初的超验起源。洛维特同意另外一位犹太思想家施特劳斯（Leo Strauss）的主张，认为人类必须把自身的存在理解为永恒秩序的一部分，以恢复自身在非历史性的古代宇宙观中的位置。洛维特主张抛弃线性时间观，重拾古希腊－尼采的永恒循环论。

然而，陶伯斯却反对回归古希腊哲学的天真想法。他在后来常被引用的一次访谈中表示："没有永恒的复返，时间并不能让人冷静；相反，它给人带来的是焦虑。"① 陶伯斯同样反对寄予未来以任何天真抽象的希望。莱博维奇最近发表了一篇关于陶伯斯在耶路撒冷期间的研究论文，他在文中引用了这句话。莱博维奇接着写道：

> 在犹太人结束有史以来最可怕浩劫的两年之内，陶伯斯没说出任何安慰之辞。面对那些正在经历世界终结的人所怀有的消极希望，陶伯斯在1947年强调，要立刻做出决定……陶伯斯心中所想的是，要从毁灭性局势的内部发起一场施米特式行动：在承认毁灭不可避免的基础之上，把毁灭作为工具加以运用和大肆利用。②

在陶伯斯看来，反犹大屠杀的邪恶是灵知－启示录论世界观的终

---

① Cf. "Jacob Taubes", in *Denken, das an der Zeit ist*, ed. Florian Roetzer, Frankfurt am Main: Suhrkamp, 1987, p. 317.

② Cf. Nitzan Lebovic, "The Jerusalem School," p. 106.

极证明。时间的终结正是在压迫最为残酷、邪恶最为极端的时刻，也最为临近。从这个角度来看，反犹大屠杀本身似乎是最典型的启示录论毁灭事件。① 在陶伯斯看来，启示的主导力量一向是毁灭性的、虚无的和否定的。而且，只有在这个否定的本身出现时，完全处于世界对立面的缺席的上帝才会显现。因此，上帝的彻底缺席是天启救赎发生的条件。一些"二战"后的犹太神学家——他们中的很多人跟陶伯斯相识——确实曾表示，上帝在第二次世界大战期间彻底缺席。② 从这个意义上讲，陶伯斯关于上帝缺席的灵知论在许多方面预示了反思大屠杀的神学的核心概念：隐匿的上帝。

因此，陶伯斯会强调终末论和启示录论的重要地位，认为这是应对极权主义政治的唯一答案，在这一点上，陶伯斯跟洛维特不同。即使是在经历第二次世界大战的浩劫之后，西方现代性仍然能够恢复其正当性，但前提是延续西方终末论思想。陶伯斯的观点跟洛维特恰好相反，他不认为终末论是现代危机的起源，相反，终末论在他看来恰恰是现代危机的出路。同样，陶伯斯认为极权主义的危险并非源自（世俗化）终末论的产生，而是源自终末论的缺席。上述这些针对终末论的政治评价截然相反，我们有必要重申陶伯斯和洛维特的关键区别。借用戈登的话就是："陶伯斯欣然接受洛维特痛斥的终末论传统。"③ 其他关于洛维特和陶伯斯

---

① Cf. Martin Treml, "Nachwort", in Jacob Taubes, *Abendländische Eschatologie*, Munich: Matthes und Seitz, 2007, p. 287.

② Cf. Martin Buber, *The Eclipse of God: Studies in the Relation between Religion and Philosophy*, New York: Humanity Books, 1952.

③ Cf. Peter Gordon, "Jacob Taubes, Karl Löwith, and the Interpretation of Jewish History", in *German-Jewish Thought between Religion and Politics*, ed. Christian Wiese and Martina Urban, Boston: De Gruyter, 2012, p. 351.

的比较研究也大都聚焦于这一点。①

因此，对于洛维特而言，真正的问题不是终末论的世俗化歪曲，而是终末论本身，甚至是由此延伸出来的整个历史观本身。正是在这一点上，传统的布鲁门伯格式解读出现了遗漏。洛维特的现代性理论并不仅仅围绕世俗化概念以及世俗化如何去除了基督教的超验终末论来展开，而是以一种更加深刻的方式讨论了终末论本身的意义和不正当性，以及终末论如何构成了现代性。马夸尔德有关终末论和历史哲学的著作中包含了如下玄奥总结：

> 对洛维特而言，历史哲学是圣经救赎的没有正当性的合法延续；而对陶伯斯而言，历史哲学则是对圣经救赎的正当性的延续。在洛维特看来，这样的历史神学本身已经足够糟糕；而在陶伯斯看来，历史哲学很好，甚至更好。世俗化问题并不是二人之间的分界点，布鲁门伯格在这一点上与他们不同。②

尽管陶伯斯深受洛维特思想体系的影响，他却颠覆了洛维特的评价。③ 尽管洛维特对陶伯斯具有不可否认的影响，但相比之下，陶

---

① Cf. Jürgen Moltmann, *The Coming of God: Christian Eschatology*, trans. Margaret Kohl, London: SCM Press, 1996, pp. 41–44; Mark Jaeger, "Jacob Taubes und Karl Löwith: Apologie und Kritik des Heilsgeschichtlichen Denkens," in *Abendländische Eschatologie. Ad Jacob Taubes*, ed. Richard Faber, Würzburg: Königshausen und Neumann, 2001, pp. 485–508.

② Cf. Odo Marquard, *Schwierigkeiten mit der Geschichtsphilosophie: Aufsätze*, Frankfurtam Main: Suhrkamp, 1973, p. 15.

③ Cf. Jerry Z. Muller, "Reisender in Ideeen: Jacob Taubes zwischen New York, Jerusalem, Berlin und Paris," in *"Ich staune, dass Sei in dieser Luft atmen können": Deutschjüdische Intellektuelle in Deutschland nach 1945*, ed. Monika Boll and Raphael Gross, Frankfurt am Main: Fischer Taschenbuch Verlag, 2013, p. 48.

伯斯的思想却更加接近本雅明（Walter Benjamin）和肖勒姆的弥赛亚观念。陶伯斯的晚期著作《保罗的政治神学》更清楚地表明，他会继续着迷于那些深受洛维特质疑的现象——这些现象不仅包括终末论，还包括虚无主义、异端学说和历史哲学。

（译者单位：北京第二外国语学院英语学院）

历史终末论、政治乌托邦与欧洲现代性

穆拉留（Mihai Murariu）撰

张晶晶 译

  基督教对于西方独特文化的影响之强大，怎么强调都不为过。事实上，基督教的巨大影响遍及欧洲的方方面面，即便形式隐秘，却最终显见于诸多世俗生活的角落。传统地讲，欧洲的政治和宗教总或多或少与基督教的根基相关；在强大的现代性实验的保护之下，基督教的根基经历了一场即便不算重大，也算异常稳定的世俗化过程。这个过程得以实现也许端赖于一系列独属欧洲的特征，即乌托邦的政治化、尘世历史的世俗化和那些扬言要推翻现行秩序并彻底改革社会的异端学说的影响。因此，要真正推动现代性的实现，减缓基督教的根基从政治话语权中心衰落的速度，阻止教会衰落从而沦为一种社会机构和权力网络，我们必须厘清这个重要的三位一体结构的大致发展脉络。这就意味着，我们必须充分理解终末论、政治乌托邦的影响，必须充分理解洛维特－布鲁门伯格论争中至关重要的现代性进步观念如何形成——他们这场争论的复杂难解和深刻,至今仍难超越。

　　学界有许多论著关注终末论、①世俗化、②乌托邦③和宗教④在欧洲世俗化和现代化进程中的重要意义,只是主题太过单一。本文试图在有限篇幅中表明,回溯历史进步主义思想的起源,探寻世俗历史哲学的缘起,应从一系列相互交织的内容入手,综合考虑终末论思想、政治乌托邦、世俗化和异端邪说的影响。⑤ 这些不同内容的因素看似相互独立,实则彼此碰撞融合,在中世纪后期和现代早期,产生了极为重要的影响;也正是在此时,发生了关键性的转变。本文主要包括两方面的内容:第一,关注洛维特与布鲁门伯格论争的不同方面以及约阿希姆理论的第三阶段(tertius status);第二,厘清历史终末论、乌托邦主义和德意志极权主义⑥ 三者之间有失和谐的关联,并分析它

---

① Arthur H. Williamson, *Apocalypse Then*: *Prophecy and the Making of the Modern World*, Westport, Connecticut, London: Praeger, 2008.

② John R. Hall, *Apocalypse*: *From Antiquity to the Empire of Modernity*, Cambridge: Polity Press 2009; Albert I. Baumgarten ed., *Apocalyptic Time*, Leiden, Boston, Köln: Brill, 2000.

③ Manuel. E. Frank, & Manuel. P. Fritzie, *Utopian Thought in the Western World*, Cambridge, Massachusetts: The Belknap Press of Harvard University Press, 1979.

④ Michael Allen Gillespie, *Theological Origins of Modernity*, Chicago, London: University of Chicago Press, 2008.

⑤ 艾森施塔特谈到了异端学说,但是并未充分论述,该作引人入胜,但有时候过于笼统。参 S. N. Eisenstadt, *Fundamentalism*, *Sectarianism and Revolution. The Jacobin Dimension of Modernity*, Cambridge: Cambridge University Press, 1999。

⑥ 笔者将德意志极权主义定义为一种高级的思想体系,它持有一种绝对的、单一的人类存在观,据简化的救赎神学论来追求对公共和私人领域的重塑,而其简化的救赎神学论,可相应按照唯一真理原则及独断论主张来加以解释与合法化。正是基于这一性质,该系统并不接受存在其他的真理这样的说法。简言之,它提供了一种终极的意义,那是关于物质和精神存在的最终答案。比如说,19世纪苏丹的马赫迪(Sudanese Mahdi)建立的政体,它传达、信奉和践行的都是唯一的真理。

们在欧洲基督教转型中所起的作用。

超越性、时间性与内在性

下文将简要讨论菲奥雷的约阿希姆的"历史三位一体"理论，该理论引入了一种奥古斯丁主导的终末论框架内可以解释的世俗性。① 笔者也会在洛维特－布鲁门伯格论争的背景之中论及这种世俗化与现代性的关系。约阿希姆在著述中提到，在现实教会的末期将有一个"第三阶段"来临，届时会产生新的"属灵人"（viri spirituales），领导新的"属灵的教会"，取代现实的教会，同时会产生新的领袖，这一说法对于西方目的论的历史叙事建构产生了重大影响。

欧洲基督教始于一种终末论运动，发展成为一种无所不包的体系，囊括了道德准则、伦理学、政治学和经济学，且宣称这些都是根据圣经的原则发展而来。鲜明的基督教根基逐渐替代了希腊罗马世界的根基，并在几百年的时间里，成为公共话语舞台至高无上的中心。即是在1054年发生了东西教会的分裂，但是到了12世纪，欧洲的基督教教会也变得超乎寻常地强大。在穆斯林势力和异教政权统治下，长达半个世纪的时间里，基督教长期处于下风，但是之后其边界大大扩展，从地中海核心地区到达了斯堪的纳维亚和俄罗斯，同时重新掌控了西班牙部分地区意大利南部及其诞生地黎凡特。就其机构本身而言，通过"教宗君主制"，② 西方教会在面对世俗力量时暂时地保住了微弱的优势。罗马教廷越来越多地介入世俗领域，其最终结果就是推动形成

---

① 即使基督徒生活的时代意味着最后的世代，奥古斯丁否认了基督二次来临的时间的可知性。

② Cf. Collin Morris, *The Papal Monarchy. The Western Church from 1050 to 1250*, Oxford: Claredon Press, 1989.

了欧洲最大的组织。这一日渐增强的权力，加上同一时期罗马法的复兴，使得教会可以更好地建立起规范的和平理念①（normative pacification），同时获得对于外部敌人和内部异端邪说的绝对权威。

就神学理论而言，天主教正统学说的巩固和实施意味着对基督新教异端邪说变本加厉的迫害。尽管教会核心做出了诸多努力，激烈的神学争论从未平息。争论的焦点之一就是三位一体。拉丁西方和希腊东方之间的区别在于他们对三位一体教条的表述方式上，当然他们彼此之间也存在着派系斗争，互相指责对方为异端。三位一体［观念］处于卡拉布里亚的修院院长（Calabrian abbot）约阿希姆思考的核心地位，他的思考最终形成了一个传统，直接或间接影响了众多极权主义异端的理想、表述方式和世界观。

在二十多年的时间里，约阿希姆在自己的体系之内不断扩充各种概念，该体系极为复杂，同时与奥古斯丁的基本观念②保持一致，均把历史分作三个阶段："从亚当到基督、从基督到末世，以及包含其自身观念在内的未来；在未来时刻，人及其存在均能走向历史中的完善状态。"这一点尤其重要，因为根据约阿希姆对历史的分析，神圣的恩典自旧约时代起就开始不断向西转移。由于无法理解基督的神话，犹太人逐渐丧失了与上帝订立盟约之时获得的恩典。接着由于教会的分裂和赫拉克利乌斯（Heraclius）统治后期的遭遇，③ 当

---

① Cf. Michael Mann, *The Sources of Social Power. A History of Power from the Beginning to A. D. 1760*，New York：Cambridge University Press，1986，pp. 500–507.

② 在奥古斯丁看来，世界被分为七个时代，每一个时代对应上帝创世的七天。约阿希姆与之明显不同之处在于，他在期待他的第六时代时，不是为了迎接最终的安息日，而是为一个历史时代的到来铺平道路。

③ ［译按］赫拉克利乌斯（Heraclius，公元575—641），东罗马帝国皇帝，公元610年至641年在位，在其统治时期内，罗马帝国的皇权有所加强，但其军队败给了阿拉伯穆斯林，失去了叙利亚、巴勒斯坦、埃及和拜占庭所属的美索不达米亚地区。

时帝国遭受穆斯林倭玛亚王朝（Muslim Ummayyads）的征服，希腊的异教徒（非犹太教徒）失去了恩典。最终，恩典转移到拉丁西方，这体现于法兰克帝国与罗马教宗①的联合之中。约阿希姆认为，圣灵时代在不久之后一定会显现：

> 世界的第一阶段始于亚当，经亚伯拉罕枝繁叶茂，至基督时达到巅峰。第二阶段始于乌奇雅（Oziah），经施洗约翰的父亲扎卡里（Zachary）枝繁叶茂，并将在他们的时代达到顶峰。第三阶段始于圣本笃（St. Benedict），至第22代而枝繁叶茂，并在世界臻于圆满之时达到自身的圆满。第一阶段属于三位一体中所对应的圣父时代，因为它明显是缔结联盟的时代。第二阶段属于圣子的时代，是犹大支派中的教会阶段。第三阶段，修院阶段属于圣灵的时代。②

约阿希姆的三个阶段本身建立在旧约时代的传统之上。尽管本质看，约阿希姆似乎是一个传统主义者，③但是，经院哲学的寓言和教条部分并不是他关注的重点；与之相反，他创立的体系可以帮助理解圣经，对此体系的延展还可以帮助理解历史和未来。约阿希姆的著作并非基于上帝直接的启示，④没有预言的性

---

① Brett Edward Whalen, *Dominion of God. Christendom and Apocalypse in the Middle Ages*, Cambridge, Massachusetts, London: Harvard University Press, 2009, pp. 109 – 114.

② Concordia IV, 33, f. 56vb, Venice, 1519, photomechanical reprint, 1964; cf. Bernard McGinn, "The Abbot and the Doctors: Scholastic Reactions to the Radical Eschatology of Joachim of Fiore", *Church History* 40, 1, 1971, p. 33.

③ 他从未公开批评过教会，也从未公开建议取缔教会。

④ 尽管如此，依然有一些国王和教宗称约阿希姆为先知，或者在寻求他的预言所包含的意义。

质,而是基于自己的"属灵理智恩赐"(donum spiritualis intellectus)。正是这样的阐释帮助约阿希姆理解了圣经和历史之间的和谐原则。他的第二阶段是现世的教会阶段,这是奥古斯丁的第六阶段,也是约阿希姆自己所属的教会;然而当神圣启示最后显示之时,属灵的教会终将取而代之,这一切将在历史时间之内发生。约阿希姆承认,神的介入对于第三阶段的建立不可或缺,但是,他自己对于教父传统的独特贡献恰恰在于,他认为第三阶段的实现是在历史之中,而不是在后历史的语境之中。

约阿希姆的第三阶段理论必然逐渐导向对奥古斯丁世界观的背离和对历史末世的追求。只有当这最后的历史阶段成为现实,超越的末世、基督的二次降临和永恒的安息日才有可能来临。这个可以解决人类一切宗教、物质、政治和社会痼疾的原则是宏伟的、救赎的、简化的,它依赖于第三阶段的来临。[①] 历史的终结将因此见证属灵王国的降临[②]和"属灵人"[③]的崛起,那是一个具有共产性质的乐园,生活于其间的人们摆脱了占有的本能,而新领袖(nous dux)的到来将使基督信仰重获新生。属灵人的出现代表了人在即将到来的完美时代的能动性日益发挥作用。无论是在末日论思想还是在乌托邦愿景中,那一小部分被拣选的人,也就是选民,代表了人的能动性。他们始终处于这场运动及其理想的中心,不论他们代表了可以获得的安全感、对不信教者的归化、对敌人财富的占

[①] 对于约阿希姆及其思想体系更加详尽的分析,参 Marjorie Reeves, *Joachim of Fiore and the Prophetic Future: A Medieval Study in Historical Thinking*, Stroud: Sutton Pub, 1999.

[②] 第三阶段必定拥有丰富多样的理智(plenitude intellectus)。

[③] 属灵的人指的是拥有属灵性的肉体(spiritual bodies)和属灵性的理解力(spiritual understanding)。

有，还是代表了对那些生活在不真实中的群体或社会的拯救。

尽管约阿希姆使用的措辞、他的期望和意向均源自教父传统和12世纪以来的终末论思想，但我们最终发现，他的目的论历史叙事中隐藏着不折不扣的乌托邦理想的原型。然而，最为重要的并非约阿希姆本人的思想与教会正统学说之间的巨大差异，而是不同教派对其著作的接受程度差异巨大，他的有些观念被全盘接受，有些则经过了轻微的调整，也有一些遭到全部摒弃或者得到全新阐释。历史上也有过教士甚至教宗在有生之年期待基督二次降临，但是，从未有人创造出一套思想体系，认为一种尘世的完美人生可以作为历史历程必然的一部分，可以在现世实现。这样一个历史中可实现的完美时代的观念在欧洲政治乌托邦思想的发展过程中清晰可见，尤其是16世纪以后，对这个神学上的理想国度的宣扬和描述转化或为对其进行积极探索的实践。

洛维特与布鲁门伯格的论争

约阿希姆主义，或者后世称为"约阿希姆主义"的思想，在当下所说的目的论历史叙事模式的形成过程中起到了至关重要的作用。即便如此，我们依然要谨慎地往前推进，即便该主题与本文的论点十分相关，我们也不能不假思索地加入"约阿希姆思潮"（Joachim bandwagon），甚至企图去评估约阿希姆革命性的历史理念对现代性产生的影响。[①] 而且，因其独创性及其与中世纪异端邪说和现代极权运动的诸多相似之处，约阿希姆思想的影响有时可以说无处

---

① 由于约阿希姆的徒子徒孙即后来的约阿希姆主义者将约阿希姆的思想变得无比激进，笔者在此使用了"革命性的"一词来描绘约阿希姆的思想。

不在,它在所有政治思想家的著作中都有所体现,例如沃格林(Eric Voegelin)、布洛赫(Ernst Bloch),也可以说遍及所有学科,如从文学到市场营销学等领域。① 以下节选仅为一例:

> 约阿希姆的预言中用来描绘必将到来的天堂和基督的千年统治的词汇,在欧洲所有的社会中都依然鲜活。在众多世俗化的革命运动宣传中,总会采取千禧年叙述。从16世纪的闵采尔(Thomas Müntzer),到17世纪的康帕内拉(Campanella),再到18世纪的莱辛,约阿希姆的理念在基督教的乌托邦思想中不断复现。②

而且,我们还可以从一些学者对"政治宗教"和"世俗宗教"的定义方式,以及我们研究现代性和世俗化的路径中发现这一重要因素。最显著的是,在对现代性的解释中,也存在着这样一种趋势,即认为现代性就是将超越性的末世世俗化为势不可挡的历史进步。下文将在洛维特与布鲁门伯格论争的背景之下,讨论约阿希姆的历史神学及其与世俗化、现代性之间的关联。

在其影响深远的著作《历史中的意义:历史哲学的神学义涵》③一书中,洛维特力图阐明现代的进步学说如何将犹太-基督教中历

---

① Cf. Stephen Brown, "Trinitarianism, the Eternal Evangel and the Three Eras Schema", in *Marketing Apocalypse. Eschatology, Escapology and the Illusion of the End*, edited by Stephen Brown, Jim Belt and David Carson, London, New York:Routledge 1998, p. 30.

② Frank. E. Manuel, & Fritzie. P Manuel, *Utopian Thought in the Western World*. Cambridge, Massachusetts:The Belknap Press of Harvard University Press, 1979(1997), p. 33.

③ 相较于原标题中的 implication 一词,德文版标题中的 Voraussetzungen 更加符合其原作内容。

史的实现模式进行世俗化并加以实践。对于洛维特而言,这是一种偏离,是一个危险且前所未有的幻象,它将历史呈现为"一种不断向前的进化,且通过不断地进化来解决邪恶的问题"。① 他进而分析"未来是历史真正的焦点"这一强大的结构如何塑造了西方,然而:

> ……事实上,从以赛亚到马克思、从奥古斯丁到黑格尔、从约阿希姆到谢林(Schelling),某种终末论的趋向决定了基督教西方宗教基础的真相及其历史意识……末世的概念不仅界定了历史发展的终点,而且明确了其发展的终极目的。终末论思想对于西方历史意识的影响在于,它决定了历史时间的发展走向,因此除非其最终目标是确定的,否则该发展就是徒劳的,并终将为其自身的创造所吞噬。(同上,页 18)

因此,对于洛维特而言,现代的心灵总是处于[现代]对古代和基督的两种继承的冲突之中,摇摆不定。它继承了古代了永不止息、持续运动的原则,但又缺乏其循环往复的结构。而在对基督教的继承中,它采纳了进步的观念,同时摒弃了其中蕴含的"基督教的创造和臻于完美的义涵"(同上,页 207)。他在书中不止一次指出世俗化了的上帝之城的概念,尤其是在谈论马克思一章。当然,我们有足够多的理由批评洛维特的观点,例如他并没有提供这一变化(从终末论到现代性的进步观念的转化)的清晰脉络。然而,该书成就显著,并且数十年以来,其基本观点塑造了一个强有力的共识。

对洛维特的作品最为全面而系统的批判来自布鲁门伯格的《现代

---

① Karl Löwith, *Meaning in History*: *The Theological Implications of the Philosophy of History*, Chicago: University of Chicago Press, 1949, p. 5.

的正当性》一书。① 布鲁门伯格的批评基于两个主要观点。其一，他认为，未来来自一个内在而非超越的过程。其二，他认为，进步的观念源自现代早期的双重发展，一是长期系统的科学进步，二是伴随着古今之争而产生的艺术理想的变化。出于本文写作目的考虑，笔者不执着于本书的其他方面，只重点关注布鲁门伯格的超越的末世和历史内在的永恒进步这样一组二元对立。他一开始就力图表明，亚伯拉罕终末论传统和现代的历史进步观念之间的根本差异导致了前者不可能生发出后者：

> 神学终末论和作为其终点的历史的"完善"究竟包含哪些义涵，它何以为历史的进步观念提供一种模型，导致这种可能性的产生？根据历史进步观念，历史是通过"完善"抑或"臻于完善的路径"而首次获得稳定性和可靠性？……至于说，进步的观念依附于基督教的终末论，两者之间的差异其实阻碍了后者向前者的转化。这种形式上的差异也因此是一个明显的差异，终末论说的是一个闯入历史中的事件，它超越历史且异质于历史，然而进步的观念预示了一种内在地存在于历史中的结构，并且它将存在于将来的每一个时刻。（同上，页30）

因此，对于布鲁门伯格而言，一个以圣经和超越之目的为自身划定边界的系统，不可能直接转化为历史进步主义所主导的体系。毋宁说，这是一个从目的论实质到"世俗化的异化"的清晰可辨的转化，布鲁门伯格注意到"问题的答案消失了，而相应的问题始终无法消除"（页65）。最终，在超越的上帝之城（Civitas Dei）

---

① Hans Blumenberg, *The Legitimacy of the Modern Age*, translated by Robert M. Wallace, Cambridge: MIT Press, 1985.

和现代人的永恒的前进之中，不存在任何关联，因为在布鲁门伯格看来，"无论将无限的概念引入历史，抑或将终末论植入其中"（同上，页86），世俗化并不能促使历史的有限与无限的前进融合形成一个单一概念。因此，他坚持认为，必须将闯入历史的超验原则与只有人才能在历史中采取的内在行动区分开来。

然而，笔者在此发现了其中一个关键问题，虽然这不是布鲁门伯格一心想要驳倒洛维特的世俗化观点的核心（the）问题。正如上文所说，《现代的正当性》①并未阐明约阿希姆及其历史观，哪怕只是一笔带过或者在哪个脚注中提到。这样一来，布鲁门伯格也就正确地分析了奥古斯丁学说中基督教的上帝之城和人类之城，二者之间存在着非时间的、严格的区分。同时他尝试证明这与现代的永恒的进步主义之间的内在互斥。尽管如此，如果不承认这一系列进程始于约阿希姆主义，不承认它对完美时代观念的影响在于完美时代是历史的一部分，而非脱离于历史，那么，布鲁门伯格的论点本身就站不住脚。

乍看起来，上述内容似乎足够证实洛维特的世俗化立场，并对亚伯拉罕超越性的历史内化为现代进步主义的起源作论据。这里甚至能对政治宗教编年史作出修正式的改写，并对部分世俗化与全部世俗化作出区分。②这些都是颇有意趣的观点，但是

---

① Milan Babík, "Nazism as a Secular Religion", *History and Theory* 45.3, 2006, p. 394. Martin Jay, "The Legitimacy of the Modern Age", review of *The Legitimacy of the Modern Age* by Hans Blumenberg, *History and Theory* 24, 1985, p. 192.

② 部分世俗化"包括宗教进步主义，它将圣经里关于拯救的故事加以世俗化，但'世俗化'仅仅是将超越的（奥古斯丁的）上帝之城内化成一个在历史世界中的道德、政治和技术追求"。全部世俗化指的是"宣称完全放弃圣经，且不保留任何宗教内容的进步主义"。Milan, Babík, "Nazism as a Secular Religion", *History and Theory* 45.3, 2006, p. 396。

为了避免过于片面,我们还需深入论证,因为世俗化观点中确实缺少了有关细节的描述,并未提及超越的末世如何转换成永恒的进步。就此而言,洛维特和布鲁门伯格的观点有可能既正确,也错误。洛维特的观点之所以正确,是因为描绘了现代进步主义类似于终末论的结构,但是在描述非时间性的末世如何转化成历史性的末世、再转化成世俗化的历史哲学时,他的方式不够彻底。布鲁门伯格的观点之所以正确,首先是因为他指出了现代的进步主义与非时间的超越终末论之间的内在互斥,其次是因为他开始关注"重新占据"(reoccupation)原则。① 当然,由于他忽视了始于约阿希姆的激进终末论中强大的永恒维度,使得该原则根本难以成立。

在笔者看来,无论是将现代进步精神和世俗历史哲学的诞生归因于根深蒂固的、超越性的最后原则的内化,还是将其单纯地归因于知识的革新,都不能对其进行充分的解释。但这并不意味着这两种解释的某些方面不可调和。此处需要重申,约阿希姆模式的影响是很好的起点,因为我们从中发现渐进的转化与暴力的革命的混合体,它以基督教根基为始,最终形成了一种包罗万象的历史哲学和一元论的意识形态。如果我们采用约阿希姆主义者的措辞,那么应转而对一致性着重考察:即对一元论思想体系的支配性、朝向内在目的之转变、一个可实现的政治乌托

---

① [中译编者按] Reoccupation (Umbesetzung) 是布鲁门伯格的一个重要概念,旨在揭示人类在不同的思维时代与现实相处的不同方式之间的关系。参 Sonja Feger, Umbesetzung: Reoccupation in Blumenbergian Modernity, in Agata Bielik-Robson, Daniel Whistler ed., *Interrogating Modernity*: Debates with Hans Blumenberg, Springer International Publishing; Palgrave Macmillan, 2020, pp. 237-256.

邦与后起的理性官僚化的国家主义,及其促使教会渐次沦落为社会力量之间的一致性着重考察。① 大体而言,我们可以勾勒出几个关键的变化。

乌托邦主义、终末论与现代性

如前所述,不少广义上的[思考]模式可追溯至受约阿希姆激发的异端的核心内容,尽管据说约阿希姆传统已与多种政治倾向相混合——我们不必惊讶,数世纪以来,约阿希姆的观点影响深远,广泛而持久。这些观念包括:一个必将到来的完美未来、一个价值遭到贬损且终将遭到取代的现在、一种强烈的期许感。② 我们因此在历史目的论叙事内获得了全新的乌托邦理想,且伴随着一种强烈的期许。久而久之,本来存在于教会不同派别之间的论争,逐渐演变为日益复杂且危险的杂糅学说,引发世俗社会的参与,激发着他们的想象。一方面,多尔契诺派(Dolcinites)标志着约阿希姆模式发生首次蜕变,自此近乎纯神学的终末论转变成为流行的终末论。另一方面,约阿希姆派理论的传播,在口头上混合着方济各派修士(Franciscan Spirituals)奥尔维(Olvi)和阿诺德(Arnold)的概念,又在书面上与来

---

① 格尔斯卡(Gorski)提到,"自19世纪以来,由于意识形态力量更加分散,教会组织及其他更加专断的意识形态力量逐渐衰落,乃至被分散力量所抵消";P. S. Gorski, "Mann's Theory of Ideological Power: Sources, Applications and Elaborations," in *An Anatomy of Power. The Social Theory of Michael Mann*, edited by John A. Hall & Ralph Schroeder, Cambridge: Cambridge University Press, 2005, p. 129。

② Cf. R. Kestenberg-Gladstein, "The 'Third Reich': A Fifteenth-Century Polemic against Joachism, and Its Background", *Journal of the Warburg and Courtauld Institutes* 18.3, 1955, p. 247.

源于贝格派（Beghards）等其他教派的信条相融合。① 他们的写作本身就植根于肥沃的土壤。

因此，一种进步论的世俗性必然成为某种救赎性的、有形的目的，而这种观念的形成也就更加可估量和可预见。关于终末论的期待如何逐步演变，大致说来，关键一步就是一种转变，即从奥古斯丁借助于神意干预的超越末世观，转变为约阿希姆的历史末世观，后者虽然借助神意的介入，但也需人力的持续参与。这里依旧存在一些例外或部分相似之处；就此而言，我们可以将早期的约阿希姆派与伊斯兰世界周边兴起的救世主降临学派或激进的什叶派伊斯玛仪派的尼查里派的原理② 进行比较。

无论如何，"终末论的"乌托邦主义的高峰都没有产生于天主教世界的中心、动荡不安的意大利半岛，也没有在莱茵河畔取得成功。它最终在一个山巅之城落地生根、开花结果。塔博尔派（Tabor）是最令人感到不可思议的例子，③ 他们是中世纪时将终末论思想与乌托邦理念融合起来的一个团体。该团体有着多重属性，包括信奉千禧年说和世界大同主义改革，以及总是铁面无私地贯彻改革，这使得他们在

---

① Gian Luca Potesta, "Radical Apocalyptic Movements in the Late Middle Ages", *The Continuum History of Apocalypticism*, edited by B. McGinn, J. J. Collins, Stephen J. Stein, New York, London: Continuum International Publishing Group, 2003, p. 305.

② 1164年尼查里派在阿拉穆特大本营的统治者宣布复活的新纪元的到来，并废除了伊斯兰教法。这和约阿希姆主义者中用以替代旧约和新约的永恒福音不无相似。同时参 J. J. Buckley, "The, Nizârî ismâ'îlîtes' Abolishment of the Sharî'a during the Great Resurrection of 1164 A. D. / 559 A. H.", *StudiaIslamica* 60, 1984, pp. 137 – 165。

③ 该团体名称的选择就十分巧妙，充满了圣经和终末论的意味（《马太福音》28:16 – 20）。由于其所包含的潜在转化力，在其之后的定居之处依然保留了该名称，其选民也保留了原先的称谓。

欧洲的基督教世界内部形成了一个保持独立的独特社会形态。①

直至胡斯（Jan Hus）在火刑柱上受刑时，波西米亚（Bohemia）业已完成本地改革计划中的最初几步，原初的灵恩社群（charismata communities）模式及其对属灵性的强调②变得日渐重要，对波西米亚的改革颇有助益。胡斯革命以前几十年的波西米亚王国的自由性灵兄弟会（Brethren of the Free Spirit）教派中，已经出现明显的约阿希姆派模式。正如在其他教派中，我们经常（并非总是）能看到约阿希姆派根基以第三阶段的形式存在于历史中。对于塔博尔派而言，塑造历史本身的原则就是我们称为约阿希姆三位一体的原则，即旧法、新法和即将取代新法的革新王国时代。物质世界的重大变革将蔚为壮观。选民不亚于上帝拣选的军队，必将经历身体的复活，还会净化普天之下的暴政、不公和不信。在这个道德共同体之外，不存在任何救赎之道，脱离它就意味着不信、不洁和死亡。

路德宗教改革之前，塔博尔派是基督教世界唯一成功地（尽管短暂）建立政权的宗教异端。他们借用并阐释约阿希姆派的一些重要概念，意在为自己推翻现有的不洁社会、保存灵恩派社群，并为在此时此地建立一个完美社会的种种行为辩护。他们是欧洲极权主义异端邪

---

① 有必要指出，就世俗权力而言，塔博尔派是各种各样的异端邪说团体中最成功的一个。当韦尔多教派（Waldensians）、罗拉德派（Lollards）和其他受约阿希姆影响形成的教派的残余只能秘密地存在时，胡斯派、塔博尔派不仅战胜了他们的捷克对手，并数次打败东征的十字军，其恐怖势力甚至到达匈牙利和德国境内以及波罗的海地区。

② 胡斯是捷克改革者中最重要的标志之一，其他派别还有瓦尔德豪斯（Konrad Waldhauser）和亚诺维的马捷（Matěj of Janov）。关于胡斯和他受到的神学影响，包括圣经、奥古斯丁主义、捷克改革传统和约翰·威克利夫（John Wyclif）对他产生的影响，参 Thomas A. Fudge, *Jan Hus. Religious Reform and Social Revolution in Bohemia*, London, New York：I. B. Tauris, 2010。

说当中，诱发宗教改革运动和世俗权力缔结联盟的一个极好例证。约阿希姆派信条，或者至少是约阿希姆派模式，具有极强的生命力和适应不同历史境遇的潜能，将会在全新的日渐世俗化的诡计之中存活下去，一如卜列东（Gemistos Plethon，1355—1452）著作中的描绘。

  卜列东政治著作的意图是，在自由的希腊世界最后一个真正的哨所——伯罗奔半岛建立一个理想社群。在1416年和1418年，正当胡斯革命在遥远的波西米亚如火如荼地进行之时，卜列东致信摩里亚半岛的暴君和君士坦丁堡的皇帝，设想对国家的社会、政治和文化进行彻底的重组。佩里托雷（Patrick N. Peritore）对卜列东的看法似乎不无道理，他认为卜列东是民族主义神话最初的支持者，同时能够将其民族主义神话建立在社会政治和经济基础之上。① 卜列东的最后一部著作《律法》（*Nómoi or Book of Laws*），是其毕生哲学和政治改革事业的结晶，致力于改变国家整体结构和精神生活全貌。书中提到一个全新的囊括了人文主义者理性精神和逻辑的"公民宗教"，该宗教旨在最终建立一个"希腊化异教徒神权国家"（同上，页191）。辛索格洛（Niketas Siniossoglou）的论证也让人颇为信服，他认为卜列东的激进改革主义，极有可能是拜占庭帝国政治中的静修之争（Hesychast controversy），或是托马斯主义（Thomism）和帕拉姆主义（Palamist）霸权的直接结果。② 尽管卜列东的改革方案无一得以实施，但是我们不能低估其综合性方案所展示的远见卓识，因

---

  ① N. Patrick Peritore, "The Political Thought of Gemistos Plethon：A Renaissance Byzantine Reformer", *Polity*, *Palgrave Macmillan Journals* 10, 2, 1977, pp. 168 - 191.

  ② Niketas Siniossoglou, *Radical Platonism in Byzantium：Illumination and Utopia in Gemistos Plethon*, Cambridge：Cambridge University Press, 2011, pp. 12 - 40.

为他的著作代表了政治乌托邦的重要一步。卜列东的愿景可被视作围绕人的能动性组建一个完美政制（politeia），因此与西方其他的政治乌托邦截然不同，其他的政治乌托邦理念虽已逐渐脱离宗教根基，但在某种程度上依然根植于或者说受惠于一种非历史的结构。就此而言，卜列东的思想更多地预示了斯宾诺莎、圣西蒙和19世纪不同流派的乌托邦思想，而非莫尔和康帕内拉的思想。①

早期乌托邦精神逐渐地转向现代政治乌托邦，标志着神学上的理想社会转向了直接的政治和社会实践。正如前文在论述约阿希姆时论及的那样，由奥古斯丁提出的遥远未来有一个天堂的静态景象，逐渐让位于在可见未来甚至当下就可以实现的天堂的理念。这种新倾向在宗教改革时达到顶峰，它最初强调与神圣时间相关的个人，后来强调在历史中自身得以永恒存在的制度，这就间接地导致了现代民族-国家的诞生。理论中的理想是否能够转化为近乎终末论的乌托邦主义，进而再转化为世俗的乌托邦，往往有赖于拣选者。

自然地，这并不意味着其中存在着某种连续的演化，而是有一种整体的倾向，其间历经不同的转变和逆转。救赎、权威、反叛、灵恩、预言和政治规划不断地相互交织，因为新精神建立于三个宏大却截然不同的理论之上。第一种模式充分利用了希腊乌托邦主义唯理论者的精神遗产，目的是描述一个以完美城邦（citta perfetta）为基石的社会，但它不过是希朴达摩斯（Hippodamus）和维特鲁威（Vitruvius）思想的复兴，不能成为一种政治行为模型。从意

---

① 他在论证中描绘了东西方教会作为社会组织的主要差别。在奥斯曼土耳其帝国威胁下被彻底挫败的拜占庭帝国，几乎无法与教会的社会组织力量抗衡，这保证了僧侣阶层在面对世俗国家时逐渐获得绝对的支配权。

大利思想家的抽象思考和莫尔的逃避主义，我们被迫走向了闵采尔和荷兰加尔文主义者（Dutch Calvinist）的毁灭终末论，他们鼓吹的是从旧世界的血液和灰烬之中建立一个革新人类的天堂。①

在抵抗卑鄙的世俗王公的巨大战役中，16世纪早期的激进改革者选择采取与其声名显赫的前辈（如胡斯派和塔博尔派）相同的行动。一方面，受卜列东著述间接影响而产生的莫尔的乌托邦思想将会成为西方思想中最有影响力的理论，尽管它极力调和希腊的政制传统和终末论描绘的新耶路撒冷。② 然而，闵采尔的学说成为后塔博尔派（post-Taborite）改革中的激进潮流，因其在德国农民战争和明斯特再洗礼派叛乱（Münster Anabaptist Revolt）过程中显示出的民粹主义和终末论神权底色，它与现代极权主义运动的狂热和暴力程度最为接近。尽管新教教义击败了那些最危险的运动，它仍然难以企及天主教教义在欧洲范围内实现的超越性的"创造社会的力量"，但它可以与国家联盟，在地方范围内创造一个更严苛、更同质化的社会。③

在1755年11月1日万圣节（All Saints' Day）的清晨，葡萄牙首都发生了大地震，接着，海啸和毁灭性大火摧毁了整座城市。数以万计的死者，加上以自然力量在天主教最重大的节日当天摧毁整个城市的显而易见的邪恶，引起了巨大的争议。虔信者可以把灾难归咎于人的罪恶，但这恐怕让启蒙时期的思想家难以信服，他们早

---

① 关于欧洲的宗教改革及其倡议，参 Andrew Pettegree, *Reformation and the Culture of Persuasion*, Cambridge University Press, 2005。

② Frank. E. Manuel, & Fritzie. P Manuel, *Utopian Thought in the Western World*, Cambridge, Massachusetts: The Belknap Press of Harvard University Press, 1979, 1997, p. 114.

③ Cf. Phillip. S. Gorski, "Historicizing the Secularization Debate: Church, State, and Society in Late Medieval and Early Modern Europe, ca. 1300 to 1700", *American Sociological Review* 65, 1, 2000, pp. 138-167.

已永久地摒弃了基督信仰和自然科学联盟之间残存的任何关联。这不可能是一个邪恶之举，因为如果上帝本身即为善，那这一切就不会发生；但它也不可能是自然之举，否则这终将导致上帝与其造物之间的分裂。

在里斯本地震的余波里，泛智主义（Pansophia）融入这全新的日渐世俗化的文化中，其中法国走在最前沿。① 这将在整个欧洲产生极为严重的后果。法国启蒙运动哲人，似乎在抗拒着传统乌托邦学说中幻想的面向，因为这一切无不让他们想到那个宗教的天堂，他们的构思更像是对于理想社会模型纯理论化的探讨（同上，页416）。他们的思想体系追求人的本源的、未经污染的自然状态，或一个有可能废除一切等级、邪恶、美德和财产的世界。那里有足够的时间去施行激进的改革，因为启蒙运动的倡导者似乎更加支持古代命定说的循环神话，而非基督教终末论的进步道路。

然而，他们自己的末世却处于自然之中，处于从创世至鼎盛再到堕落的永不止息的趋势中，这标志着启蒙时代对圣经大洪水的科学分析。无论是在自觉还是不自觉的乌托邦模型中，在这个时而动荡不安的背景下，都从"宁静祥和的静止乌托邦图像"（同上，页458）变成更加栩栩如生的场景，即人生活着并在不断塑造着他的世界，一个不断进步的世界，理性有目的的前进将扫除所有旧的冲突、恐惧、宗教和身份。

与此同时，18世纪后期和19世纪不断重现中世纪异端邪说

---

① Frank. E. Manuel, & Fritzie. P Manuel, *Utopian Thought in the Western World*, Cambridge, Massachusetts: The Belknap Press of Harvard University Press, 1979, 1997, p. 410.

及其历史观。欧洲各地的知识分子都发现了约阿希姆思想的模式和理念。典型的约阿希姆主题包括内在完美的历史时代必将来临的说法，还包括拣选者的精英角色；现代的思想家们终将从中发现他们自己的学说的雏形。这些知识分子的代表就是莱辛，其后期著作就是在维护多元主义价值观和弘扬一元主义倾向之间所做的有趣平衡。饶有趣味的是，莱辛似乎在二者之间举棋不定。在《智者纳坦》（*Nathan der Weise*）中，他接受一元主义框架，同时为自己秉持的多元主义立场致歉。而在《恩斯特与法尔克》（*Ernst und Falk*）① 中，他又支持政治和社会的差异性，最终在其影响深远的著作，也是其最后一部著作《论人类的教育》中，似乎又回到了明显的一元主义立场。在《论人类的教育》中，莱辛提倡一种特定的历史主义自然神论（historicist deism），并为其披上宗教的外衣，还在其中借用和改造约阿希姆主义的"永恒福音"原则。

莱辛本人并非中世纪基督教教义的盲信者，他只是对此谙熟于心，因为他创立了一种不同类型的一元主义。他和他的共济会弟兄生活的时代面临着重大转折，那是第三也是最后阶段的历史即将到来的时代，是检验人的努力是否获得成功的时代。法国实验尝试了所有路径，种种宏大而复杂的、无所不包的哲学体系已经蓄势待发，准备使用某种理论框架② 替代传统的乌托邦主义；该理论框架试图将基督教话语权力囊括其中，并逐渐将其削弱，直至替代它，基督教的话语权力包括了教会的社会组织力量及其系统化的哲学。这些

---

① Cf. Wilfried Wilms, "The Universalist Spirit of Conflict: Lessing's Political Enlightenment", *Monatshefte* 94, 3, 2002, pp. 306–321.

② Frank. E. Manuel, & Fritzie. P Manuel, *Utopian Thought in the Western World*, p. 460.

体系的创造者，要么是上流社会的成员，要么获得上流社会支持，常常是政治上不太活跃的思想家，他们很快就会被行动派所取代，或者更多地躬身实践。这些新晋的职业革命家，将在欧洲历史上书写全新的篇章，他们以国家为己任，引领神圣的国家或拣选的阶层穿过历史的风暴；那时，现存的社会、政治和道德秩序将进行剧烈的重组，从而将暴力、乌托邦理想和鲜明的神学愿景①汇聚起来，成为现代性最为持久的面相之一。

结 论

或许，我们可以说，虔诚的中世纪解经家约阿希姆与无神论者和现代主义理论家之间的相似，不仅在于他们创立了影响深远、充满着救赎意味的目的论历史叙事，还在于他们的信徒对他们著作的阐释方式：他们复杂且多少有些晦涩的正统观念，都在全新的思想体系内生发出各种各样的修改、偏离、曲解、阐释和融合，但都保持其根本不变，或者保持其核心教义的相似。其中的温和派或者寂静主义（quietist）团体相信，巨大的变革将会平静或独立地发生，因为历史的进程终将势不可挡。有人寻求从世界隐退，希冀通过影响他们周围已经腐朽的世界来加速完美时代的来临，从而创造一个全新至善的世界。

最后，还有一些团体相信这样一个时代是永恒的，或许它已经来临，而他们作为新的选民需要去承担作为拯救者的使命，拯救那

---

① 上述观念以及关于自然权利的理论和黄金时代的乌托邦主义与古典共和主义混合，参 Dan Edelstein, *The Terror of Natural Right: Republicanism, the Cult of Nature, and the French Revolution*, Chicago, London: University Of Chicago Press, 2009。

些生活在不真实之中的人。教会作为社会组织而存在，理想符号与这一世俗现实之间的巨大张力，在很大程度上导致了这些异端邪说的产生；这些异端邪说团体坚信内在完美的时代，从而将激进的行为合理化。他们反抗现存秩序，批评教会根基，试图用原初的灵恩派和福音派团体来取而代之。这些冲突通常显示出社会和原初国家的特征，因此导致这些团体反对教会和政府。这些冲突本身和新历史观念的产生，与可实现的世俗或半世俗化的政治乌托邦的出现和日渐流行息息相关。

最终，独属于欧洲的组合——世俗化历史目的论叙事产生了，这是人为努力的结果，同时有理性、自然法和历史唯物主义的助力。当世俗国家与各种宗教改革团体结盟时，一个关键性的转变发生了；结盟的目的不仅在于限制教宗权力，更重要的是抵制诸如约阿希姆主义者、塔博尔派和再洗礼派这样激进的极权主义异端邪说团体，因为这些团体的胜利意味着社会将发生彻头彻尾的变革。宗教从欧洲公共话语中心跌落是缓慢发生的，事实上，教会可以与国家一道对个体生活施加影响，但必要的前提是，它在社会组织方面还未输给日渐强大的对手，尤其是无所不包的各种意识形态还未出现，因为这些意识形态提供了与教会合法性对抗的其他形式以及关于唯一真理和终极答案的替代物。关于世俗主义的本质和欧洲现代性旷日持久的讨论，比此前任何时候都更加重要，同时这也成为洛维特-布鲁门伯格论争框架下讨论的问题。这一讨论在我们这个时代越发受到关切，因为迫于日渐原子化的多元主义的压力，欧洲价值观变得愈发脆弱。因此，当一个社会在寻求关于善的多种多样的——有时甚至相互排斥的——观念时，重新评估基督教的根基与公共的世俗文化之间的互动关系，可能对于一个新的欧洲愿景至关重要。

古典作品研究

樊迟问稼发微

赵国杰

樊迟是《论语》中问仁、问智次数最多的一位弟子,樊迟虽向学,孔子却批评他为小人,可见樊迟这个人物张力极大。尽管樊迟有三次问仁、两次问智,同时却向孔子请学稼,这就让人疑问,樊迟究竟是对仁、智更感兴趣,还是对稼更感兴趣?值得注意的是,孔子批评樊迟为小人,正是在他问稼之后。因而,以问稼为线索,不仅可以理解樊迟这一类人,也可以理解孔子如何看待樊迟及其所问之稼与德性的关系。

樊迟的人物形象

樊须,字子迟,少孔子三十六岁(《史记·仲尼弟子列传》)。樊迟从游孔子时,曾为孔子御车。孔子弟子甚多,有御术者亦不在少数，其中应当有不少想离老师近一些，鞍前马后，以便更多聆听老师教诲，樊迟就是其中之一。

平常与孔子交谈的不只有门内弟子，还有各国的政要，对政治人物讲学问需要极高的语言艺术。比如屡次与自己国君作对的孟懿子，有一天居然跑来问孔子什么是孝，孔子只答了两个字："无违。"孔子当然知道，对孟懿子这种逆君之臣，谈什么孝，可是他毕竟跑过来问了，意味着可能有所反思。孔子只是一时难以判断孟懿子是否诚心发问，所以回以"无违"二字。如果孟懿子真的所有反思，自然会进一步询问，若非如此，二字搪塞过去足矣。

据皇侃疏，孟懿子可能进一步询问的对象正是樊迟，一种说法是因为樊迟与孟懿子"亲狎"，另一种说法是因为孔子与孟懿子对话时樊迟在侧。[①] 从《论语·为政》的记载来看：

> 孟懿子问孝。子曰："无违。"
> 樊迟御，子告之曰："孟孙问孝于我，我对曰'无违'。"
> 樊迟曰："何谓也？"子曰："生，事之以礼；死，葬之以礼，祭之以礼。"

如果前一种说法成立，孟懿子从远处赶来拜访孔子，关系不错且作为孔子弟子的樊迟应当与孟懿子一并面见孔子，或在不远处等候，孟懿子既然有疑惑，在离开孔子与樊迟单独相处时即会表达出来，孔子没有机会向樊迟说明。

问题的关键是孔子为何重复对话经过，并且是在"樊迟御"时。一种可能的解释是，樊迟经常为孔子御车，春秋末期战乱不断，孔子周游列国期间随时可能遇到危险，身为御手的樊迟同时兼具观察

[①] 参见皇侃，《论语义疏》，北京：中华书局，2013，页28。

周围情况、保护孔子安全的职责，对话当天樊迟在侧，孟懿子有疑惑，日后便会向在场的第三人询问。但当时樊迟大概是肩负御手职责，心思单纯，做事不会三心二意，孔子与孟懿子的对话未必听得完整，更未必能留意到二人对话的弦外之音，所以日后孔子会将对话重复一遍。

樊迟正是这样一个得到孔子信任的形象。同时，他也对学问深有兴趣。在整部《论语》中，樊迟有三次问仁、两次问智，是问仁、问智次数最多的弟子。

孔子平时很少谈仁，《论语·子罕》记载：

> 子罕言利与命与仁。

《论语·公冶长》记载：

> 夫子之言性与天道，不可得而闻也。

皇侃疏曰：

> 言孔子六籍乃是人之所见，而六籍所言之旨，不可得而闻也。所以尔者，夫子之性，与天地元亨之道合其德，至此处深远，非凡人所知，故其言不可得闻也。

孔子的性与天道，乃"六籍所言"之所从出，深远高妙非普通人能够理解，所以不可得而闻。"仁"同性与天道不同，并非普通人完全不可得而闻，属于人所能见的范围，二者在这一点上有本质区别。只是"仁"毕竟是抽象的，孔子平常很少谈及。

在这个背景下，樊迟三番五次问仁、问智，孔子竟然从未批评他，皆一一作答，并且每次的回答根据樊迟的具体情况都有所不同。

可以看出，孔子对这位心思单纯、对抽象问题感兴趣的弟子并不反感，甚至有一些喜爱。

樊迟有心向学，然而何为仁、何为智的问题跟御车等具体事务不同，他可以专心于把某个事情做好，这些事情看得见、摸得着，有具体的方法步骤，可偏偏老师十分重视的仁是抽象的，他想实实在在地把握住它，却怎么想都想不明白，只好一遍遍地问老师。让他更头疼的是，老师每次对这个抽象观念的回答都不一样。

在《论语·雍也》中：

> 樊迟问智，子曰："务民之义，敬鬼神而远之，可谓智矣。"问仁，曰："仁者先难而后获，可谓仁矣。"

樊迟的问法值得关注，他没有从什么样的行为可以称为"为智之道"[1] 这种具体的角度发问，从孔子回答的内容与限度来看，樊迟当时问的应该是何为"为智之道"，从"是什么"的角度对一个抽象观念发问。在孔子的回答中，"鬼神"尚且属于一个大家都心照不宣、谁都看不见的对象，"民之义"则更是个抽象观念。从一个抽象观念到另一个抽象观念，樊迟应该没有充分理解老师的回答，也没有给自己仔细思考的时间，一口气要把另一个抽象观念"仁"也一起问了。樊迟的问法没有变，孔子回答的角度却出现了变化，这句话用"可谓仁矣"作结，可是这个十分确定的回答对应的只是一个做事情的先后顺序，连方法都算不上，更不要说与上句回答中"为智之道"的内容与限度比较了。孔子罕言

---

[1] 皇侃将樊迟所问之智解释为"问孔子为智之道"。参见皇侃，《论语义疏》，前揭，页143。

"仁",但在这里却用关于"仁"的明确判断去对应做具体事情的顺序,这样的对应实在应该引起注意。同时,樊迟用同样的问法得到了两种类型完全不同的答案,前一个答案放之四海而皆准,是从为政者的宏观视角,回答的是"××之道",后一个答案涵盖范围十分有限,对应的是某个人做具体事情,前后的差异也的确太过明显。

考虑到这是一场对话,根据樊迟的情况,在问了"什么是为智之道",得到充分解答却并未满足后,紧接着又问了另一个同样抽象的问题,说明樊迟没有能力理解这样的抽象问题。因此,孔子后一个回答正是要教育樊迟,不要总是为抽象问题苦恼,也不能总想着先从"××之道"的角度进入问题,而要去做一些有难度的事情,尔后"得禄受报",① 这就可以称为仁了。"得禄受报"对应的显然不是思考问题上的难度,而是做具体事情上的困难。"可谓仁矣"这句明确判断与做事顺序之间不协调的对应,在樊迟这个具体人物身上,在对话的此情此景中清晰可见。

以上判断在《论语》中另两处可以得到验证。在《论语·子路》中:

> 樊迟问仁。
> 子曰:"居处恭,执事敬,与人忠。虽之夷狄,不可弃也。"

樊迟这次问仁,孔子直接告诉他具体的行事原则。

在《论语·颜渊》中,则表现得更为明确:

> 樊迟从游于舞雩之下,曰:"敢问崇德、修慝、辨惑。"
> 子曰:"善哉问! 先事后得,非崇德与? 攻其恶,无攻人之

---

① 皇侃,《论语义疏》,前揭,页143。

恶,非修慝与?一朝之忿,忘其身,以及其亲,非惑与?"
>樊迟问仁,子曰:"爱人。"
>问智,子曰:"知人。"
>樊迟未达。
>子曰:"举直错诸枉,能使枉者直。"

樊迟这一次从个人修身的具体事情出发进行发问,受到了孔子的表扬。在整部《论语》中,孔子表扬弟子的情况并不多,此处对樊迟的表扬,表明孔子十分肯定樊迟的处世。不仅如此,前一处孔子回答樊迟"居处恭,执事敬,与人忠",这些都属于跟别人相处的范围,在孔子看来,在待人接物的具体方法上指点樊迟,更符合樊迟的情况;而在此处樊迟由待人接物进一步深入到个人内在修身,表明樊迟的思考有所深化,所以才受到孔子表扬。孔子下一句回答值得品味,"修慝、辨惑"中的"慝"与"惑"是人内心中的具体状态,而"崇德"的"德"与"仁"一样,属于观念范畴,因此孔子用"先事后得"回答"崇德",与《论语·雍也》中用"先难而后获"回答"仁"一致。

更值得品味的是樊迟此处为什么又问"仁"。他首先问如何能做到或什么是"崇德、修慝、辨惑",在受到表扬与明确回答后,紧接着又问仁,说明樊迟没有理解做此三事的发端,即为什么要"崇德、修慝、辨惑",也就不会理解此三事与"仁"的关系。因此,在"樊迟未达"后,孔子又从具体事情上教导樊迟。据朱熹疏,"使枉者直,则仁矣。"[①] 在朱熹看来,孔子的意思是,做"使枉者直"这类事情,就可以称为"仁"了。

---

① 朱熹,《四书章句集注》,北京:中华书局,1983,页139。

可以看出，樊迟始终关心着孔子的"为仁之道"问题，在孔子告诉他要先从具体事情着手后，他也开始关注具体行事方法，但是又无法理解具体事情与"仁"的关系，无法理解"道之迹"与"之道"的关系。换言之，当他去思考"为仁之道"一类问题的时候，无法开物成务、化之于用，当他在做具体事情时，又无法与"为仁之道"关联起来。

樊迟何谓小人

关于樊迟这个人物，经学讨论中关于其问稼的分歧最多。其中比较有代表性的有避世隐逸说、神农所事之说、君子所务之要说。

这段对话出自《论语·子路》：

> 樊迟请学稼，子曰："吾不如老农。"
> 请学为圃，曰："吾不如老圃。"
> 樊迟出。
> 子曰："小人哉，樊须也！"

清人刘宝楠《论语正义》疏曰：

> 当春秋时，世卿持禄，废选举之务，贤者多不在位，无所得禄。故樊迟请夫子学稼学圃，盖讽子以隐也。[1]

孔子本人十分重视隐士，在此显然不是讽刺真正的隐士。按照刘宝楠的说法，孔子讽刺樊迟这种消极避世的隐逸，樊迟因为禄位

---

[1] 刘宝楠，《论语正义》，北京：中华书局，1990，页524。

与贤愚不符，萌生了隐逸的想法，不过他还想着隐逸后，自己如何能在一块无人开垦的土地上吃饱饭的问题，所以请学稼学圃。这一说法将樊迟描绘成一个完全为个人生存考虑的小人，这并不符合孔子文中小人的原意。根据后文，在孔子看来，樊迟并非因为只关心自己的生计问题而请学稼，他在关心与民的关系。因此，避世隐逸说不能成立。

宋人郑汝谐将其视为神农之学，认为樊迟请学稼并不为过：

> 樊迟请学稼圃，即许行君民并耕之学也。行之学自谓出于神农，夫子之时，其说虽未炽，樊迟得之亦以为神农之学，故欲学稼学圃，而不厉民以自养也，不然则士而不仕，欲躬稼圃之事，亦未为过。圣人不应深斥之，而亦不必及于上好信、好义、好礼也。①

郑汝谐认为樊迟作为士，事神农之学，则可以不厉民而自养，这没什么错。

君子所务之要说影响甚广，古今注疏家均有持此说者，虽然具体侧重有所不同，但基本上是围绕君子应该有当务之要展开，因此大体可归于君子所务之要说。在此仅列举代表性的几种说法。皇侃引东汉初年经学家包咸注曰：

> 礼义与信，足以成德，何用学稼以教民乎？②

北宋学者邢昺在《论语注疏》中说：

---

① 郑汝谐，《论语意原》，文渊阁四库全书本。
② 皇侃，《论语义疏》，前揭，页330。

> 此章言礼义忠信为治民之要……弟子樊须谓于夫子学播种之法，欲以教民也……樊迟既请而出，夫子与诸弟子言曰"小人哉，樊须也"，谓其不学礼义而学农圃，故曰小人也。①

北宋理学家杨时在其著作《龟山集》中说：

> 樊迟请学稼学圃，如何？曰："此亦非为利也。其所愿学，正许子并耕之意，而命之为小人者，盖稼圃乃小人之事，而非君子之所当务也。君子劳心，小人劳力。"②

今人杨伯峻先生只是将原文译成白话文，并未进一步说明：

> 樊迟请求学种庄稼……孔子道："樊迟真是小人！统治者讲究礼节，百姓就没有人敢不尊敬；统治者行为正当，百姓就没有人敢不服从；统治者诚恳信实，百姓就没有人敢不说真话。做到这样，四方的百姓都会背负着小儿女来投奔，为什么要自己种庄稼呢？"③

在以上说法中，汉人包咸与北宋邢昺所理解的君子首先应该是教人者。邢昺与杨时同处北宋，邢昺处北宋前期，学术路径以注疏为主，其所疏《论语注疏》《尔雅注疏》《孝敬注疏》均收入清阮元校刻的《十三经注疏》中；杨时处北宋中后期理学兴起之时，杨时本人亦是研究、传播理学的大家。在杨时看来，劳心者就应该统治，劳力者就应该被统治，他的思考视野里已经排除了这个"应该"为什

---

① 邢昺疏，何晏注，《论语注疏》，北京：北京大学出版社，2000年，页195。
② 杨时，《龟山集》，文渊阁四库全书本。
③ 杨伯峻，《论语译注》，北京：中华书局，2012年，页187。

么会成立的问题。这显然收窄了樊迟的视野。在今人杨伯峻先生的译文中，似乎君子天生就成了统治者，让读者更加疑惑的是，为什么讲究礼节，百姓就没有人敢不尊敬呢？百姓到底是发自内心尊敬统治者，还是碍于等级尊卑的礼节不得不表现出对其统治身份、地位的尊敬？这就给反对者留下口实，封建时代的统治者难道不是以礼节束缚百姓的思想，从而达到施行强力统治的目的吗？

要解开这些难题，必须回到樊迟本人的视野。粗看上去，神农所事之说、君子所务之要说涉及的问题较为类似，只是理解角度有所不同：其一为君子应该有所学，学的内容有区别；其二为君子与民的关系，"教民"还是"厉民"，进一步涉及神农所事之说中关注的君子是否应该自养的问题。

宋人郑汝谐认为，作为士就应当有所学，可见有所学是士区别于百姓的重要特征。既然如此，樊迟请学稼圃以自养，而不靠"厉民"生活，减轻了百姓的负担，这有什么过错呢？孔子不应该"深斥之"。这种观点中隐藏着一个问题：士可以靠百姓供养而生活。

士与百姓都是一种身份，身份的背后同样是生物意义上的人。按照郑汝谐所说，二者之间的区别在于所从事内容不同，士有所学，百姓从事具体事务，那么，如果士所学为务农，且用来自养，而不是用来帮助农人改进耕种技术，为民谋利，那么士凭什么可以依靠百姓供养来生活？可以看出，在郑汝谐所处的北宋，士作为一种身份，可以被百姓供养，已经成了天经地义的事。这同样给反对者留下了口实：统治者是靠统治者的身份剥削百姓的。

郑汝谐的解释虽然不成立，却可以将我们引入樊迟的困惑，即同样是人，君子跟百姓在生物意义上是平等的，凭什么君子无需与百姓并耕，反而可以依靠百姓的供养生活？以及问题的另一面，如果士及其对应的官员不得不依靠百姓通过纳税等方式供养，那么士与官员岂不是处于理应为纳税人提供更舒适服务的从属性地位？

在樊迟那里，解决这些问题的最好方式是学稼圃，他学稼圃的目的是教民，不像郑汝谐所说用以自养，其主要目的是通过传授更先进的稼圃技术为百姓谋口腹之利，这就可以配得上君子的称号或士的身份。

若是樊迟按照自己的思路施行，放在当今他应该算得上是个好干部，为何孔子却批评樊迟是小人？

首先，樊迟以教民稼圃而非以"德"为君子所务之要，表明他未能理解在口腹之利之上，人应该有更高的追求，他觉得吃饱穿暖就足够了，并认为其他人也应该如此。因此孔子称樊迟为小人。

其次，以上与樊迟屡次问"仁"却始终不得其要的行为相互连贯，他关心抽象的"仁""德"，却始终不知道如何做才算得上"仁""德"。于是在另一面，樊迟已经意识到自己与百姓是平等的，而从"他想要给百姓带去什么"来看，他又觉得自己与百姓不平等。此处的不平等不仅指向时间顺序上的先前、因果关系中的因，更突出的是其来自外在，很可能是一种身份上的不平等。孔子随后话语中的"上"与"民"身份上的差异，印证了这种可能性。根据所处时代，樊迟首先接受了君子的称号或管理者的身份，面对其应该被百姓所养的问题，他感到愧疚。因此，樊迟要教民以稼圃，并非出自对同胞的眷顾，而是想要得到百姓的承认，以配得上君子的称号或士的身份。所以孔子称樊迟为小人。

第三，如果百姓真的把能够带来口腹之利的樊迟当成最好的君子或管理者，那么百姓自然就会把接下来让他们吃得既饱又好、穿得既暖又轻便的人称为更好的君子或管理者。换言之，樊迟使百姓混淆了口腹之利与好本身，这是将百姓带入了歧途。因此，孔子在其他弟子面前批评樊迟为小人。就此而言，称"圣人不应深斥之"的郑汝谐站在农家的角度，并未理解孔子原意。

《论语》中共有两处记载了弟子问稼，南宫适与樊迟形成明显对比，孔子在听到南宫适将躬稼放在了"有天下"层面来谈后，表扬了他。在《论语·宪问》中：

> 南宫适问于孔子曰："羿善射，奡荡舟，俱不得其死然；禹、稷躬稼而有天下。"夫子不答。
>
> 南宫适出。子曰："君子哉若人！尚德哉若人！"

同是问稼，同是在其他弟子面前，为什么孔子批评樊迟是小人，而赞扬南宫适是"君子"且"尚德"？

历代方家多以德力之辨注解南宫适问稼一节。如皇侃认为，作为统治者，羿擅长射箭，奡精于水战，他们都不得善终，禹与稷，"二人不为篡，并有德为民"，得以统治天下。①

南宫适原话说的明明是"禹、稷躬稼而有天下"，为什么皇侃称之为"有德为民"？与樊迟问稼对比来看，就会发现，樊迟传授稼圃，是想要有利于民，而"禹、稷躬稼"虽然被理解为"有德为民"，却也以有利于民为基础。于是，问题的要害就在于分辨有利于民的出发点，樊迟不过是想要通过传授稼圃，使得自己被百姓承认，这指向了自身之外的某种东西，"禹、稷躬稼"则是出于对百姓的眷顾。也就是说，禹、稷二人是出于"德"本身而非其之外的其他目的——比如被百姓承认——选择自己的行为。换言之，他们并不必然为百姓谋利，他们只是不忍看到百姓生存艰难，所以选择"躬稼"，若某一天，治下百姓出现瘟疫或被外邦入侵等情况，

---

① 参见皇侃，《论语义疏》，前揭，页353。

他们同样会尽己所能,想办法使百姓免于苦难。

樊迟无法理解这种眷顾,他站在绝对平等的视角,始终只想自己如何能够衬得上被百姓供养一类的问题,这无法避免地指向人最基本的生存。此间,他聪明地想到了,在基本生存领域,推至极处,便是传授百姓更便捷、高效的技术用以提升生存或生活质量。

礼义信何以成德

孔子在其他弟子面前批评樊迟后,紧接着说:

> 上好礼,则民莫敢不敬;上好义,则民莫敢不服;上好信,则民莫敢不用情。夫如是,则四方之民襁负其子而至矣,焉用稼?(《论语·子路》)

东汉经学家包咸注曰,"礼义与信,足以成德,何用学稼以教民乎?"三国时的何晏、北宋的邢昺、苏轼皆认同此说。[①] 孔子原话中并未出现"德",况且孔子并不轻易言说"仁""德"等抽象观念,为什么此四家如此明确地将孔子所说的"礼义信"与"德"关联起来?二者之间是什么关系?

此四家都用"成"字连接二者。许慎《说文解字》以"就也"解释"成",将"就"解释为"高也。从京从尤。尤,异于凡也。"

[①] 参见何晏,《论语集解校释》,高华平校释,沈阳:辽海出版社,2007,页249;邢昺疏,何晏注,《论语注疏》,前揭,页195;苏轼,《礼义信足以成德论》,收于《苏轼文集》,北京:中华书局,1986,页46。

"京"则是"人所为绝高丘也"。① 从这一系列解释可以看出,其一,"成"的一边是"人所为",是人制作所得,并非自然就有的;其二,"绝高"与"异于凡"表明与普通的有所不同,其不同之处在于当时没有更高的;其三,"就"字字形的左右结构与"从…从…"的解释表明左右两边相称,而"高丘"与"异于凡"显然并不属于同一类,"高丘"是有形的、肉眼可见的,"异于凡"显然是一种抽象表达,这表明"成"或"就"可以将具象与抽象的双方连接起来。

回到前后文中,"成"字的一边是由人所创制的"礼义信",是一种可以遵循的有形规范,② 与之相称另一边的"德"则是一种抽象观念,二者通过"成"字联结。其中更耐人寻味的是,"人所为绝高丘"是受时间限制的,这一时的"绝高",在这一时以前和以后都未必是"绝高",意味着"礼义信"与"德"并非全然相称,只在某种特定的时机下成立。

明末清初学者毛奇龄在《四书剩言》中认为:

> 迟以为世好文治,民不信从,不如以本治治之,此亦时近战国,几几有后此神农之言之意,特非并耕耳,然而小人之用矣。③

在毛奇龄看来,樊迟问稼这件事,不仅体现了樊迟不信从文治,把稼圃当作为治之本,更反映出在几近战国的当时,出现了

---

① 此三字分别见许慎,《说文解字》,北京:中华书局,2013,页310,页106,页106。

② 苏轼将此处的"义"理解为"君子以义处天下之宜","义"在此处不是抽象的,而是一种可以遵循的规范。

③ 毛奇龄,《四书剩言》,收于《儒藏》第一二〇册,北京大学《儒藏》编纂与研究中心编,北京:北京大学出版社,2013,页44。

想要继承神农之言的社会倾向，因此孔子特地借此事排斥神农代表的"并耕"等小人之用。孔子既然排斥了小人之用，如何看待与之相对应的大人之事，毛奇龄没有进一步探究。

将其中道理讲得最透彻的，当属苏轼，他在《礼义信足以成德论》中说：

> 后世学衰而道弛，诸子之智，不足以见其大，而窃见其小者之一偏，以为有国者，皆当恶衣粝食，与农夫并耕而治，一人之身，而自为百工。盖孔子之时则有是说矣。夫樊迟亲受业于圣人，而犹惑于是说，是以区区焉欲学稼于孔子。孔子知是说之将蔓延于天下也，故极言其大，而深折其词。

苏轼以更宽广的视角表明了当时的处境，毛奇龄的理解被囊括其中，作为诸子的农家只是窃见其小者的某"一偏"，表现出想要通过与农夫"并耕"达到治天下的目的。可是以一人之身，如何能够变身百工？樊迟贴身跟从孔子学习，尚且被农家说法迷惑，何况天下众人？而且，不见其大的诸子，像农家一样，各自执自家之所偏。孔子担心这些学说传播后迷惑天下人，因此防微杜渐，在这里"极言其大"，强调由人所创制的"礼义信"就足以"成德"，将抽象的"德"显化成在上者可以去遵循的规范。

深究下去，"礼义与信，足以成德"既然是孔子在某一时关于创制的规定，此处就隐藏着无法敉平的深渊——"礼义信"并不必然"成德"。孔子将其大处言至极，把这个关于创制的规定说的足够笃定，以图遮蔽这个深渊，所以苏轼说"深折其词"。"折"有叠的意思，可以引申出遮蔽的含义，苏轼认为孔子在这里深深遮蔽了其中的意思。

我们不禁想要探究，在苏轼看来，孔子此处所"折"的是什么？前文中《礼义信足以成德论》的引文，是苏轼当时背景的概述，关于"大人之事""小人之事"的关系，在此段之前，文章开头处有详细论述：

> 有大人之事，有小人之事。愈大则身愈逸而责愈重，愈小则身愈劳而责愈轻。綦大而至天子，綦小而至农夫，各有其分，不可乱也。责重者不可以不逸，不逸，则无以任天下之重。责轻者不可以不劳，不劳，则无以逸夫责重者。二者譬如心之思虑于内，而手足之动作步趋于外也。是故不耕而食，不蚕而衣，君子不以为愧者，所职大也。自尧舜以来，未之有改。

通常意义上，"天子"① 与"农夫"是两种不同身份，有上下之分，苏轼没有用上、下，而是用大、小来形容这两种身份，表明在他看来，在一个共同体中，不同的人首先应根据其天性承担不同的职责，身份作为与所承担职责相关的附属性问题，此处并未过多谈及。就其在共同体中所承担职责而言，责任重的是"大人之事"，责任轻的是"小人之事"。如果天性上属于责重者去从事体力劳动，就没有多余的精力从事思考，以担起更重的责任，天性上属于责轻者应该从事体力劳动，供养责重者，使其有闲暇，二者之间就像心与手足的关系一样。因此，君子不应该为被百姓供养而感到羞愧，因为他们所担之责远远重于耕而食、蚕而衣。

苏轼的比喻妙处在于掩盖了其中的诸多细节，他同样在维护孔子所极力遮蔽的深渊。手足与心天然处于同一个人体之中，无法分开，手足与心是不同的部分，人体若无心就无法存活，而人体若无手足却仍能存活，只是生活会受到限制；这意味着心与手足之间有

---

① 此处的"天子"不能直接理解成皇帝，这里指的是履行天子职能的人。

天然的不平等。可是，有智慧的人与从事体力劳动的人未必天然处于同一个共同体中，他们甚至有可能各自散居；更重要的问题是，在生物意义上，二者是平等的。如果人们从散居状态走到一起，由于天性不同，必然会打破之前的平等状态。苏轼在论述中区分了"大"与"小"，有能力并且心系天下者为"大"，致力于耕食、蚕衣则为"小"，他用每个个体对共同体贡献的"大、小"所区分出来的社会性不平等，代替了共同体中因天性不同造成的绝对不平等。人们如果从各自平等的散居状态进入到这个共同体之中，就意味着甘愿接受这种社会性不平等，因此也就不存在责轻的农夫与责重的君子攀比是否并耕、君子愧于被农夫供养的问题。这层意思苏轼并没有明说——虽然他已经意识到人们主动选择进入这个共同体的动机是决定性的，他只是将这个问题归于祖先的创制——"自尧舜以来，未之有改"。

与苏轼相比，孔子对这个过程的说明相对明确。前引中孔子所说"夫如是，则四方之民襁负其子而至矣"，"四方之民"有可能是其他共同体中的民，这就意味着在所有的共同体中，这个共同体是最好的，一个已经处于某个共同体中的民会更倾向于选择这个共同体。对于现代人来说，我们不得不考虑的题外话是，他们也有可能是散居之民，倘若是一个尚处于散居状态的潜在的民，如果他"襁负其子而至"，就意味着他愿意主动放弃原先的自由状态，并接受这种有上下之分的社会性不平等。

这里要再强调，人在最开始的时候很有可能是各自散居的自由状态，并无平等或不平等可言，如果要组建一个共同体，这些自由的人因为都同样是人，必然也是平等的，共同体需要所有成员基于平等的同意。但这个假设的共同体并非理想的共同体。理想的共同体至少应该区别于不理想的共同体，比不理想的共同体更好，其中的成员也应当具备区分好坏，以及区分好坏共同体的能力。既然如此，如果一个或诸多散居的人想要进入共同体——无论这个共同体处于筹划阶段还是已经存在，他会主动选择而非只是出于平等的同意，平等的同意仅仅意味着可能，并非可欲，即他不会没有缘由地结束自由状态，除非他或他们出于某些原因——比如出于安全考虑——不得不进入共同体，但不得不进入的共同体显然不可能是最好的共同体。一言以蔽之，孔子和苏轼根本就没考虑过那个不得不进入的共同体，他们关注的是人应主动选择的那个好的共同体。

而问题在于，并非所有人都天然具备区分好坏的能力，就连经过孔子教化的樊迟也仍然以稼圃为重，那么孔子所说的"四方之民襁负其子而至矣"，是已经将这些人排除在外，还是认为他们可以随大流"而至"？如果是后者，他们并未经过主动选择"而至"，甚至连同意与否也未可知。两千多年前，孔子选择"深折其词"，近一千年前，苏轼通过比喻再一次掩盖了其中的困难，在今天，我们被迫一层层打开其中的褶子，去考虑那些不理想的情况为什么是不好的。

当然，还有另外一种可能，苏轼的论述已经涵盖了孔子没有说明的前提，"四方之民"指的是经过尧舜等先圣教化的民，他们已经具备了区分好坏的能力，樊迟问稼只是特殊时期出现了可能破坏这个传统的倾向，因此，苏轼说孔子"极言其大，而深折其词"。

论卢梭的《萨瓦代理本堂神父的信仰自白》

吉尔丁（Hilail Gildin）撰
黄文力 译 隋昕 校

[译按] 作者吉尔丁的手稿于 2016 年夏季由安德烈亚基奥（Marco Andreacchio）提交给《解释》（*Interpretation*）学刊。安德烈亚基奥是吉尔丁的密友，他从吉尔丁那里收到了这份手稿。在此感谢安德烈亚基奥博士仁心宽爱，将其公之于众。脚注和文献编制为编者所加。

卢梭将《萨瓦代理本堂神父的信仰自白》（*Profession of Faith of the Savoyard Vicar*）描述为他所有作品中最重要且最有益处的一篇。卢梭十分强调这一点。在《一个孤独漫步者的遐想》中，卢梭这样描述《萨瓦代理本堂神父的信仰自白》：

尽管遭到了现今这一代人的恶毒攻击和亵渎，但是，一旦良知

和信仰复活,它终有一天会在人们的心中引发一场革命。(I 1018)①

当卢梭在《致博蒙书》(Letter to Christophe de Beaumont, archbishop of Paris)中提及这篇作品时,他也表达了同样的重视:

> 另外,我要告诉你,我为何发表了《信仰自白》,又为何始终认为它是我本世纪出版的最好、最有用的作品,即便它遭受了这么多的谩骂。(IV 960)

卢梭希望《信仰自白》产生何种极端重要的现实后果呢?他又希望《信仰自白》在人类事务中带来怎样的"革命"?在卢梭之前,已有许多启蒙思想家对宗教不宽容和宗教迫害发起了猛烈且颇具影响的攻击。但是,那些攻击——比如伏尔泰发起的有名的运动及其口号消灭败类——威胁说,要消灭的不仅仅是不宽容,还包括宗教本身②以及基督教信仰③。伏尔泰的确反对某些启蒙思想家有关无神论的过分言论,但人们很难想象,真正的虔诚信徒会崇拜那些在伏尔

---

① 卢梭原文后附加的文献编码依据的是七星诗社版的卷数和页数(*OEuvres complètes*, 5 vols., ed. Bernard Gagnebin and Marcel Raymond [Pleiade: Paris, 1959 – 1995])。《爱弥儿》的文献编码依据的是 *Emile, Or On Education*, trans. Allan Bloom (New York: Basic Books, 1979)中的页码。[译注]文中所引中译见:卢梭,《一个孤独的散步者的梦》,李平沤译,北京:商务印书馆,2008,页32。

② [译注]原文中,religion 一词出现了单复两种形式,因此,译者在中文表述上也有所差异,将单数的 religion 译为"宗教本身",复数的 religions 译为"宗教",或者"那些宗教"。

③ [译注]原文中出现的 Christianity 均翻译为"基督教信仰"而不是"基督教",具体含义需放在上下文中体会。译者对此的理解是,吉尔丁在后文中将其区别于基督宗教(Christian religion),或许是想以"基督教信仰"意指区别于其他宗教的宗教信仰形态,以"基督宗教"意指存在于基督教内部的不同教派。

泰毁灭性的论证中存活下来的"钟表匠和警察"的神灵。而卢梭的意图则在于，他要在不摧毁基督宗教（Christian religion）的情况下，消灭他所了解的基督教信仰中的不宽容。萨瓦代理本堂神父充满激情的发言想要达成的实际效果，并非以自然宗教取代在卢梭那个时代所有占据领导地位的那些基督宗教，而是去鼓励这些宗教的追随者，在继续虔诚地实践教义的同时，使自己摆脱在卢梭看来残酷的信条：那些没有宗教信仰的人，乃至与自己信仰不同的人，除了极少数的例外，都注定要受到永罚，且罪有应得。宗教势力当初烧毁了卢梭的著作，并威胁要逮捕他，以此来激烈反对他，但如果看一眼那些宗教的现状，就会知道，卢梭期待的"革命"已经在很大程度上确实发生了，至少在这世界上的一部分地方是如此。

波埃尔·马森是研究《信仰自白》和卢梭的整体宗教思想的最受尊敬的学者之一。他关于卢梭宗教观的三卷著作以及他对《信仰自白》的评注发表于20世纪初，并被视为卢梭研究的经典之作，[1] 至今仍被引用。下文在尝试界定萨瓦代理本堂神父的宗教观点在何种程度上与卢梭一致时，我将频繁引用马森的著作。马森除了学识极其渊博外，还敏锐地发现了《信仰自白》与卢梭其他作品中的观点之间明显的不一致和许多重要的细微差异。不过，他并不相信卢梭自己也意识到了这些差异。施特劳斯的两篇关于卢梭的文章有助于提醒我们，卢梭对自己所做的一切了然于心。下文会经常提及马森的观点，但有时也会对其

---

[1] Pierre Maurice Masson, *La religion de J. J. Rousseau*, 3 vols.（Paris：Hachette, 1916）; Masson, *La "profession de foi du Vicaire Savoyard" de Jean-Jacques Rousseau*, critical ed. with introduction and historical commentary（Paris：Hachette, 1914）.

提出异议。卢梭的《信仰自白》感染了伏尔泰、狄德罗（Diderot）及其他与之争论过的启蒙思想家和一般读者，现在，我将仅仅引用马森对卢梭此种强大感染力的描述。

> 当人们听说让-雅克（Jean-Jacques）将帕斯卡（Pascal）的《思想录》以他的方式改头换面时，可能会耸耸肩，并谴责这种"好辩家聚会"（philosophists party）的错误行径。但人们也会对他无限地感激，因为他没有伪善的模棱两可，而是以一种英勇的坦率凸显出臭名昭著之事的"荒谬之处"：匿名的讽刺文章具有欺骗性，并总是会推卸责任，而不可能拥有像这样一本书的公共影响力——这本书在它的第一页骄傲地署上了一个著名的名字，并于数周内在书店里公开发售，盗版商使它的文字广为流传，真诚、严肃和雄辩则加速了它的成功。①

《萨瓦代理本堂神父的信仰自白》出现在《爱弥儿》第四卷。这是卢梭对爱弥儿的宗教教育的一个示范。在此之前，遵照卢梭的禁令，即导师只有在他的学生有能力理解某事后才可以教授他某事，因此，爱弥儿对宗教尚一无所知。而在爱弥儿将被教授的内容中，或者更恰切地说，在他将接触到并被要求去独立判断（judge）和决定（decide）的内容中，最重要的是通过培养理性的实践所掌握到的自然宗教。在卢梭看来，这也证明，不应该更早告诉爱弥儿任何有关上帝的知识。在卢梭所处的时代，这不是孩子们小时候通常被教导学习启示宗教的方式，因此，相当多《爱弥儿》的读者对此感到震惊。

---

① Pierre M. Masson, "Rousseau et la restauration religieuse," *La religion de J. J. Rousseau*, vol. 3, p. 32.

《爱弥儿》到此处便为止了，爱弥儿仍没有学到道德之基础的详细解释，尽管卢梭在为了影响爱弥儿的道德发展而为他安排人生经历的过程中，已经向读者透露良多。《信仰自白》是爱弥儿第一次听到对道德和宗教之基础的详细讨论。它比爱弥儿的性觉醒稍早一些出现，而后者将使爱弥儿在导师指导下开始寻找一位妻子，同时变得对他人感兴趣，并开始关心他人。正如我们将要看到的那样，爱弥儿与那位聆听《信仰自白》的年轻人十分不同，但他们都处于卢梭称之为"沸腾的热血开始使他的灵魂趋于活跃，而又不至于为感官的狂暴所奴役的幸福岁月"（IV561；B263）。①

不同于爱弥儿，那位聆听《信仰自白》的年轻人处于沦为一个彻彻底底的恶棍的危险中。在萨瓦代理本堂神父发言的序言部分，这位年轻人告诉我们，他如何深陷如此险境，而人品极佳同时也恰巧是天主教神职人员的萨瓦代理本堂神父又是如何将他从这种命运中拯救出来的。年轻人讲述的这一故事松散地——但也仅仅是松散地——基于卢梭自己的人生中发生过的某件多少有些相似的事情，这个故事说明了这位年轻人被引向深渊边缘的原因，并描述了神父的讲话如何拯救了他的灵魂。这段叙述中占据最大篇幅的是"萨瓦代理本堂神父的信仰自白"，而这篇饱含热情、感人至深的发言帮助这位年轻人回到了一种更健康的状态。

这位年轻人早在被一场可能使其道德彻底崩塌的危机压垮前，就已经陷入了困境。卢梭以寥寥数笔刻画了这一困境及其后果：

> 三十年前，在意大利的一个城市里，有一位背井离乡的年

---

① ［译注］《爱弥儿》部分的中译参考的是李平沤的译文（卢梭，《爱弥儿》，李平沤译，北京：商务印书馆，2014），部分文字有所调整，读者可自行查阅。如无特别需要注意的地方，下文将不再作说明。

轻人穷困到了极点。他出生时信奉的是加尔文教,后来由于一时糊涂,他流落异乡,又谋生无术,为了糊口,他转而皈依了其他宗教。那座城市有一个为改宗者设立的救济院,他被收容在那里。那里的人们在教他认识宗教争论的过程中,使他产生了从未有过的怀疑,并使他认识了前所未知的邪恶。他听说了新奇的教理,看到了更新奇的道德风尚。他看到了这一切,并险些沦为受害者。他想要逃跑,人们就把他关起来;他口出怨言,人们就惩罚他。在暴虐的人们的摆布之下,这位年轻人发现自己因不愿犯罪反而被当作罪人对待。

初次遭受暴力和不公正的滋味将对一个没有经验的年轻人的心灵造成怎样的冲击,亲身经历过的人是体会得到的。怨恚之泪从他的心底涌出,义愤之情使他窒息。他求告上天;他向世人诉苦,却无人倾听。他只看到,卑鄙的仆从们臣服于那些对他施暴的恶徒;同一罪行的帮凶们讥笑他的抵抗,并驱策他照着模仿他们的样子。要不是一位体面的神父因故来到这家救济院,他也许就完全葬送在那里了。(IV 558-59; B 260-61)

这位神职人员就是萨瓦代理本堂神父。他一了解到这位年轻人的窘境,就冒着相当大的危险,帮助他脱离虎口。

在逃离后,这位年轻人很快又变得一贫如洗。在极度的贫困和救济院经历的共同作用下,他与生俱来并构成其道德取向的信念快要土崩瓦解、消失殆尽了。他开始认为,道德和宗教只不过是海市蜃楼、一场骗局,而所有的人都堕落邪恶。在饥寒交迫、走投无路之下,年轻人向神父求助。神父诚挚地款待了他,敏锐觉察到了他深陷其中的精神危机,并着手将他解救出来。神父为他找了一所住处,还和他分享本不富余的口粮。卢梭描述了神父如何重振年轻人尊敬人类的能力，并点燃他争取值得尊敬的事物的希望。但这些还不够。这位年轻人的道德信念与他的宗教信仰密切相关，救济院的经历瓦解了他之前的信念，而他并未真诚皈依的另一宗教也没能重塑他的信念。此外，他如今钦慕的美德似乎要求他放弃追寻人们通常理解的幸福（这种幸福由财富、权力和荣誉提供），或者说，至少会使他在追求这种幸福的追逐中处于不利地位。当这位既不富有又无权势、在教会中也并不显要的神父声称自己是幸福的时，这位年轻人实在对此感到困惑。《信仰自白》就是这位神父关于自己为何幸福的解释。此外，神父若无其事的态度，以及当年轻人对他的新信仰提出反驳时，神父时不时流露出明显的赞同之色，也令年轻人困惑不已。与此同时，年轻人又不禁注意到，神父无论在私下还是在公共场合，都一丝不苟地履行着他的宗教义务。《信仰自白》也意欲对此做出解释。在《信仰自白》的结论部分，萨瓦代理本堂神父建议这位年轻人不要继续流浪，而是回到他的民族和他们所践行的宗教中来。

在拯救这位年轻人的最后阶段，萨瓦代理本堂神父以饱含热情又感人至深的演讲，向他解释自己的信仰。他精心挑选了演讲的时间和环境——此后表明，这是十分重要的。

> 那时正值夏天。我们刚一天亮就起身。他把我带到了城外的一座高山上，波河在山脚下奔腾而过，冲刷着两旁肥沃的河岸。远处，巨大的阿尔卑斯山脉为这片土地加冕。旭日照耀着原野，在地上投下树木、葡萄园和房屋的长长阴影，用千万道光辉装点着这幅我们人类的眼睛所能看到的最美丽的图画。我们可以说，大自然之所以这样把它整个的灿烂景象展现在我们眼前，是为了要我们以它为我们谈话的文本。（IV 563；B 266）

从神父的演讲中我们了解到，他经历了比年轻人更深刻的信仰危机。他的演讲告诉年轻人和我们，他如何克服了危机，以及在这个过程中，他最终又信仰了什么。神父产生危机的原因值得我们仔细推敲，其中包括他在演讲里对良知（conscience）①的首次讨论，而这一主题将在后文中得到更充分但又稍有不同的处理。神父的危机源于一场丑闻：他与一位未婚女性通奸的事情被传了出去。这使他颜面尽失。相对来说，神父对他所做之事并无悔意：

> 我被任命成为一名神父。但我不久就意识到，在迫使自己不做一个俗人的过程中，我许下了自己不能遵守的诺言。人们告诉我们说，良知是偏见的产物，然而我从自身的经验中得知，良知坚守的是自然的秩序，而反对一切人类的律法。我们可能会被禁止做这做那，但只要我们所做的事是井然有序的自然所允许的，尤其是它所规定的，那么，悔恨对我们的责备就将收效甚微。②

他的良知认为，婚姻是"首要的也是最神圣的自然制度"，这使得他不会和已婚女性发生性关系，虽然他猜测这种性关系反而会使他免于丑闻。比起声名狼藉本身，他更震惊于人们给出的理由。

> 从人们对我的丑事提出的责难中，我有机会明白了一件事，那就是，许多时候，一个人只需要加重他的错误就可以逃避惩罚。

---

① ［译注］商务版《爱弥儿》译本将 conscience 翻译为"良心"，在本文中，译者统一将其翻译为"良知"。

② ［译注］这段引文是吉尔丁将卢梭原文中的两段内容组合而成，英文编者并未注明出处，经译者核查，应在布鲁姆（Bloom）英译本的第 267 页。

那位年轻人告诉我们，神父仍然"没有很好地改正他的过失"，而正是这一过失当初曾使他身败名裂。除此之外，我们可以确信他的道德引领"无可指摘"。

宗教当局在神父蒙受耻辱期间，责备他不够明智，没有把色欲限制在已婚女性身上以避免被捕。他的良知与世俗的嘲讽及宗教当局的伪善之间的冲突，逐渐导致曾经引领他的宗教和道德信念的崩塌。他演讲的第一部分展现的是，在从这次崩塌中恢复的过程中，他所得出的对上帝、道德和灵魂的信念，以及基于这些信念推出的观点。演讲的第二部分极力捍卫了如下主张：所有以这些信条为核心的宗教都为他们的信众提供了一条通往救赎的有效途径，且这些宗教崇拜的是同一个神。每个宗教信仰都会强烈反对这一说法，并主张只有他们自己提供了这样一条途径，而所有其他的宗教都将把他们的信众带向永罚。在卢梭的时代，所有欧洲的基督教忏悔（confessions）似乎都同意，要不遗余力地谴责卢梭笔下的萨瓦代理本堂神父的观点。如今，在他们的美国后代中，至少绝大多数人都成了神父希望他们成为的样子。

神父将他所处的情形与笛卡尔为了寻找真理所要求的彻底怀疑（radical doubt）作比较。他形容这和任何漫长的煎熬一样令人难以忍受，可以说是他一生中最不愉快的阶段。马森指出了笛卡尔和神父在这里的一处重大差异：笛卡尔保持这种状态达九年之久，却并未对此感到痛苦。① 事实上，笛卡尔说自己的状态极为愉悦和满足，而这要归功于在这种状态下他采用自己的方法所得出的重大发现。不过，马森对这种差异的解释还不充分。他说笛卡尔在他的怀疑中

---

① Pierre M. Masson, "La 'profession de foi' de Jean-Jacques", *La religion de J. J. Rousseau*, vol. 3, p. 86.

排除了实践性义务、道德和宗教,而这些恰恰是神父的核心关切。但笛卡尔清楚地表明,这种排除只是暂时的。然而,神父可以完全正当地回答说,鉴于他和那位年轻人就此而言的处境,等待是完全不可能的。笛卡尔延后考察的问题,神父不但要立刻面对,而且这是他唯一关心的问题。

除了提到笛卡尔,神父也高度赞扬了克拉克(Samuel Clarke)的思想。克拉克与唯物主义论战,并给出了他对上帝存在的演绎证明。虽然神父在上帝问题上会得出与克拉克相似的结论,但他并不将其视为经证明的真理。相反,根据神父的说法,这些观点与反对它们的观点(IV 570)一样,都面临着"无法解决的异议"。尽管如此,这些说法仍然可以和其他观点区分开,因为它们是受他的内在之光(inner light)认可的,故而神父无法不去相信它们。出于这一原因,他向年轻人强调他并不是在教授而仅仅是在展现他的信仰,并且让年轻人根据自己的内在之光去判断这是否具有说服力。

人类对宇宙的理解支离破碎又不完整,在写作《信仰自白》的时期,这是许多法国思想家的老生常谈。笛卡尔认为他能够清楚明白(clearly and distinctly)地理解宇宙,与之相比,神父试图克服笛卡尔在宇宙中的彻底怀疑,这一打算更被认为大大超出了人类的能力。在他描述完对上帝、自由意志和死后世界这些他的"内在之光"允许他信奉的内容后,神父用以下发言结束了演讲的第一部分:

> 在对我自己的正当怀疑中,我向上帝要求的唯一一件事情,说得确切一点,我期待他裁判的唯一一件事情就是,如果我被引入歧途,如果这一错误于我有害,就请他纠正我的错误。我品行端正的事实并不意味着我相信自己是绝对正确的。那些在我看来似乎是最为正确的观点,可能不过是许多谎言。因为,

谁不坚持自己的观点呢？又有多少人是样样都准的呢？欺骗我的幻觉很可能源于我自身，但只有上帝能治愈我。为了获知真理，我已竭尽所能，但真理之源实在太高了。如果我缺乏使我走得更远的力量，那我何罪之有？应该是真理来靠近我。（IV 606；B 294）

这段评论为接下来的讨论提供了背景——启示是否会消除神父就其信仰持续感受到的确定性的缺乏。

年轻人对神父演讲的第一部分做出了非常聪明的回应。他虽然看到了对神父所说的话的一大堆反对意见，但还是觉得神父的一些话有说服力。他告诉神父：

> 你刚刚向我承认你不知道什么事情时所显露出的情感（sentiments），比你说你相信什么事情时的情感更加高贵。

确实，上帝存在，人有自由意志、良知以及来世，这些并不是新的信条。年轻人认为他目前被告知的东西与他称作自然宗教的内容相一致，并要求神父进一步讲解启示宗教。

学者常常会争论神父和卢梭的观点是否相同。卢梭告诉我们，神父的信仰自白和他的一部著名小说中的女主角朱丽（Julie）的信仰自白"完全一样"（exactly the same）（I 407），而他自己的看法则和神父"差不多一样"（pretty much the same）。这提示我们，其间至少存在某些差异。让我们再记住一点，据说，神父的性情的原型不是卢梭，而是卢梭早年遇到的两位受他尊敬的修士。在神父的演讲中，最能让我们联想到卢梭的，是那位对神父的话抱有许多异议的年轻人。这位年轻人告诉我们，他的良知在他所听到的一些东西中得到了满足。尽管如此，他说，在接受之前他还必须反复考虑。卢梭所说的"完全一样"并不意味着字面上一模一样,因为他可以说洛克(Locke)政治作品的原则与他的《社会契约论》完全一样(III 812),这就使我们很难理解,为何他的观点和神父的观点并不完全一样。马森是将神父的观点视为卢梭观点的学者之一,但他也意识到,卢梭的重要文本至少看上去和这一解读矛盾。我们也将看到,在神父的演讲中,可以找到《信仰自白》与卢梭其他重要文本之间冲突的重要回响。

在设法克服彻底怀疑的过程中,神父和当时许多人一样,以"我存在着,我有感官(senses),我通过我的感官而受到影响"开始,① 进而,神父将他自己和他的感受的"原因或者对象"区分开,得出了如下结论:

> 因此,不仅我存在,而且还存在着其他存在者(beings),② 即那些我的感觉(sensations)的对象;即使这些对象不过是一些观念,这些观念不是我这一点仍将为真。现在,我把所有我感觉(sense)到在我之外且作用于我的感官的,都称为物质。③

作为讨论信仰的第一篇文章的铺垫,神父认为,物质就其自身而言是分散的、死的、静止的。而从我们想移动自己的身体就能移动的经验中,神父推论出了在物质中引发运动的原因。他愿意承认,所有的动物都具备自发(spontaneously)和自愿(voluntarily)运动的能力。然而,一个至关重要的遗漏是,他单单忽略了植物王国,

---

① [译注] 这句引文应在 Bloom 英译本的第 270 页。
② [译注] 商务版《爱弥儿》将 beings 翻译为"实体",在本文中,译者统一将其翻译为"存在者"。
③ [译注] 这段引文也是吉尔丁将卢梭原文中的两段内容组合而成,应在 Bloom 英译本的第 270 页。

尽管其如此引人注目。伏尔泰在这部分演讲的旁注中对该遗漏提出了反驳。神父的论证将自发运动和自愿运动等同起来。根据卢梭的定义，植物是"被赋予生命但缺乏感情（sentiment）的有机体"（IV 1245，584）。当神父说"像一个有生命的物体那样各部分是连在一起、有组织、有共同的感情"时，他忽略了植物王国成员的自发运动。无需强调，神父未将其纳入考虑范围的那一部分自然王国，正是卢梭这位热情的植物学家最大的兴趣所在。这并不是要否认，对植物王国的抽离促使神父过渡到他的第一个信条："意志使宇宙运动，使自然具有生命。"

无论导致神父得出第一个信条的论证可能有多么不完美，卢梭时代的许多唯物主义者都已经对这些论证提出了挑战，而他们有力的批评至今仍被讨论：生命的起源，智慧生命的起源，如何解释意识及其统一性，如何解释意愿和思考。卢梭则告诉我们（IV 1129），《信仰自白》的第一部分中也包括了他自己对爱尔维修（Helvétius）《论精神》（*De l'esprit*）的评论。

神父对他第一个信条的论证使我们想起卢梭对人类最初的那些宗教以及人类是如何到达那些宗教的描述：

> 我们对其他的物体有所行动时的感情必将使我们首先相信，当那些物体（bodies）也对我们有所行动时，它们也会采取和我们对它相似的方式。所以，人类一开始就为一切他能感受到其行动的存在者赋予了生命。他不仅感到自己不如大多数存在者强，而且由于不知道它们的力量有多强，就假定它们的力量是没有上限的，并且，当他把它们理解为有躯体的东西时，就把它们看作是神了。在太古时，人们对一切事物都感到害怕，并且认为自然界的东西没有一样是死的。物质的观念本身也是

抽象的，因此在他们心中形成的速度之慢，也不亚于精神的观念。因此，他们在宇宙中填充了各种可以感知的神。星辰、微风、山脉、河流、树木、城镇乃至房屋，皆有灵魂、神明、生命。(IV 552；B 256)

为了避免成为太古时代的多神教，神父试图将物质世界中存在的受自然法支配的秩序考虑在内。他将这些视为宇宙意志存在的证据，而这一意志受才智和智慧的引导。以前，只有确认物质的存在后才能推断出宇宙意志的存在。对神父而言，物质的神圣创造不是他的信条之一。这并没有剥夺他为那个能够主宰、赋予生命、驾驭物质的上帝的存在进行辩护的能力。神父承认"世界的运作机制可能是人类的心智所不能理解的"(IV 578；B 275)，但他仍然觉得可以肯定"全体是一"(IV 581；B 277)，并可以将那个强大而智慧的、命令全体的意志称为"上帝"。

在体验并描述了自己难以超出从上帝处习得的经验去理解上帝的局限后，神父将注意力转向自身，试图理解自身在世界秩序之中的位置。他发现，人类注定是宇宙中最高的存在者，是世界的王。人类的意志、才智和力量使他们能够保护自己；他们的才智使他们成为全体中唯一可以探索全体并"能够把共同存在的情感融入个体存在的感情之中"(IV 582；B 277)的那一部分。之前神父曾说过，"在我看来，能动的或者智慧的存在者的独特能力，就在于能够赋予是(is)以意义"(IV 571；B 270)。神父表达了对上帝将这些礼物与至高地位赋予人类族群的深切感激。

马森指出，对人类因为神圣的馈赠而获得理性能力的描述，与卢梭在《论人类不平等的起源和基础》中对人类发展的描述有所冲突。其实在《论科学和文艺》中，卢梭就已经谈到，从某种程度上说，人类是通过自己的努力从无到有的。在卢梭看来，言辞、理性和社会性都不是自然的，都需要非常漫长的发展过程才会出现，而神父似乎假定它们一开始就出现了。他这样认为：

> 假定我出生在一个荒岛上，除了我以外没有见过任何其他人，也一点都不知道从前在世界的任一角落里发生的事情。即便如此，如果我运用和培养我的理性，如果我善加利用上帝赋予我的、无需任何中介就可以使用的本能，我就可以自己学会怎样认识上帝，爱上帝，爱他的作品，意愿（want）他所意愿的善，并履行我在世界上的全部义务（duties）以取悦他。（IV 625；B 307）

就上述说法而言，马森也看到这里实际上存在一个困难，那就是，最早出现的人类宗教将不是如神父所说的一神教，而是卢梭所说的多神教。

不过，我们之前也曾提到，卢梭和萨瓦神父之间的张力在神父自己的演讲中就留下了痕迹。不管在上述引用的段落中他怎么说，神父也提到了野蛮人的幸福（IV 568），并哀叹剥夺这一幸福的"致命的进步"（fatal progress）（IV 568）。而卢梭的著名论点是，理性的发展既以这一致命的进步为先决条件，也有助于致命的进步的出现。

马森还注意到，另有一处内容使我们难以把神父的观点等同于卢梭的观点。在反思了人类事务中混乱、邪恶和苦难的景象后，神父宣称，"人不是单一的"（IV 283；B 279），并进一步提出了由较高的自我（渴望真理、正义和道德）与较低的自我（受感官和服务于它们的激情的影响）组成的某种彻底的二元论。神父认为，加诸正义和正派之人的磨难证明了死后世界的存在——人在死后，将被施以神圣的奖赏或惩罚。而卢梭在教育爱弥儿的过程中，却是尽力确保"人尽可能是始终如一的"（IV 636；B 314）。然而，在按照时间顺序记录爱弥儿道德情感之发展的《爱弥儿》中，卢梭并没有将爱弥儿二分为较高的自我和较低的自我，也没有求助于灵肉二分。

正如前文指出的那样，卢梭和神父之间的张力在神父自己的演讲中被某种程度上复现了。演讲一开始，神父在解释自己声名狼藉的原因的同时，简短地讨论了良知。在这部分中，神父把自然作为良知的来源，丝毫没有暗示后来的二元论。谈到性欲和性关系时，神父说："良知坚守的是自然的秩序，而反对一切人类的律法。"而当神父告诉年轻人自然的声音尚未和他的感官对话时，所谓"自然的声音"也指的是性欲（IV 566 n2；B267）。值得注意的是，当神父将他提到的灵魂二元论归因于自然时，年轻人曾试图打断神父。良知被描述为"自然用［人类心灵］深处不可消除的字母书写"的东西，现在又被称作"灵魂的声音"，与现在被称作"身体的声音"的激情有别（IV 594；B 286）。

这位年轻人曾经揭露说，这位神父没有停止导致他名声扫地的行为。如果他还记得自己之前说过的话，他或许会很有理由向神父提出合理的反驳。神父请求年轻人让自己对此作出更充分的解释。紧接着，神父就对人类道德情感的自然属性做了详尽的辩护。神父谈到了由身体造成的幸福的假象，并且提出，只要他的灵魂仍然依附于身体，他就永远不会自由。许多学者认为，此时神父是在尽己所能去回应那位年轻人没能说出口的无言反驳。

马森用了一整章篇幅讨论他称之为公民宗教的问题。① 在《社会契约论》的倒数第二章，卢梭提出了宗教和政治生活之间正确关

---

① Pierre M. Masson, La *"profession de foi"* de Jean‑Jacques, chap. 5.

系的问题。在那一章中，他说神父所宣讲的宗教、福音书中纯粹的基督教信仰与社会精神对立。事实上，卢梭这里的语气甚至要更强一些："我不知道有什么会比这与社会精神更加对立。"① 对此他解释说，他所说的是使人远离此世的人类事务结果的出世超脱。一旦人们意识到，真正的基督徒并不比真正的哲学家更有可能做到，那么困难就会减小。不过，尽管有些困难不是实际层面的，但仍然存在，它们不可能表现得于政治有益，所以只能悬而未决。由于这种不可能性，人们就不会对此感到震惊了：卢梭在这章的末尾提出的公民宗教信条与神父的自然宗教有所重叠，甚至有所强化，但同时也包含了一些后者没有的内容——社会契约和法律的神圣性。此外，施特劳斯指出，尽管卢梭已经在《爱弥儿》中断言：

> 必须通过人去研究社会，通过社会去研究人，企图把政治和道德分开来研究的人，将永远无法理解二者中的任何一个。（IV 524；B 235）

但神父在讨论道德的时候并没有讨论政治生活。公民宗教是一种由主权者制定和确立的宗教，它禁止卢梭所谓"教堂外无救赎"的不宽容。它不会禁止任何对其他信仰的包容，且接受它关于上帝、来世、社会契约和法律的神圣性的极简信条的宗教。马森指出，公民宗教和自然宗教在一个方面具有一定的可比性，那就是卢梭在《山中来信》中对日内瓦人的提醒：将加尔文教确立为国教的日内瓦"教会最高统治者"（ecclesiastical sovereign），同时也是日

---

① SC 4.8.21 (III 465 Pléiade), in *The Social Contract and Other Later Political Writings*, ed. and trans. Victor Gourevitch (Cambridge: Cambridge University Press, 1997), p. 147.

内瓦的最高政治体（sovereign political body）。

马森认识到，在卢梭的写作中存在两种对人类起源彼此矛盾的表述，一是在《论人类不平等的起源和基础》中，二是神父所说的。① 他承认，卢梭不可能没有注意到这一矛盾。他拒绝了同时代另外两位知名学者兰森（Lanson）和莫雷尔（Morel）对此给出的解释。这两位学者认为，卢梭采取的是之前笛卡尔和布丰（Buffon）为避免冒犯宗教当局所使用的策略。他们将论述呈现为一种假设，即，如果上帝没有像圣经断言的那样，在开端创造万物，事物可能会如何进化。

马森否认卢梭也采用了某种策略，而不是宣称自己确实接受了"摩西的著作"。然而，在《信仰自白》中，神父绝不认为自己有义务相信圣经著作——尤其是福音书——上所写的一切，尽管他赞美二者。此外，在《社会契约论》中，卢梭曾这样描述"摩西的著作"。他先指出，伪造一个奇迹并不需要多么超凡的能力，然后他宣称："立法者的伟大灵魂才是真正的奇迹，必将证明他的使命。"接下来，他给出了例证：

> 犹太法是统治半个世界达十个世纪之久的以实玛利子孙的律法，如今仍然存在，这就在今天宣告了指引他们的伟人是谁。②

卢梭也不太可能认为自己有义务接受圣经字面上对人类起源的解释。尽管如此，我们依旧面对着神父所言和《论人类不平等的起源和基础》之间的冲突。在《信仰自白》之前，卢梭只引用了《论

---

① Pierre M. Masson, *La "profession de foi" de Jean-Jacques*, p. 282 – 285.
② SC 2.7.13 (III 384 Pléiade), in *Social Contract and Other Later Political Writings*, p. 71.

人类不平等的起源和基础》中几个段落。他刚刚才对"人必须信仰上帝才能得到拯救"的说法提出了反对。他现在开始考虑那些"从童年时代就与整个社会隔离，过着彻底的野蛮生活，被剥夺了只有在人与人的交往中才会获得的启蒙"的例子。①

卢梭声称，"要这样一个野蛮人把他的思想提高到能够认识真正的上帝，显然不可能"（IV 556；B 258）。神父曾假设过，如果他一生都独自生活在一个荒岛上，他将如何借助理性走向自然宗教的上帝，卢梭这里的说法和神父的描述之间存在着显然的差异。卢梭对这些评论的注释引导读者参考《论人类不平等的起源和基础》第一部分中关于"人类心智的自然状态和……它发展的缓慢"的教导。在《论人类不平等的起源和基础》中，卢梭说这一发展过程持续了"数千个世纪"。② 另外，同一部作品中的第10条注释还提到了旅行者曾听说过或者遇到过的人形动物。要不是因为这些动物不会言辞，它们或许会被我们当成人类。卢梭相信，它们实际上是没有经历过其他人类种族所经历的发展过程的、幸存下来的野蛮人。

卢梭初步得出结论，认为这就是被孟德斯鸠、布丰、狄德罗、杜克洛（Duclos）、达朗贝尔（d'Alembert）和孔狄亚克（Condillac）等受过训练的科学人士的认可的人之本性。在《论人类不平等的起源和基础》中，人类的罪恶没有被归结为人对自由意志的误用，而是被归结为人类设法应对威胁到自己生存的、不可预知的紧急状况时产生的结果。这种结果虽在预料之外，但回溯去看，又不可避免。每一种解决方案都会引发进一步的紧急情况，直到形成了政治社会。并且，

---

① 楷体部分为笔者所加。

② *Second Discourse*, III 146 (Pléiade), in *The Discourses and Other Early Political Writings*, ed. and trans. Victor Gourevitch（Cambridge：Cambridge University Press，1997），p. 144.

即便政治社会也不是这一过程的终点。自然和人类是在这一描述中仅有的两个主角。

在学会言辞后的某个相对较早的发展阶段中,人类开始生活在固定的住所,并开始成立家庭。卢梭将这一阶段——也是他在他那个时代的野蛮人身上找到的例证——视为人类历史上"最幸福、最持久的时代"。他将其形容为"最难以产生革命,而对人来说最好"的时代,并宣称这个时代的居民"只可能由于一些致命的意外而离开这个时代,可为了公共利益考虑,这些意外本不该出现"①。在卢梭看来,所有进一步的发展看起来使个体日臻完善,实际上却造成了种群的衰退。

为什么会有"致命的意外"发生?在《论人类不平等的起源和基础》中,人只不过是一种动物,而不是神父口中的"世界的王"(IV 582;B 277),但人仍然是"组织得最好的"一种动物(III 135)。人的独特之处在于,其他动物都是根据本能(instinct)行事,而人是根据经验行事。其他动物也会"思考",即组合观念。人的独一无二之处首先在于,人的行为由人的思想决定。人的学习能力和人的自然的可完善性一开始就在发挥作用,也从一开始就被需要。为了应对人口过剩和自然灾害,言辞和理性在很久之后才发展起来,它们所导致的人的发展原本不属于大自然对人的原初设计。言说、一般观念和理性转而成为以更快的速度带来进一步发展的至关重要的手段(III 149)。

理性及其带来的加速发展的可完善性,本来并不是自然对人的原初设计中的一部分。然而,自然的设计也不可能阻止它们出现。至于夺走了人类种族之幸福的"致命的意外",大自然也不该为此

---

① III 171 (Pléiade), in *Discourses and Other Early Political Writings*, p. 167.

担责，因为是自然而不是神意（Providence）造成了这一切，而自然无法阻止意外发生。在卢梭看来，"自然是好的"这一说法并不会由于意外的出现而变得可疑。

马森这位受过良好教育且学识渊博的天主教教师，对卢梭的宗教及神父的宗教都持有严肃的保留态度，他认为神父不过是卢梭的代言人。其保留意见可见于如下评论。据马森所言，"在让-雅克的天堂中，上帝会小心翼翼地隐去自己，为让-雅克腾出位置"。他将《信仰自白》形容为：

> 一篇灵魂进行自我安慰的热情洋溢的颂歌，这一灵魂信仰上帝，也毫无疑问信仰宇宙中的上帝，但或许更信仰在灵魂自身具有的并感到自己即将成为的那个上帝。

马森还谈及他在《信仰自白》中察觉到的"神圣化自身的需要"。他指出，卢梭在《信仰自白》中没有描述与自然狂喜的结合中自我的消失：

> 让-雅克没有忘记他自己，他不断地扩展自我，直至充满了整体；在他不再能找到自我的地方，对他而言也不可能存在幸福。

进而，马森注意到，

> 这一"上帝圣道（the cause of God）的捍卫者"在捍卫一个伟大的观点的时候，首先捍卫的是诞生于他自身之中的上帝，或者更确切地说，是他觉得自己将要成为的上帝。他的宗教不仅是对上帝的模仿（imitation），更是对上帝的同化（assimilation），并且我们最终可以说，是他对上帝的吸收（absorption）。

之后马森又写道：

> 最安静的狂喜，与［自然的］宇宙万物交融时的神圣的陶醉感，或许才是这一宗教中最隐秘的体验，也是让-雅克最能再次发现自我的体验。

而且——

> 到他觉得自己是"自然的人"的时候，我们可以相信，他一定会常常认为自己是"自然"的神。

在有关《信仰自白》这一卷的最后一段，马森将卢梭的宗教描述为——

> 没有拯救和悔改的基督教，罪感已经从中消失了，让-雅克既是这一宗教的神父，甚至是这一宗教新的基督。①

不过，马森仍将卢梭视为一位基督徒——尽管是一位有缺陷的基督徒，并认为卢梭为19世纪基督宗教的复兴做出了贡献。

马森认为他所说的卢梭与上帝的关系也同样适用于卢梭与自然的关系。有证据表明，卢梭在自身之中对自然的体验，对他关于自然的理解至关重要。没有证据表明，卢梭认为他就是自然。他敏锐地意识到，自然既在他之外，也在他之内。然而，在《论人类不平等的起源和基础》中，自然在某种程度上是他给出的终极回答。也可以说，在卢梭对自然的狂喜体验中，自然意识到了自身。这一体验是一种情感，而不是一种理性行为，但这种情感只能为那些发

---

① Pierre M. Masson, *La "profession de foi" de Jean-Jacques*, p. 120, 118, 228, 229, 268-269, 294.

展出理性的生物所获得。换句话说,卢梭是对自然进行浪漫崇拜的奠基人之一。①

我对神父演讲的第二部分说得很少。在世界上的某些地方,神父演讲的要旨在当下的传播和在卢梭的时代一样适时。这一思想之所以有力量,是因为它努力驳斥不宽容和宗教迫害。它们以虔敬为名,以愤然拒斥侮辱神圣正义的行径为名。那些破坏神圣正义的人声称,除了极少数例外,不信奉自己宗教特定信条的人将受到诅咒。这种主观的强化揭示出,宗教提供的自然宗教使其成为宗教生活中不可缺少的部分。神父并不认为它赋予了自然宗教比其本质上所具有的更大的客观确定性。

无论是"宽容",还是"宗教自由",都不足以充分表达卢梭想要进一步追寻的东西。他希望实现的是这样的状态:不同的宗教都认为自己和其他宗教一样,都是以不同的方式崇拜同一个上帝,并且都将爱上帝和爱邻人视为最重要的核心。

---

① 如有同行认为卢梭是在谈论某种理性的理解行为,烦请赐教。

思想史发微

阿维森纳《论政治》中的哲学

阿里·穆罕默德·伊斯巴尔（'Alī Muḥammad Isbir）① 撰
白昊东 译

在《论政治》中，阿维森纳（Ibn Sīnā /Aβικένναs，980—1037）深刻理解了政治话语的根本核心，展现出过人的天资。但谢赫导师（al-Shaykh al-Ra'īs）②所谓的政治，与当今世界流行的庸俗意义上的政治完全不同，后者只是基于实用主义标准和马基雅维里主义原则。

伟大哲人阿维森纳将政治建立在存续（al-Wujūd）的基础上，

---

① ［译按］阿里·穆罕默德·伊斯巴尔是研究哲学的叙利亚学者，著有《阿卜杜勒·拉赫曼·巴达维哲学的隐秘来源》（al-Yanābī' al-sirrīyah li-falsafat 'Abd al-Raḥmān Badawī）、《阿卜杜勒·拉赫曼·巴达维存在主义中的虚无主义倾向》（al-Naz'ah al-'adamīyah fī wjwdyh 'Abd al-Raḥmān Badawī）和《阿布·纳瓦斯的世界》（'Ālam Abī Nuwās）等学术作品。

② ［译按］即阿维森纳，"谢赫"系尊称。

这意味着他认为政治与存续的本质一致,不仅是在普通层面上的存续,而且是在道德层面(al-Mustawá al-akhlāqī)上必要的存续。人总是根据他对周围事物和对其自身的政治观点,最终形成一个适用于所有生活的总体愿景。

其实,阿维森纳的立场也有极强的现实主义倾向,他认为人人平等会导致人的败坏与毁灭,因此,神(Allāh/Ͽεός)使人处于不同的等级,存续无知者和有识者、存续富贵者和穷困者、存续统治者和顺从者。

在个体的巨大差异中,神圣的正义(al-'Adālah)以最美的形式彰显,因为社会中所有的元素都汇聚到一起形成了金字塔,每个人都有他要发挥的作用。这种理解可以追溯到希腊哲人,特别是柏拉图和他的城邦(al-Dawlah)① 理论。

在这方面,阿卜杜·拉赫曼·巴达维('Abd al-Raḥmān Badawī, 1917—2002)② 曾评论柏拉图的城邦:

> 柏拉图认为,城邦不是由一个人构成的,而是由许多人构成的。这些人在本质上(al-Ṭabī'ah)是不同的。这种差异本质上是人类灵魂(al-Nafs al-Insānīyah)的迥异,且这种差异

---

① [译按] al-Dawlah 意为"国家",但柏拉图讨论的政体系"城邦"(πόλις)",为与现代概念区隔,译为"城邦"。

② [译按] 阿卜杜·拉赫曼·巴达维是埃及存在主义哲学家、哲学教授和诗人。他受海德格尔影响极深,被称为"阿拉伯存在主义的首位大师"。代表作品有《存在主义的时间》(*al-Zamān al-wujūdī*)和《哲学百科全书》(*Mawsū'at al-falsafah*),详参 'Abd al-Raḥmān Badawī, *al-Zamān al-wujūdī* (Ṭ. al-thāniyah), Cairo: Maktabat al-Nahḍah al-Miṣrīyah, 1955; idem, *Mawsū'at al-falsafah* (Ṭ. al-ūlá), Beirut: al-Mu'assasah al-'Arabīyah lil-Dirāsāt wa-al-Nashr, 1984; idem, *Sīrath ayātī* (Ṭ. al-ūlá), Beirut: al-Mu'assasah al-'Arabīyah lil-Dirāsāt wa-al-Nashr, 2000。

甚至是普遍存续的。正如人的灵魂分为三种：血气（al-Qūwah al-ghaḍabīyah/θυμός）、欲望（al-Qūwah alshhwyh/ἐπιθυμία）和理智（al-Qūwah al'āqlh/νοῦς）。城邦亦如此，根据人划分为三种，一些城邦优于另一些。一类受理智支配，一类受血气支配，还有一类受欲望支配。城邦的类别与存续的类别也是如此，我们说存续，要么是形式（al-Ṣūrah）或理念（al-Mithāl/εἶδος）的存续，要么是正确观念（al-Taṣawwur alṣaḥīḥ）的存续，要么是有形事物（Almḥswsāt）① 的存续。

这对应于我们所看到的社会阶层。若真如此，那么真正的存续就不是形式的存续。由于理智是一种主导力量，是一种必须控制血气与欲望的力量，因此控制城邦的力量，必须是由理智主导的、代表形式知识（Ma'rifat）的力量，它源于哲人阶层，能够引领新城邦的最高阶层必然是哲人阶层。

这同样适用于第二阶层。既然城邦需要抵御外敌和平定内乱，那么它就需要一个代表血气的阶层，即武士阶层。勇气（al-Shajā'ah）和血气在其中得到了最好的体现，它也帮助哲人中的统治者（Alḥukkām）执行他们为了第三阶层的利益而发布的命令。

第三阶层是欲望的阶层，指农业、贸易和生产带来的各种物质利益。柏拉图全然不在意这些人，他并不关心他们的状况，这些农民、工匠、商人只要遵循公共道德和传统立场就够了。由于这个阶层的显著特征是所有权（Almilkyh），正是这一特征，使这个阶层处于这一水平，而这种权利（al-Ḥaqq），即所

---

① ［译按］Almḥswsāt 是 Ḥasaa（觉察）的复数被动名词，因此也可译为"可感事物"。

有权,是其他两个阶层绝对禁止的。要么享有所有权,但以作为第三等人为代价活着;要么过着共同的生活,没有所有权,也没有谋取利益的倾向。

就此,我们极为清晰地发现了柏拉图轻视劳动的立场。

在此基础上划分城邦,每一部分都有其不可逾越的界限,如果每一部分都做到了它该做的一切,不疏忽不怠慢,那么这种制度就到位了。①

亚里士多德在其师柏拉图的理论基础上建构自己的哲学。泰勒(Alfrid Idwārd Tāylwr,1869—1945)② 说:

> 亚里士多德反对一切认为奴隶制是错误制度的革命性社会思潮。他说,如果我们让奴隶过上低于他所能过的最好的生活,事情肯定会更糟,但奴隶制并不是亚里士多德认为的那样。亚里士多德认为"异邦人(al-Ajānib)"或"野蛮人(al-Barābirah/βάρβαρι)",即非希腊人,实际上不具备当家作主的能力,也不具备过上文明商人或学者般的生活的能力。这些异邦人"不是作为'野蛮人'继续生活,而是在文明的希腊社会中处于仆人的位置,只有如此他们才可以根据自己的能力获得发展,并达到理智(al-'Aqlī)和德性(al-Akhlāqī)的最高水平。

---

① 'Abd al-Raḥmān Badawī, *Aflāṭūn*, Cairo: Maktabat al-Nahḍah al-Miṣrīyah, 4ẓ, 1967, pp. 220 – 223.

② [译按] 泰勒是英国哲学家,因研究柏拉图而出名,代表作有《柏拉图——生平及其著作》(*Plato: The Man and His Work*)和其对《蒂迈欧》(*Tymāws*/Τίμαιος)的注疏;前书参谢随知、苗力田译本,济南:山东人民出版社,1996。

"色雷斯人"① 是一位彬彬有礼、富有同情心的希腊奴隶主的奴隶，过着原始野蛮人般的色雷斯人生活。

因此，充分发挥自己的能力既符合他的利益（Mṣlḥt），也成就了他的幸福（Sʻādt/εὐδαιμονία）。即使他失去了无法正确使用的自由（Ḥurrīyat），也不会以任何方式带来损害。②

值得指出的是，柏拉图和亚里士多德并没有如此明目张胆地蔑视人性，而是在一个恒常的事实中显而易见地确立了基本立场，即每个人都有一个特定的、应在其间倾尽精力与可能的领域。一个人取走不属于他的权利的事物，是不被允许的。一个城邦如果由一个没有足够的理智能力（Almqdrāt al-ʻaqlīyah）的人统治，并由他管理与城邦有关的各类事宜，就是绝对的错误。然而，事实却与现实和理智背道而驰，我们观察到许多护卫者（Awliyāʼ al-amr）被一些虚无缥缈的因素左右了决策。这是阿拉伯各国随处可见的现状，懦夫取代勇者、愚人凌驾于智者、吝啬鬼代替慷慨者、无知者成为教师、白痴成为向导、败类取代伟人、自由之敌在讲坛上宣讲、鼓吹仇恨的人扮演人道主义的角色、乌合之众摆布人民、

---

① 来自希腊北部色雷斯（Θϱάκη）。

② Alfrid Idwārd Tāylwr, *Ariṣṭū* (*T. al-ūlá*), Tarjamat: ʻIzzat Quranī, Beirut: Dār al-Ṭalīʻah, 1992, pp. 124–135. ［译按］经考证，这段引文不存在于泰勒的原文中，系泰勒的阿文译者埃及学者阿兹·卡尔尼（ʻIzzat Quranī, 1940—2019）自行添加于两段之间，且并未添加脚注说明。伊斯巴尔此处仅仅引用了卡尔尼所添加段落的一部分，剩下部分是："我们在此指出，美国福音派教会的追随者基督教新教徒曾经使用类似的论点来捍卫黑奴制度，声称奴隶有获得宗教'救赎'的机会，可在奴隶制下时，奴隶就无法享有在祖国非洲享受的'原住民式的''野蛮人式的'自由生活。"泰勒《亚里士多德》原文参 Alfred Taylor, *Aristotle*, London: TC & EC Jack, 1919, lxiv.

暴徒将他们愚蠢的想法强加于人，这些将不可避免地导致毁灭。

每个人都致力于自然（al-Ṭabī'ah）所赋予他的领域，所以，理智者（Al'uqlā）必须始终回归柏拉图和亚里士多德的观点。至于泰勒所言，亚里士多德蔑视其他民族，视其他民族为野蛮人，这是完全不准确的。凡阅读过《形而上学》第十二卷阿拉伯语译文的读者都会注意到，亚里士多德在这句话的上下文中说："父辈们曾说（Qāla al-Ābā'）"和"父辈的意见（al-Ra'y al-abawī）"。亚里士多德所说的"父辈的意见"是指东方迦勒底①古人的观点。出于敬重之意，亚里士多德将他们描述为理智者之父，从而将他们提升到了最高的境界。

这证实了亚里士多德对某些民族不良德性的了解促使他鄙视不良本身，并强调某些民族没有发展的天赋，因为他们屈从于兽欲和蛊惑人心的信条。

值得注意的是，阿维森纳力劝王者（al-Mulūk/Kings）进行哲思，这表明他鄙夷那些远未用理智审视事物事实的时任君主（Umarā'/Princes），阿维森纳并不止于此，他还要求君主的仆从或王者的追随者也根据他们的等级和能力进行哲思。

阿维森纳认为在领袖（al-Ra'īs）和被统治者（Almr'wsyn）之间的各种生活事务中运用政治技巧（al-Mahārah al-siyāsīyah）也同等重要，每个人都必须为城邦的利益竭尽全力。阿维森纳以透彻的洞察力认识到，他所处时代的君主都是普通人，他们的理智潜能（al-Imkānāt al-'aqlīyah）与普通人别无差异，所以他以同样的口吻教导君主和民众。

---

① ［译按］迦勒底人是古代生活在两河流域的居民。两河文明的中心大概在伊拉克首都巴格达一带，北部古称亚述，南部为巴比伦尼亚。而巴比伦尼亚北部叫阿卡德，南部为苏美尔。

必须强调，阿维森纳根本不承认除哲人之外的任何领袖（Ri'āsh），因为哲人就是王者。

证据就是，谢赫导师在《治疗书形而上学》（Ilāhiyāt al-Shifā'）中指出，选择哈里发（al-Khalīfah）① 的标准是：他的理智，仅此而已。最具理智的人是领导者，那又有谁的理智能胜过哲人的理智？

无论如何，阿维森纳强调了一个人管理自己的家庭状况的重要性。家庭管理实际上是一门由亚里士多德所建立的独立存在的科学。

我们注意到亚里士多德在《政治学》（al-Siyāsāt/Πολιτικά）② 第一卷专门研究了家庭管理，并将这篇文章作为研究城邦的前言。亚里士多德认为，家庭是社会（Jamā'at）真正的核心，家庭作为一种满足日常生存的手段而存续。当几个家庭聚集在一起时，就会形成一个村庄，而村庄存续的目的比家庭存续的目的更全面，因为村庄能够更充分地安排劳动，满足更多的需求，比起家庭维护自身的安全，村民也能更好地维护自身的安全。当几个村庄聚集在一起时，就会形成一个城邦。在城邦中，必须实现社会的最优存在，使每个

---

① ［译按］派生（al-Ishtiqāq）是阿拉伯语语法学（'Ilm al-ṣarf）中的重要概念，指运用已有的词式，由一个词构成另一个新词，通过根词意义和词式意义共同表达新词的意义，派生是阿拉伯语的主要扩词手段。al-Khalīfah 由三母动词 Khalafa（跟随其后）派生，义为"继承者"，哈里发是伊斯兰宗法政体的最高权力者。四大正统哈里发（al-Khulafā' alrāshdwn al-arba'）是阿布·伯克尔（Abū Bakr al-Ṣiddīq, 573—634）、欧麦尔·本·赫塔卜（'Umar ibn al-khiṭāb, 584—644）、奥斯曼·本·阿凡（'Uthmān ibn 'ffān, 574—656）与阿里·本·阿比·塔利卜（'Lī ibn Abī Ṭālib, 601—661）。由于四大正统哈里发都是通过民主选举或推举而产生的，他们的继位获得了大多数穆斯林的认可，故称这一时期为哈里发国家的"神权共和时期"。

② 参 Aristū. al-Siyāsāt (T. al-ūlá), al-Ab awghsṭyns brbārh al-Būlusī 注疏本，Beirut: al-Lajnah al-Dawlīyah li-tarjamat al-Rawā'i' al-Insānīyah, 1957, 卷一。

个体都到达幸福之巅。

遗憾的是，阿拉伯人现在所居住的城市正在撕裂公民（al-Muwātin）的生活。公民没有住房、没有工作、没有生活空间也没有价值，只是芸芸众生中的一员，他们的重要性取决于拥有的金钱和统治地位。一个人并不会因其作为人而受到尊重，盲目的命运和时代的改易使那些思淫欲者拥有一切，控制一切，所以他们兽欲的人生观就成了标准，他们的行为就成了规范。生命就此受到恶毒的诅咒，这就是哲人建构理想国度的原因，例如柏拉图《王制》（al-Jumhūrīyah/Πολιτεία）① 中的理想国、圣奥古斯丁（al-Qiddīs awghsṭyns/Augustinus Hipponensis, 354—430）的上帝之城（Madīnat Allāh）② 和法拉比（al-Fārābī, 872—950）③ 的完美城邦（al-Madīnah

---

① 参 Aflāṭūn. *al-Jumhūrīyah*, tarjamat：Ḥannā Khabbāz, Beirut：Dār al-Qalam, bi-dūn Tārīkh；[译按] 中译参柏拉图，《柏拉图全集：理想国》，刘小枫主编，王扬译，北京：华夏出版社，2023。

② 参 al-Qiddīs awghsṭyns. *Madīnat Allāh*（*thalāthat ajzā'*），tarjamat：al-Khūrī usquf Yūḥannā al-Ḥulw, Beirut：Dār al-Mashriq, 2002；[译按] 中译参奥古斯丁，《上帝之城》，吴飞译，上海：上海三联书店，2007。

③ [译按] 根据阿拉伯语学界的译法，冠词 al（阿尔）不翻译。法拉比是阿拉伯伊斯兰历史上著名的哲人，被誉为"第二导师"，其后的阿拉伯哲学家，无不受益于他。他除编著有关科学的多种著作外，还在整理研究西域回鹘医学的基础上编著了十几部有关医学的专著，推动和发展了医学基础理论，为阿维森纳的《医典》（*al-Qānūn fī alṭibb*/Κανών της Ιατρικής）奠定了基础。迈蒙尼德（Maimonides, 1138—1204）在写给塞缪尔·伊本·蒂本（Samuel ibn Tibbon, 1150—1230）的信中表明，除了亚里士多德本人之外，他认为哲学界最有权威的哲人是法拉比。参 'Abd al-Raḥmān Badawī, *Mawsū'at al-Ḥaḍārah al-'Arabīyah al-Islāmīyah al-falsafah wa-al-falāsifah fī al-Ḥaḍārah al-'Arabīyah*, Cairo：Dār al-Ma'ārif, 1993, p. 173；Strauss, Leo, "Farabi's Plato", in *Louis Ginzberg: Jubilee Volume on the Occasion of His Seventieth Birthday*, New York：The American Academy for Jewish Research, 1945, pp. 357–393。

al-fāḍilah)①。建构理想国度的想法都坠入了深渊,从这里开始出现了诸如阿维帕斯(Ibn bājt/Avempace,1085—1138)② 在打算实施他所谓的统一管理(Tadbīr al-Mutawaḥḥid)③ 时所做的尝试,或者阿威罗伊(Ibn Rushd/Averroes,1126—1198)在柏拉图《王制》一书的注疏中对生活之残酷与丑陋的看法,阿威罗伊相信城邦处于不断崩解(Inhiyār)的状态,因为城邦没有遵循哲人的教诲,也因为城邦中从事哲学工作的人大多是伪君子(al-Munāfiqīn)。阿威罗伊精彩地说:

> 如果一个真正的哲人碰巧在这些城邦长大,他就会像一个被困在猛兽中间的人,既不能加入它们的腐败,也不能免受它

---

① 参 al-Fūrābī. *Ārā' ahl al-Madīnah al-fāḍilah*, Albīr Naṣrī Nādir 注疏本, Beirut: Dār al-Mashriq, Ṭ8, 2002;[译按]《论完美城邦:卓越城邦居民意见诸原则之书》是法拉比的重要作品,在书中法拉比尝试塑造出一个卓越社会的形象,这种社会类型是一群希腊哲人在他之前就设想过的,如柏拉图的《王制》。法拉比根据他的哲学和他对幸福(al-Sa'ādah)、道德(al-Akhlāq)、宇宙(al-Kawn)及其创造者、形而上学的观点所依据的主要原则来建立城邦。参 Abū Naṣr Muḥammad al-Fārābī, *Ārā' ahl al-Madīnah al-fā ḍ ilah wm ḍ ādāthā*, Cairo: Mu'assasat Hindāwī, 2017, 中译参法拉比,《论完美城邦:卓越城邦居民意见诸原则之书》,董修元译,上海:华东师范大学出版社,2016。另参 Abū Naṣr al-Fārābī, *Kitāb al-siyāsah al-madanīyah*, Cairo: Dār wa-Maktabat al-Hilāl, 1996, 中译参法拉比,《政治制度与政治箴言》,程志敏、周玲、郑兴凤译,北京:华夏出版社,2019,页51–130。

② [译按]阿维帕斯是中世纪阿拉伯帝国安达卢西亚(al-Andalus)的穆斯林文学家、逻辑学家、音乐家、哲学家、内科医生、物理学家、心理学家、诗人和自然科学家。他出生于安达卢西亚的萨拉戈萨(Zaragoza),在马格里布的非斯(Fes)去世。

③ 参 Ibn Bājah. *tadbīr al-Mutawaḥḥid*, ḍimna *Rasā'il Ibn Mājah al-ilāhīyah*, taḥqīq: Mājid Fakhr, Beirut: Dār al-Nahār, 1968。

们的侵害。因此，哲人更喜欢独来独往，过着与世隔绝的生活。①

总之，法拉比所说的蒙昧的（Jāhlh）、堕落的（Fāsqh）、易变的（Mtbdlh）和迷途的城邦（Ḍālaah）才是主宰当今阿拉伯世界的城邦。让我们回到亚里士多德深刻的洞见，城邦的使命不仅是为个体实现幸福，更要捍卫个体。根据亚里士多德的说法，对其他民族的战争在一种情况下是正当的，那就是这一民族是无知落后的，高贵的民族（Shuʻūb rāqyh）对他们的统治为他们提供良善（al-Khayr）。亚里士多德非常重视人们在一个被绝对正义的法律（al-Qānūn al-ʻĀdil al-Muṭlaq）统治的城邦中参与城邦社会的必要性。

亚里士多德曾作出迷人的表达：

> 人一出生便装备有武器，那就是明智（Fahm/φρόνησῖς）和德性（al-Faḍīlah），人们为达到最邪恶的目的有可能使用这些武器。所以一旦他毫无德性，那么他就会成为最邪恶残暴的动物，充满无尽的淫欲和贪婪。公正是为政的准绳，因为实施公正可以确定是非曲直，而这就是一个政治共同体秩序的基础。②

从这个角度出发，很明显家庭是城邦的核心，这就是亚里士多

---

① 参 Ibn Rushd, al-ḍarūrī fī al-siyāsah: Mukhtaṣar Kitāb al-siyāsah l'flāṭwn, naql: Aḥmad Shaḥlān, Beirut: Markaz Dirāsāt al-Waḥdah al-ʻArabīyah, 1998, p. 141;［译按］中译参阿威罗伊，《阿威罗伊论〈王制〉》，刘舒译，北京：华夏出版社，2008。

② Arisṭū, al-Siyāsāt: 12: 1: 1;［译按］中译参《亚里士多德全集》（第九卷），苗力田主编，北京：中国人民大学出版社，1992，页 7。

德给予家庭大量关注并对其细节进行哲思的原因。

家庭由丈夫、妻子、子女和仆人组成。男人是一家之主，因为自然赋予了他整全的理智（al-'Aql al-kāmil），所以他应当参与家庭和城邦事务。至于女性，她们则不太理智，她们并不是天生就具备参军参政的能力，她们的工作就是在男人的指导下照顾孩子和家庭。而维持家庭所必需的财富则是通过奴隶获得的。亚里士多德认为奴隶制是一种自然的制度，并将奴隶定义为"生活的机器"（Ālat al-ḥayāh），因为机械工作的必要性违背了自由公民的尊严，奴隶是"家庭机器"，这意味着他帮助管理家庭内的生活，不在田间或作坊间工作。[1]

总之，亚里士多德讨论了家庭如何根据需求获得财富，批评那些寻求财富积累的人，并呼吁限制一个人获得财富的权力。

这种对事物的认知深深地存续于阿维森纳的脑海中，他呼吁通过建立住宅和家庭来组织生活。

阿维森纳指出了保存物资和管理与家庭生活有关的所有事务的重要性。这就是婚姻的重要性，而结婚首先必须与生儿育女联系在一起，以繁育后代。生育使家庭成员数量增加，于是就需要雇佣工人和仆人，因此男人就成为发号施令者。

在了解了家庭成员、奴隶及其在城邦中的地位等方面的总体情况后，谢赫导师从"人与自身的政治"开始，详细说明如何在生活的各种事宜中运用政治智慧（Alḥunukh al-siyāsīyah）。他强调通过理智避免欲望，即避免导致腐败等不良欲望的重要性。既然一

---

[1] Yūsuf Karam, *Tārīkh al-falsafah al-Yūnānīyah*, Cairo：Maṭba'at Lajnat al-Ta'līf wa-al-Tarjamah wa-al-Nashr, ṭ4, 1985, p. 202.

个人看不到自己的过失，那么他最好向信任的友人询问以改之。事实是，向一个有知识的（Wā'in）人咨询自身的缺陷（al-Naqṣ）并寻求建议，这是哲人、医学家阿布·拉齐（Abū Bakr Muḥammad ibn Zakarīyā al-Rāzī，864/865—925/935）在他的《灵魂医典》（Kitāb al-Ṭibb al-Rūḥānī）一书中谈到认识一个人的缺点时所提及的。拉齐说：

> 因为我们每个人都无法出于对自己的爱、出于对匡正和精进自己行为的渴求而节制自己的欲望，也无法用纯然不杂的理智目光审视自己的本性（al-Khalā'iq）和行为，因此一个人很难辨别其中的过失和应受谴责的特质，如果他没有认识到这一点，就不会改正它，因为他不觉得它是丑陋的，不觉得应当努力摆脱它，一个人应当凭靠理智者处理他的事务，依恋他、与他同在、询问他、恳求他，并敦促他知无不言，让他知道自己的缺点何在。对于一个人来说，这是最值得渴欲、最值得珍视的，理智者仁慈待他，他教导他而不恭维他，当他松懈时理智者鞭策他，当他欺骗时理智者训诫他。①

事实上，阿维森纳以敏锐的智慧强调，最值得建议也最需要建议的人是领袖（al-Ru'asā'）。因为无人高于领袖，他们相信自己的意见（Ārā'）高于所有人，他们的行为代表了绝对的正确（al-Ṣawāb al-kāmil），没有人可以质疑他们的聪明才智和天赋天资。由于他们的追随者、奴隶、士兵以及那些向他们谋取利益的人对他们阿谀

---

① Abū Bakr Muḥammad ibn Zakarīyā al-Rāzī, Kitāb alṭibb al-Rūḥānī, ḍimna Rasā'il falsafiyah ma'a qiṭa' baqiyat min katabahu al-mafqūdah, taṣḥīḥ: Būl Krāws, Jabalah: Dār Bidāyāt, Ṭab'ah jadīdah bi-al-ūfsit, 2005.

奉承、作诗谄媚，甚至跪拜神化，他们越发无法觉察自己的缺点。更糟糕的是，无论谁与他们对峙，都可能要受到监禁、惩罚、处死、酷刑，或羞辱之苦。所以，无论谁能够劝告他们，都不会这样做，因为他们认为自己凌驾于人类（al-Bashar）之上，他们无法面对错误。

一位开张圣听的领袖出现，意味着神已经将整个城邦笼罩在巨大的怜爱之中。但问题是：由谁提出建议？由谁永远把建议提下去？我们发现，进谏者本身就是灾难的根源，正如德国哲人黑格尔所说："教育者本身需要受教育。"

无论如何，阿维森纳试图扩大人类可用的工作方式，因此他将人分为两类，一类因继承（al-Wirāthah）或工作而富有，另一类则缺乏钱财。阿维森纳指出，生产技艺胜于商业贸易，而且一个人选择生产技艺更好，因为商业贸易造成损失的可能性比生产技艺更大。

根据阿维森纳的说法，荣耀的工作分为三类：首先是基于个人的自我认识（al-Maʻrifah al-dhātīyah）和个人资历的工作，例如大臣和政治领袖；其次是基于优异文学的工作，例如写作、修辞学（ʻIlm al-balāghah）[①]、占星学（ʻIlm al-nujūm）和医学；再次是基于勇敢的工作，例如武士。

总而言之，阿维森纳非常详细地阐述了人们在经济层面上应该

---

① ［译按］在阿拉伯语语言学（ʻIlm al-lughah）中，修辞学占有重要地位，公元13世纪，尤素夫·萨卡基（Yūsuf ibn Abī Bakr al-Sakkākī, 1160—1129）在其著作《学术钥匙》（Miftāḥ al-ʻulwm）中将修辞学分为辞达学（ʻIlm al-maʻānī）、辞巧学（ʻIlm al-Bayān）和辞华学（ʻIlm al-Badīʻ）。阿拉伯语修辞学关注的首要问题是"表达之美"，与此不同，古希腊的修辞学实际上是因应民主政制而出现的一种政治理论，参《古希腊修辞学与民主政制》，刘小枫编，冯庆、朱琦等译，上海：华东师范大学出版社，2015。

如何行事。

随后，谢赫导师继续阐明对待妻子应采取的方式。这种方式需要三种基础：绝对的威严、完整的尊重以及专注于重要的事情。阿维森纳随后讨论了男人对待子女以及抚养孩子的有效方式，然后是对待奴隶的。至此，政治就完整了，因为它包括了所有背景下不同类型的人。

（译者单位：北京第二外国语学院 中东学院）

陆地与海洋意识形态
——马汉、施米特与全球神话元素的塑造

康纳利（Christopher L. Connery）撰

张锦妙 译

"全球化思考"的告诫早已超越了其生态的、含糊不清的新时代左翼起源，现在它感觉像一个广告标语，可以对任何人表达任何意义，且谁也无法避开。如今，全球（Global）话语无疑具有全球性，它成为美国和其他地方高雅和大众文化、学术界、新闻界等各种场景中的流行语。然而，这种全球性思维的物质性和空间性——即世界作为球体——却很少被提及。全球思维模式最早见于1969年首刊于《生活》杂志上的地球照片之中，随后流行于各式地球标志、《全球概览》及其他流行的生态运动的表述中，而现在，它仅仅在一些活动上短暂出现，如1997年京都气候变化会议。这次大会未能达成与深刻的科学统一相适合的政治共识，这或是生态问题在全球范围内影响力减弱的迹象。全球主义被视为一个时间节点。历史的结束或开端，共时性无处不在的形象——如雷克萨斯（Lexus）和橄榄

树,以及滞后性的相关威胁——例如"我们足够全球化吗?",都是时间范畴中的重要问题。①

面对作为一个哲学或政治问题出现的全球主义,② 人们必须采取一种立场,以重新定位知识、文化、理论和叙事生产的方向,这也可以被视为空间意义上的全球化更迭的迹象。实际上,消除(Aufhebung)"物质/空间"[的界限],已经成为推动全球主义的广告宣传的陈词滥调。企业的目标是去中介化:通过通讯、媒体或分销系统上的突破来消除距离。在福山(Francis Fukuyama)"空间的终结"的理论逻辑中,我们正在见证时间与空间的混合。③ 这种观点引发了一些政治和分析上的困难。例如,地区、地方和当地等概念成为反全球性的代表,是全球——时空漩涡中的物质性固定点。但是,从什么位置、什么地方,全球化思维能够阐明自身?全球从哪里可以代表自己?随着英语和比较文学本科课程转向全球,大学教师正寻找全球化的小说,即一部与全球空间关系类似的国家空间叙事的现代小说,但搜寻往往是徒劳的。鲁西迪(Salman Rushdie)、海德(Bessie Head)、萨利赫(TayebSalih)、李昌来(Chang-rae Lee)、弗里施(Max Frisch)和马卢夫(Amin Maal-

---

① 早些时候,坚持第一世界和第三世界同时存在的主要是现代化理论的批评者。现在,新自由主义全球化的代表人物弗里德曼(Thomas Friedman)坚持相同的观点:我们都是全球化的。

② Cf. Fredric Jameson, "Notes on Globalization as a Philosophical Issue", in *The Cultures of Globalization*, eds. Fredric Jameson and Masao Miyoshi, Durham, N. C.: Duke University Press, 1998, p. 55.

③ 维利里奥(Paul virilio)在一篇文章提到了"地理学的终结",与此相近,参 Paul virilio, "Un monde surexposé: fin de histoire, ou fin de la géographie?", in Zygmunt Bauman, *Globalization: The Human Consequences*, New York: Columbia University Press, 1998, p. 12。

ouf）——许多人几乎成功，但没有人真正达到要求。全球所代表的对象仍然不够充分；我认为，这一事实与其作为空间的问题的本质有关。

不过，地球的某些东西仍然存在于全球之中，地球所归属的空间类别继续塑造着仍处于早期阶段的全球想象。如果我们希望进行"认知映射"，正如詹姆逊（Fredric Jameson）描述的那样，为物种构建可选择的未来，那么对当前全球的构成进行分类盘点将非常有用。全球思维通常隐瞒其特定的、民族性的起源——美国作为世界国家就是最好的例子，[1] 而民族解放话语——"地方"的版本——则普遍隐含了超国家的属性。[2]

直到最近，从创造地理学"地球的文字"这个术语的古希腊人埃拉托斯特尼（Eratosthenes，约公元前275—前194年），到帝国统治前的中国地理学家邹衍，全球思想一直与物质、地形、空间和元素相关：关注山脉、河流、海洋、岛屿和大陆，以及它们如何塑造社会生活和历史。刘易斯（Martin Lewis）和维根（Kären Wigen）对大陆的研究证明，大陆这个概念具有一定的意识形态作用，欧亚分界线便是例子，能够提醒人们注意大陆［划分］的人为特征。[3] 四大元素——土、火、水、气，在表面上看似乎建立在实际的物质基础之上。巴什拉（Gaston Bachelard）对元素的研究持续至今，而伊里格瑞（Luce Irigaray）最近的四个元素构想则表明，元素在20世

---

[1] See Anders Stephanson's survey, *Manifest Destiny*：*American Expansionism and the Empire of Right*, New York：Hill and Wang, 1995.

[2] Partha Chatterjee, *The Nation and Its Fragments*：*Colonial and Postcolonial Histories*, Princeton, N. J.：Princeton University Press, 1993.

[3] Martin W. Lewis, Karen E. Wigen, *The Myth of continents*：*A Critique of Metageography*, Berkeley：University of California Press, 1997.

纪仍具有强大的力量。①

如今,我们可以看到学者们对地理元素的批判性转向,特别是海洋元素,以此作为摆脱大陆或区域意识形态束缚的方法。这些研究领域包括大西洋研究、太平洋研究、地中海研究,以及最近的印度洋研究等,这些研究在美国、澳大利亚和欧洲等国获得了重要的政府和基金会资助,研究对于纠正各个地区和文明之间人为分割,解析学科和区域研究议程具有重要意义。但是,元素本身是否存在意识形态特征呢?历名或谱系化的目录无疑是全球批判性思维必不可少的组成部分,目录中包含的内容正是构思和分割地球的所有范畴,包括元素、地区、国家、空间、大陆以及想象的意识形态特征——跨越、所有权、扩张、殖民和自由贸易等。

陆地和海洋:主导元素

卡尔·施米特(Carl Schmitt)在他 1950 年的著作《大地的法》②

---

① 巴什拉对水的论述,可参 *L'eau et les rêves*; *essai sur l'imagination de la matière*, Paris: J. Corti, 1942;论气,参 *L'air et les songes*; *essai sur l'imagination du mouvement*, Paris: J. Corti, 1943;论土地,则参 *La terre et les rêveries de la volonté*, Paris: J. Corti, 1948;论火,参 *La psychanalyse du feu*, Paris: Gallimard, 1949。伊瑞葛来(Luce Irigaray)论"水、土和气"三元素,参 *Amante marine: de Friedrich Nietzsche*, Paris: Editions de Minuit, 1980, translated as *Marine Lover of Friedrich Nietzsche*, trans. Gillian Gill, New York: Columbia University Press, 1991; *Passions élémentaires*, Paris: Editions de Minuit, 1982, translated as *Elementary Passions*, trans. Joanne Collie and Judith Still, New York: Routledge, 1992; and *L'oubli de l'air chez Martin Heidegger*, Paris: Editions de Minuit, 1983, translated as *The Forgetting of Air in Martin Heidegger*, trans. Mary Beth Mader, Austin: University of Texas, 1999。

② 法(nomos)意为空间、组织、法律、政权。

开篇引用了歌德1812年的诗歌《代表卡尔斯巴德市民，向法国女皇陛下表示敬意》中的句子：

> 一切琐碎的东西都跑掉了，这里只有大海和大地才有分量。①

当然，施米特并不是有意让这个题记显得陈旧过时，我们之所以觉得有陈旧感，是因为我们自身对思想与地球空间关系的假说所持有的心理距离感。施米特《大地的法》或许是最后的严肃尝试，试图从哲学角度将地球的物质性和空间性思考为一个整体，而歌德的诗句很好地描述了这个构想的早期特征；德意志与英国的浪漫构想中的元素主义成为一种新兴的全球化意识的表达，最终的物质——空间、元素——作为某种普遍的整体，可在其概念维度上得到思考与细察。然而，只有通过长达几个世纪的挖掘、分级、测量、标绘、分配和制图的过程——欧美的征服性资本主义构想，陆地与海洋才开始变得至关重要，而这一进程本身也存在于我们对要素的思考中。②

我们可以通过土地概念的普遍性来解读资本主义的世界胜利，诸如边界、所有权及其他空间管理概念，它们几乎无处不在，而土地曾经是由各种其他社会实践与习俗的方式来加以标识的。这种土地变革的胜利提供的关于失败的强烈叙述，持续影响着人们的政

---

① Carl Schmitt, *Der Nomos der Erde*, Köln：Greven, 1950；[译按]中译文参施米特，《大地的法》，刘毅、张陈果译，上海：上海人民出版社，2017。塞普特，《歌德与拿破仑：一次历史性的会见》，赵蕾莲译，哈尔滨：黑龙江教育出版社，2015，页188。

② 在拿破仑战争的背景下，陆海二分法具有特殊的地缘政治重要性，这是歌德这首诗歌的直接背景，详论参下文。

治斗争与记忆,如下议院的消失、大草原的圈地运动及边界的关闭。这里的暴力不仅仅是对人的暴力、一种权力的实施,更是一系列空间概念针对其他概念的霸权。但是,海洋这个无法居住的空间呢?未经耕种、未经分级、未经标记也没有所有权,海洋似乎对陆地上的概念性占有构成了根本性的障碍。它的意义是什么?海洋有历史吗?神话学家罗兰·巴特(Roland Barthes)站在海边说:

> 在某一天,我们穿越了多少无意义的领域?很少,有时甚至没有。在这里,我面对着大海;它确实没有传达任何信息。但在海滩上,多么明显的物质符号学!①

事实上,某个海洋特殊意义的胜利与陆地概念的普遍化紧密相关,这个意义便是由于海洋元素本身的特质,即不会留下边界、沟槽或标记。许多文化都有一套与沿海空间相关的习惯、法律或社会实践,而海洋的崇高形象——海洋无边无际——并不局限于西方。作为全球性空间或国际空间的海洋——陆地之外的组成部分,确实起源于欧洲,正是这种欧洲海洋观在 19 世纪末成为霸权。② 事实上,这种海洋概念与我们所熟知的国际概念的历史密不可分。

1998 年,在《威斯特伐利亚条约》订立三百周年之际,明斯特市博物馆展出了一幅来自博赫(Gerard Ter Borch, 1617—1681)的油画,

---

① Roland Barthes, *Mythologies*, ed. and trans. Annette Lavers, New York: Hill and Wang, 1972, p. 112.

② 笔者在下面这篇文章中以不同的方式讨论了海洋的崇高形象:"The Oceanic Feeling and the Regional Imaginary", in Global/Local: *Cultural Production and the Transnational Imaginary*, eds. Wimal Dissanayake and Rob Wilson, Durham, N. C.: Duke University Press, 1996; 后文简称为《海洋的感觉》。

题为《格劳秀斯寓言与威斯特伐利亚和平》（1660）。① 这幅画在诸多方面与条约签署的场景相似，有关各方聚集在一年前去世的国际法之父格劳秀斯的墓前。在很长一段时间内，《威斯特伐利亚条约》和格劳秀斯的《战争与和平法》（1625）被公认为现代民族国家体系的两大基础法律支柱。格劳秀斯的第一部国际法著作《捕获法》（1604）包含了论文《海洋自由论》，这对未来三个世纪建立跨国海上空间的特征至关重要。自由海洋原则的语境直指某些紧迫的风险观念：一艘荷兰东印度公司的船在印度群岛扣押了一艘葡萄牙船只，挑战了葡萄牙的海洋所有权。格劳秀斯为荷兰辩护：

> 第一，那些不能被先占或者从未被先占之物不能成为任何人的财产，因为所有财产均来源于先占；第二，自然所创造的尽管目前服务于某一个人但仍足以为其他所有人共同使用之物，无论在今天还是将来的任何时候，都应当依然处于其最初被自然创造出来时的那种供所有人共同使用的状态。
>
> 基于同样的理由，海洋也是为所有人共同使用的，因为它如此辽阔，无边无际，不可能被任何人所占有；同时无论我们是从航海还是从捕鱼的角度来考虑，海洋都适于为所有人共同使用。
>
> ……
>
> 假如葡萄牙人只是因为他们先于其他国家的人们进行了海上航行并似乎开辟了航线就可以声称他们先占了海洋，难道世界上还有比这更荒谬的事情吗？因为迄今为止，海洋的任何部分都有人在其上进行过航行，所以，按照以上逻辑，必然会得

---

① 这幅画可以参阅 http：//www.muenster.de/friede/d/08 dimensionen/ 02 11b.htm。

出这样的结论,即每一条航线都已经被某个人先占了。这样一来,今天的人们就会完全被排除在所有海洋之外。①

格劳秀斯主张的自由海洋——一种重商主义的、国际性的、无穷无尽的空间,受到英国人塞尔登(John Selden)1635 年出版的《封闭的海洋》(*Mare Clausum*)的极大挑战,这本书论证了海洋权益的可能性。然而,在 19 世纪末以前,格劳秀斯的自由海洋论一直占据主导地位。宾克舒克(Cornelius van Bynkershoek,1673—1743)于 1703 年出版的《论统治海洋》(*De Domini Maris*)对其做了重要修改,该书将公海自由和沿海海域的国家主权编入法典,沿海主权涉及从海岸到"武器的最大射程",即所谓"炮弹规则"。② 国际空间,一个真正的全球空间,当时并不存在,它仅仅是一个抽象概念,存在于各国划定边界的空间之上:海洋是世界上第一个完全的全球空间。因此,在 19 世纪末之前,国际空间并不仅仅作为国家界定和界限化空间之上的抽象存在:格劳秀斯的"海洋论"下的空间是世界上第一个真正的全球化空间。

这个海洋满足了精神与政治需求,部分需求见笔者在《海洋的感觉》一文中的概述,该文探讨海洋成为资本神话要素而发挥作用的方式。全球化这一特定的空间概念——格劳秀斯的全球化空间在 19 世纪末取得胜利——兴起的同时,许多其他关于海洋空间的观

---

① [译按]中译文参格劳秀斯,《海洋自由论》,马戈芬英译,马呈元译,北京:中国政法大学出版社,2021,页 57-58 及页 71。

② 笔者关于海商法历史的主要资料来源是吉尔摩(Grant Gilmore)和布莱克(Charles Black),*The Law of Admiralty*, 2nd ed. Mineola, N. Y.: Foundation Press, 1975;两者都强调了海事法在国际法建立中的中心地位。引自戈尔德(Edgar Gold)的 *Maritime Transport: The Evolution of International Maritime Policy and Shipping Law*, Lexington, Mass.: Lexington Books, 1981, p. 60。

点也消失了。当然我们不应该期待，通过运用一些空间原型，世界海洋概念能够达到某种普遍性。我们还不清楚，未开放的太平洋岛民是否有与在西方发现的抽象海洋概念相类似的观点。不过，最近一篇文章谈到［太平洋岛民］的主流观点，这篇文章是阐明太平洋岛屿文化政治的最重要的文本：豪奥法（Epeli Hau'ofa）的《我们的岛屿之海》。① 开放的海洋是岛与岛之间航行活动的水面与信息来源。在一些航行活动中，水手将船想象为静止的，岛屿和星星则在运动。② 在其他情况下，波浪和海洋生物的不同形态暗示了岛屿的远近：海洋就像天空，被解读为岛屿辐射出的存在，在岛屿和周围海域之间有效地形成了渐进的边界。天空的方向始终决定着岛屿的位置。③

将人类置于航海实践的中心，削弱了西欧发展起来的自然力崇拜者的地理神话学。人类学家、波利尼西亚（Polynesian）传统航海运动的拥护者芬尼（Ben Finney，1933—2017）在其《从海洋到太空》中将关注点从海洋转移到外太空，该文关注点转移非常容易，故而可以视为社会历史实践比自然力崇拜更占主导地位的例子。④

---

① 这篇文章出现在多个地方。参 Vilsoni Hereniko and Rob Wilson, eds. *Inside Out*: *Literature*, *Cultural Politics*, *and Identity in the New Pacific*, Boulder, Colo.: Rowman and Littlefield, 1999, pp. 39 – 55。

② 与彼得（Joakim Jojo Peter）有私交，他是密克罗尼西亚学院楚克文化和教育研究项目的主任。

③ 关于大西洋的航行实践，参 David Lewis, *We, the Navigators*: *The Ancient Art of Landfinding in the Pacific*, Honolulu: University of Hawaii Press, 1972; Thomas Gladwin, *East Is a Big Bird*: *Navigation and Logic on Puluwat Atoll*, Cambridge: Harvard University Press, 1970。也可参迪亚兹的电影《圣器》。

④ Ben Finney, *From Sea to Space*, Honolulu: University of Hawaii Press, 1992.

中国帝制时期在地理上的分类构成了另一种本土地理想象模式，而这一模式随着资本主义陆地空间和格劳秀斯的海洋霸权的发展而消失。在海洋探索和征服世界的时代，在莎士比亚、斯宾塞（Spenser）、多恩（Donne）、弥尔顿、拜伦、柯勒律治等人的作品中，人们找不到任何类似海洋崇高形象的东西，但这种形象在英国文学中形成了强大潮流。[1] 研究中国诗歌的西方学者经常评论说，［中国］关于海洋没有崇高的诗歌，尽管他们从未想过把英国和欧洲的海洋的崇高性视为值得关注的特点。只要我们避免标准化的思维，这种"缺席"既真实又具有教育意义：在中国的帝制时期，海洋的隐喻并未"缺席"。其中一个奠基性的传说即"大禹治水"，人们普遍引其为证，坐实中国所谓的水系本质，大禹将陆地与水系分开，创造了"四海之内"的陆地。尽管对于"四海"究竟指哪些水系仍难以确定，从公元前3世纪邹衍的"九州说"到汉代（公元前202—公元221）对五个或九个"州"的整理（大致是一个同心圆模型，指的是随着政治、军事与朝廷贡赋关系性质的渐远，帝国朝廷对土地控制或统治力同时降低），再到帝国地理学的最后一部重要著作——魏源的《海国图志》（1852年出版的关于海外国家图文并茂的专著），[2] 在中国地理思想史上，从来没有出现过一个独立的海洋类别，或者将海洋视为战略控制或帝国主权的对象。

---

[1] 拉班（Jonathan Raban）对《牛津海洋之书》的介绍虽然不加批判，但却提供了海洋文学发展的简明历史，从"崇高的海洋"到"浪漫的海洋"及其他。参 Jonathan Raban, ed., *The Oxford Book of the Sea*, NewYork: Oxford University Press, 1992, pp. 1–34。

[2] 该作品有几个版本，其中1852年版最为完整。笔者使用了最新的、注释最详尽的版本，参魏源《海国图志》，陈华等编，长沙：岳麓书社，1998。

在魏源的《海国图志》中，地理空间特征明显，其中包括地图、图表、原创文章以及大量从其他作品中直接借用的材料，这是概略类著作的惯例。这本著作意义特殊，在西方地理霸权思想日益增长的时代，它成为帝制地理学的最后文本。魏源熟悉西方地理学，能将欧洲的一手文献译作中文，这些文献大多写成于新教传教背景中。然而，魏源没有按照欧洲文本的大陆中心框架来组织文字，而是诉诸某种想象的朝贡范畴。① 世界被划分为六大"海域"（即"洋"），即陆地及其相邻水域。南部海域即南洋，是主要关注的区域，包括东南洋（东南亚和日本）和西南洋（南亚、中亚和西亚），长期以来，这些区域一直与中国有朝贡关系和贸易往来。小西洋（非洲）、大西洋（欧洲）、外大西洋（美洲）和北洋（俄罗斯和波罗的海区域）组成了世界的其余部分。日本和东南亚同属南洋，表明其为参照某中心而成的战略性与历史性概念，而非纯抽象的空间概念。正如伦纳德（Jane Leonard）所述，魏源的视角以南洋为中心，将西方视为南洋在地缘政治上的延伸。②

从政治方面讲，南洋不是由边界概念而是由掌握政权的帝国权力中心主导。随着《海国图志》开始考虑南洋以外的政治实体，地缘政治的观点更接近源自欧洲的观念。魏源认为，南洋的理想状态是互惠互利、不受管制的贸易，但这种安排受到了西方海军强权的干涉。他主张加强沿海防御，这需要更加重视海军的发展，他认识到欧洲人在南洋的行动代表了现状的根本性转变。尽管如此，魏源

---

① 笔者从如下文献中得出朝贡想象的观念，这是反对欧式帝国主义原型的重要概念，参 Samir Amin, *Eurocentrism*, trans. Russell Moore, New York: Monthly Review Press, 1989。

② Jane Leonard, *Wei Yuan and China's Rediscovery of the Maritime World*, Cambridge: Harvard University Press, 1984.

的概念设想仍然无法适应主宰世界海洋的政治现实,这是葡萄牙、荷兰和英国海军政策公认的目标,这一目标与格劳秀斯的海洋自由论完全一致。

战略性海洋元素主义谱系

格劳秀斯的海洋空间依靠行使海军力量而实现,在单一强国英国的海洋霸权时代,自由海洋可以作为主导性的概念。在 19 世纪末,日本、德国、美国等其他海上强国的崛起,标志着格劳秀斯时代的结束与现代国际海事法的开始。英国的海上主导地位源于许多因素,其中最重要的是英国金融资本、保险业的崛起,以及财政、金融基础设施的快速发展,这些全都依赖英国货物运输的能力以及海军的强大力量。海洋霸权的意识形态结构不仅限于英国。在《海洋的感觉》一文中,笔者转向黑格尔寻找强有力的元素主义者(elementalist)思想。在黑格尔看来,航海激活了西方历史,海洋探索的地理机遇是西欧进入世界历史的可能条件:

> 一个欧洲国家只有与大海联结起来,才能成为大国。大海虽然分割陆地,然而能把人们联合起来:大海中包含极其独特的外出的因素,而这是亚洲生活所缺乏的。
>
> 这是生命超越自身的一种外出。主体所抱的目的特殊性包括我们所说的需求。为满足这种需求而从事的劳作,会促使个体专心致志于这个有限范围,这个行业圈子。大海是这样一个方面,人在这个方面凭借海的联合功能也有所获。可是满足需要的手段在这里有相反的作用,即财产和生命都处于危险境地,因而这种手段恰好直接包含自己的对立面。这种行

业和参与这种行业变成某种勇敢的、崇高的事业。由此产生出一种对于个人独立、对于与行业束缚相反的更大自由的独特意识。这种勇气在航海业中取决于目的本身；[在这里]一种勇气实质上与理智、伟大狡计结合在一起。大海看似辽阔无涯，纯洁无瑕。然而恰恰这种种成分的弱点、这种伸屈、这种柔和是人以自己的手段抗衡的一种危险，人通过这种危险将大海以及它所推动的空气的重要作用用于自己的目的，塑造自己的世界。①

该文追溯了这种黑格尔式的海洋元素主义如何与19世纪美国扩张主义理论下美国的命运相融合，以及如何在20世纪变异为凯南（George Kennan，1904—2005）的盎格鲁-美利坚海洋观。凯南对全球冲突的愿景完全是元素化的（elementalized），即自由贸易、自由主义的海洋强国与土地上的极权派大陆之间的对抗。

马汉的《海权对历史的影响（1660—1783）》是对海洋地缘政治中心地位、强大海军与强大国家的认同，以及美帝国特殊性的核心阐述。该书于1890年首次出版，很快成为该世纪翻译最多、流传最广的书之一。几年内，该书被翻译成三种亚洲语言以及大部分东欧、中欧和西欧语言。马汉最热情的读者之一是罗斯福（Theodore Roosevelt），他早在1890年作为一名海军历史学家和倡导者而出名，因为他写了一本广受好评的、畅销的《1812年海战》（*The Naval War of 1812*）。罗斯福在哈佛大学和哥伦比亚大学法学院的学生时代

---

① [译按] 黑格尔，《世界史哲学讲演录（1822—1823）》，刘立群等译，北京：商务印书馆，2015，页105。

写了《1812年海战》,并于1882年出版。① 罗斯福的书为马汉的巨大成功铺平了道路。马汉这本书的全球特色预示了新的全球海军主义本身:对于新兴国家而言,海军是现代化的显著标志。马汉主义的精髓在1907—1909年大白舰队(The Great White Fleet)② 的世界航行中得以体现,罗斯福总统希望借此展示美国海军的实力。当舰队抵达智利瓦尔帕莱索时,数千名观众排队站在山丘上观看。③ 美国通过壮观场面昭示军事实力,这就是通过可视存在展现全球霸权的起源性时刻。我们仍然生活在马汉时代。

马汉对美国长期军事准备态势和迫在眉睫的全球战争态势负有核心责任,而此类态度恰是我们这个世纪的主要特征。鉴于他无疑是美帝国的核心理论家之一,令人惊讶的是,对他的著作的学术研究却少之又少。④ 直到20世纪施米特的作品出现,马汉的元素主义

---

① 海军历史学家中的少数观点认为,罗斯福是美国海军力量的主要倡导者,而马汉是他的工具。参 Peter Karsten, *The Naval Aristocracy*: *The Golden Age of Annapolis and the Emergence of Modern American Navalism*, New York: Free Press, 1972;在海军历史学家中,卡斯滕(Karsten)是马汉最严厉的批评者。

② [译按]大白舰队是美国海军作战舰队的常用昵称。1907年12月16日至1909年2月22日,大白舰队依照总统罗斯福的命令完成了环球航行,舰队分为两个分舰队、四个中队,由16艘战列舰以及各种护航舰艇组成。这些船的船体全都被涂成了白色,因此获得了"大白舰队"的称号。尽管在任务开始时,舰队的战列舰已经落后于时代,但这次任务是成功的,并且深刻影响了后来的美国海军发展。

③ John D. Alden, *The American Steel Navy*: *A Photographic History of the U. S. Navy from the Introduction of the Steel Hullin 1883 to the Cruise of the Great White Fleet*, 1907–1909, Annapolis, Md.: Naval Institute Press, 1972.

④ 在研究美帝国历史的著作中,马汉确实发挥了核心作用,比如拉费伯和最近的扎卡里亚,参 Walter Lafeber, *The New Empire*: *An Interpretation of American Expansion*, 1860–1898, Ithaca, N. Y.: Cornell University Press, 1963;和 Fareed Zakaria, *From Wealth to Power*: *The Unusual Origins of America's World Role*, Princeton, N. J.: Princeton University Press, 1998。

（elementalist）观点才得到回应与关注。马汉将海洋设定成一个主要的空间实体，一个格劳秀斯式整体，一个比陆地本身更具战略意义的实体。马汉预示了凯南的观点，后者也摒弃了陆地性和大陆性。美国的世界格局有两个模式：法国和英国，法国一次又一次地浪费了由财富创造的海上霸权的机会，这种观点贯穿《海权对历史的影响》，续卷《海权对法国大革命和帝国的影响（1793—1812）》重申了这一观点。该系列第二卷中最重要的形象是，拿破仑大军虚张声势地横扫欧洲大陆，却没有意识到在公海上无人挑战的英国海军正主宰着世界。拿破仑吹嘘他将征服维斯瓦河（Vistula）沿岸的本地治里（Pondicherry），这遭到了马汉嘲笑，拿破仑没意识到，本地治里只属于海洋霸主，这表明他没看到世界的真正面目：

> 此后十年让欧洲饱受蹂躏的战争中，当法国军团及其附庸军横行欧洲时，始终都有种无声的压力遏制着法国的命脉。尽管表面上没有什么波澜，但只要稍加留心，我们就会发现海洋霸主在暗中推波助澜所起的作用令人震惊。①

为了确保美国不会重蹈法国的覆辙，马汉向美国同胞发出警告：

> 众所周知，现在的情况发生了很大的变化。力量的中心不再是沿海地区。书籍和报纸竞相报道内陆地区惊人的发展以及仍未开发的丰富资源。内地有最好的资本投资渠道和最多的劳动者就业机会，边疆受到忽视，而且在政治上处于弱势。墨西哥湾、太平洋沿岸实际上就是这样，而大西洋沿岸相对于位于

---

① ［译按］马汉，《海权对法国大革命及帝国的影响（1793—1812）》，李少彦、董绍峰、肖欢译，北京：海洋出版社，2013，页393。

中心的密西西比河流域来说，也被忽略了。当美国人再次感到从事海军事业有利可图，看到他们的三面沿海区域军事力量薄弱、国家海运能力差时，他们的共同努力可能会再次为我们的海上力量奠定基础。直到那时，美国人理解了法国海运事业因缺少海上力量而造成的局限性，他们可能会觉得十分悲痛，因为自己的国家也处于一种类似的境况中，因国内资源丰富而忽略了海上力量。①

马汉的海军战略愿景以对海洋的控制为中心：他不断强调海洋是确定的空间，也是需要掌控的空间。在马汉之前，这并非公开的主导性战略，在格劳秀斯的空间中也不是一项结构性的必需品。马汉时代之前，海军战略的基本目标一直是贸易破坏，在 19 世纪大部分时间里，这个目标推动着英国和美国的海军采购战略。正是通过马汉、罗斯福和一些志同道合的盟友的努力，海军战略才转向了战列舰海军。但是，战列舰海军本身也是基于新的海洋愿景建立的，强调对海上领域的完全掌控。马汉重申，破坏商业贸易只是海军统治的附属手段，如果不能有效掌握整个海洋空间，商业破坏的目标就不会有战略效果。这种掌控虽然并不总是英国的正式的目标，但却是英国海军战略的核心，而法国则忽视了这一点。

在马汉的著作中，他最赞赏的是那些旨在全面掌控海洋元素的海军将领和船长的战术。战列舰拥有自己的控制领域，而战列舰战争的真正元素不是港口或封锁，而是公海。这种掌控元素的必要性，无疑是吸引马汉关注法国海军将领德·萨弗戎（Pierre André de Suf-

---

① 马汉，《海权对历史的影响（1660—1783）》，李少彦等译，北京：海洋出版社，2013，页 28。关于内陆意识形态的分析，参 William Cronon, *Nature's Metropolis: Chicago and the Great West*, New York: W. W. Norton, 1991。

fren，1729—1788）的原因之一，他的"撒旦上将"名号广为人知。英法之间1778年至1782年的海战，是马汉最关注的战争，因为它完全是海洋性的。萨弗戎以攻击性及在公海上与敌人交战，而不是在港口附近交战见长。马汉坚持采取攻击性海军战略，并认为纯防御性态势没有逻辑。① 马汉最崇拜的纳尔逊（Horatio Nelson，1758—1805）上将，对海洋元素的理解也有类似的广博视野。

马汉主义是美国霸权主义崛起的纲领，也是对英国霸权的地缘政治分析。这是一个重商主义的愿景：一个国家通过必要的海洋贸易变得富有和强大。控制海洋的国家将成为主导世界的强国。这种控制不依赖于海外殖民地。对于维护世界海军来说，补给站比殖民地更为重要。贸易优势也不依赖于运输的控制，就像在格劳秀斯的海洋论下的英国海军战略那样。在早期的著作中，马汉强调了发展美国商船队的重要性，但到19世纪90年代末，他承认形势发生了变化：贸易比运输更为重要，是海军而非商船队在行使海军力量。那么，海军政策应该以投放力量的能力为基础，而这种投放应该进入马汉经常说的新的、巨大的公有区域（the new Great Common），它像陆地一样，由密集的人类活动轨迹纵横交错而成：

> 从政治和社会的观点来看，海洋最先声夺人和最显而易见的特点是一条重要的通道，若更确切些，则如同一片广阔的公有区域（a wide common）。人们可以通过海洋到达世界各地，但人们频繁地使用一些航线表明，由于某些因素的制约，人们

---

① 最近的一项研究认为，马汉的指挥风格是他最重要的贡献之一。参 Jon Tetsuro Sumida, *Inventing Grand Strategy and Teaching Command: The Classic Works of Alfred Thayer Mahan Reconsidered*, Baltimore, Md.: Johns Hopkins University Press, 1997。

会选择某些航线，而非另一些航线。这些航线称作贸易通道，而其制约因素要从世界历史中去寻找。①

马汉的海洋航线的观点以及其控制的重要性影响了冷战时期美国在亚太地区的战略，即使远程核武器已使此类战略考虑变得完全无关紧要。马汉的陆海混合视野，用高速公路和桥梁比喻的混合交错的海洋，以及一个需要主导力量居高临下的巨大的公有区域（Great Common），这些概念确保了他对美国太平洋战略的持续影响力。

地理想象是强大的。它给我们带来了欧洲、西方、亚洲、自由世界等概念。在马汉的思想占主导地位时，他像许多地理想象的塑造者一样，或许过分相信地球概念的可塑性。在整个19世纪90年代，他主张英美之间建立新的更紧密的联盟，这种主张很有趣。② 白人种族主义的盎格鲁-撒克逊主义在19世纪90年代很受欢迎，当然也是这个联盟的核心组成部分。它的空间特征虽然不系统，但也很有启示性：机械化海上交通使得世界看起来小了，随之而来的结果是英国就更显小了。美国意欲像英国那样，成为这个世界上的新岛国。英国岛屿的特征取决于欧洲而不取决于其自身，因此带有

---

① 马汉，《海权对历史的影响（1660—1783）》，前揭，页19。

② 马汉的两篇文章《英美重新联合的可能》（1890）和《展望二十世纪》（1897）再版于 The Interest of America in Sea Power：Present and Future，Boston：Little Brown, 1897。该系列的法文翻译于1903年出版，名为 Le Salut de la race blanche et l'empire des Mers；德译本也表现出一种种族主义思想，标题为 Die Weisse Rasse und die Seeherrschaft，1909；日本翻译为 Taiheiyō Kaiken ron（On sea power in the Pacific）。这些译本标题提供了一些关于美国国际主义性质的见解。[译按]中译见马汉，《海权论》，萧伟中、梅然译，北京：中国言实出版社，1997。

去大陆化特征，其岛屿特征已成其自身地缘神话的重要组成部分。马汉转向岛屿而远离大陆，不仅显示了他的盎格鲁中心主义，还暴露了他的基本信念，即陆地无关紧要。国家应该是一个岛屿。同样，西沃德①（William Henry Seward, 1801—1872）也认为，美国作为欧洲和亚洲的过渡地理空间，应成为世界海洋的中心岛屿。

当然，全球霸权并非源于对元素的概念性的掌握。在英国和美国，霸权所依赖的军事力量更多来自金融资本的特性、财政和政治实力。但是，马汉理解了引导这种力量所需的地缘政治语言，他的愿景不仅塑造了美国的军事政策，还是理解美国全球崛起的历史力量的主流解释。

对抗海洋的元素主义谱系：陆地

我并不试图解释整个陆地想象，它形式多样，比海洋更为丰富和抽象。一般认为，从19世纪中期到20世纪中期，德国的地缘想象一直以陆地为中心，尽管带有某种黑格尔式的海洋意味。事实并非如此。说德语的民族有着悠久的航海历史，汉萨同盟的城镇是海上贸易和文化、历史的中心。但德国建立国家和帝国的时间晚，也许受到更全面的欧洲大陆帝国奥匈帝国的影响，德国的地理思想转向了陆地，也许是因为德国地缘神话学家认为，海洋意识已被英国占据。臭名昭著的"人文地理学家"拉采尔（1844—1904），从19世纪70年代开始到本世纪早期发展出"生存空间"（Lebensraum）

---

① ［译按］威廉·西沃德，19世纪美国著名政治家。毕业于联邦学院，历任纽约州议员、州长、联邦参议员等职。1861—1869年间担任国务卿。他是建立美国太平洋帝国的鼓吹者和设计者。参见徐国琦，《威廉·亨利·西沃德和美国亚太扩张政策》，载《美国研究》，1990年第3期，页98。

概念。在一开始，生存空间就是一个种族-空间概念，[种族和空间]这两个概念的联系异常醒目，贯穿了德国地理的形成时期，在纳粹治下，土地与种族的联系有个著名的表达——"血与土"。①

种族和土地关联的一般特征表明，种族是一种无法避免的形态，正是通过这种形态，与土地的联系才得以确立。拉采尔在对匈牙利和东欧的实地观察中，看到了在新开发的土地上劳作的德国农民，这促使他得出了种族与土地生产力的等式。这是一种种族命运，他在19世纪70年代的旅行中，在堪萨斯州西部和美国中部的其他地方的德国社区中也发现了证据。德国农民在非德裔东欧地区是少数民族，这使拉采尔能够将他们视为受到周围劣等海洋论威胁的优等人，并将保护说德语的少数民族列入德国外交政策议程。② 保护德国少数民族的跨国权威也是施米特"大空间"概念中的一个持久部分。

俾斯麦在19世纪对德国权力的设想，就像希特勒在20世纪二三十年代的设想一样，受到了美国1823年门罗宣言的启发。和希特勒一样，俾斯麦以美国在北美和南美的角色为蓝本，设想了德国在欧洲大陆的角色。施米特在他1941年出版的《国际法中的大空间秩序》中提到了门罗主义：

---

① 参 Anna Bramwell, *Blood and Soil: Richard Walther Darre and Hitler's "Green Party"*, Buckinghamshire: Kensal Press, 1985。

② F. Ratzel, *Anthropogeographie*, Stuttgart: J. Engelhorns, 1921-1922；有关生存空间的文献，见 *Der Lebensraum: Eine biogeographische Studie*, Darmstadt: WissenschaftlicheBuchgesellschaft, 1966。对美国的报导，见 F. Ratzel, *Sketches of Urban and Cultural Life in North America*, trans. and ed. Stewart A. Stehlin, New Brunswick, N. J.: Rutgers University Press, 1988。拉采尔还写过一本关于海洋的小书，以黑格尔式的抒情对海洋在战略、商业和美学上的重要性进行了阐释。参 F. Ratzel, *Das Meer als Quelle der Völkergrosse: Einepolitisch-geographische Studie*, Leipzig: R. Oldenbourg, 1900。

1823年的门罗主义是近代国际法历史上第一个也是迄今为止最成功的大空间国际法范例。这是德意志帝国的真正先例。[①]

拉采尔是世纪末德国空间理论繁荣的早期倡导者。瑙曼（Friedrich Naumann）的《中欧》第一次提出必须建立柏林-巴格达轴心的权力与影响，对许多德国观察家来说，这本书完美地表达了德国在欧洲大陆上的帝国蓝图。然而，在许多方面，瑙曼却正处于被动地位，因为他认为，在以俄罗斯、美国和英法帝国为代表的超级国家实体的世界中，以德国为中心的中欧是德国国家能够生存的唯一方式。施米特与瑙曼对超级国有相同的关切，并在他的《大空间》著作中详加阐述。

以土地为基础的德国种族优越主义的愿景在拉采尔的学生豪斯霍弗（Karl Haushofer，1869—1946）的作品中得以实现。豪斯霍弗的论文和早期作品主要关注日本，并推广了德国在中欧的生存空间概念。铭记英国在发展地缘政治学科方面的领先地位至关重要，麦金德（Karl Mackinder）是个开始，后来豪斯霍弗在1924年创办了《地缘政治杂志》，并通过赫斯（Rudolf Hess）的指导与交往，以及他对"生存空间"概念的推广，为我们提供了与希特勒直接相关的线索。在《我的奋斗》中，生存空间的地缘政治及其种族灭绝含义变得清晰。希特勒也有将陆地和海洋二分的设想。在希特勒的著作和社会政策中，德国土地农业本质的愿景是清晰的。纳粹在德国掌权后，将收获节确立为国家节日，以土地为基础的"血与土"成为土地的口号。事实上，希特勒是完全陆地化的，在《我的奋斗》中，他表达了英德结盟的希望以及将海洋和海上贸易留给英国的意愿，而德

[①] Carl Schmitt, *Völkerrechtliche Großraumordnung*, Berlin: Deutscher Rechtsverlag, 1941, p.13；英文原文为笔者自译。

国则控制中欧：幻想着世界分为陆上强国和海洋强国，正如奥威尔（George Orwell）和凯南的描述。①

卡尔·施米特的综合体

近年来，人们主要关注施米特在20世纪二三十年代关于国家、主权和自由主义的著作。他关于空间的著作有《国际法中的大空间秩序》（1941）、《陆地与海洋》（1942）和《大地的法》（1950），但意大利、德国、美国、法国和英国的施米特复兴者在很大程度上却忽视了这些著作。②例如，他的这些著作没有一本被译成英语或法语。他在政治理论方面的撰述散见多处，多为独裁统治进行辩护，而他关于权力的著作，则用于司法程序中，助力巩固魏玛政权。因此，施米特的作品总是与纳粹主义格格不入：他的作品基于"实际情况"和"现实生活"，与充斥着神秘主义、神话诗学和对民族本质的非理性诉求的纳粹政治文化截然对立。不过，他在1933年以后的著作很容易包含反犹太的言论，但随着对"大空间"这一概念的发展，他对种

---

① Adolf Hitler, *Mein Kampf*, Munich: Zentralverlagdes NSDAP, 1942, pp. 154 – 156。参 Adolf Hitler, *Mein Kampf*, eds. and trans. John Chamberlain et al. New York: Reynal and Hitchcock, 1940, pp. 183 – 185。正如Gerhard Weinberg所证实，与英国和平相处的希望渺茫，甚至在早期，希特勒就认为战争是必要的。参 Gerhard Weinberg, *Germany, Hitler, and World War II*, Cambridge: Cambridge University Press, 1995, esp. chap. 6, "Hitler and England, 1933 – 1945: Pretense and Reality", pp. 85 – 94。

② 许多关于空间的著作都收录在 Carl Schmitt, *Staat, Großraum, Nomos: Arbeitenaus den Jahren* 1916 – 1969, ed. Günter Maschke, Berlin: Duncker and Hum-blot, 1995。

族因素的强调反而越来越少。施米特不愿意采用以民族为中心的"生存空间"框架，这可能是他在1936年失宠和失去影响力的原因之一。①

施米特认为，20世纪见证了主权国家时代的终结。他对这种逝去并不抱乐观态度，他在1950年代的作品中表现出一种悲观的、斯宾格勒式的观点：这个世界正在急速走向混乱。当国家让位于超级国家实体大空间之时，纳粹对欧洲的征服便是这一历史时刻的象征。法哲学家的任务是构建一个适用于后国家时代的国际法框架。欧洲中心主义的国家主义的终结，标志着国际法时代的结束。新的地球秩序需要新的思考方式，但将要走向何方尚不清楚。在他晚年的一些著作中，人们甚至感受到了一种深深的罗马天主教的悲观主义。

施米特的《陆地与海洋》是对黑格尔海洋目标的重要重写，它在很大程度上是对马汉的挑战。这本书唤起了陆地和海洋之间的元素斗争的形象——巨兽与利维坦——但与黑格尔相反，施米特没有发现航海本身是全球历史的动力。例如，他认为将威尼斯视作国家太过肤浅。人类的生命确由其与元素的关系所决定，但是人类的特点在于围绕新元素组织生命的能力：

> 他自身拥有着某种权力和历史权能的游戏空间。他可以选择，在某个历史瞬间，他甚至可以借助自己的行动和业绩对作为其历史存在的总体形式的某种元素做出决断，由此重新调整和组织自己。在此意义上，如理解得没有错误，正如诗人所说，

---

① 参Joseph W. Bendersky, *Carl Schmitt, Theorist for the Reich*, Princeton, N. J.：Princeton University Press, 1983。

人有"去他想去的地方的自由"。①

历史的关键因素成为空间概念。海权不是最终结果，而是新意识发展的促成因素：

> 我们还可以找出其他历史事例，但是，所有的历史事件在这个我们所熟知的最深刻、最具影响力的世界图景的变革面前都会黯然失色。它发生在16、17世纪，在这些世纪里，人们发现了美洲，进行了首次环球远航……这是第一次真正意义上的空间革命，它全面彻底，包罗万象……在人类历史上，人第一次像把一个球体攥在手里一样了解了这个地球的实景和全貌。（同上，页37）

英国之所以成为世界强国并赢得了太空革命，是因为英国已经领悟到海洋是其整体转向的手段。滑铁卢战役后，英国在19世纪统治了世界。

工业革命使19世纪的英国实现了霸权，但工业革命却使施米特远离了这两种元素，并远离黑格尔的陆海二元论。

> 在这个世纪中叶，克里米亚战争之后，以及1856年在结束这场战争的巴黎和会上，英国的海权处于鼎盛时期。自由贸易的时代同时也是英国的工业和经济的优势自由拓展的时代。自由的海洋和自由的国际市场在自由这个观念中汇合了，其承担者和保护者非英国莫属。这个时候，对英国模式的崇拜和模仿也达到了顶峰。

---

① 施米特，《陆地与海洋——古今之"法"变》，林国基、周敏译，上海：华东师范大学出版社，2006，页6。

> 一种内在的变化触及了利维坦的本质。当时还没有人发现这一点……那个触及利维坦本质的变化正是工业革命的结果……此时，英国的世界霸权似乎已成定局。工业革命意味着陆地与海洋的关系发展到一个新的阶段。此时由一条巨大的鲸鱼变成了一台巨大的机器，机器改变了人与海洋的关系。但19世纪时，人们并没有意识到这一点。因为，无论是鱼也好，还是机器也罢，那个利维坦都将变得越来越强有力，它的帝国看上去似乎没有止境。（同上，页57-60）

这是施米特的预感，海德格尔对此有共鸣，世界从根本上被技术所改变。在施米特的"后海洋"视角中，马汉不再是海洋未来的先知，而是一个过时的人：

> 这位海军少将感觉到了时代的变迁，看到了工业发展必然带来的各种尺度和标准的巨大变化。但是，他没有看到工业巨变涉及的一个根本问题，即人与海洋的基本关系。因此，他仍然局限于旧有的思考方式中。他的关于更大的岛屿这一设想显示出，在一个全然一新的局面下，他仍然保留着那种已经过时的古老的传说。
>
> 尽管马汉关于更大的岛屿的构想令人印象深刻，但是，这种构想并没有切中一个崭新的空间秩序的要害。这一构想并非来自早先航海家的精神。它出于一种保守的地缘政治的安全需要，已经丧失了原来的那种根本动力，16、17世纪时，正是这种动力促成了航海家的冒险精神与加尔文教的预定论信仰的历史性结盟。（同上，页61）

1942年的这篇文本将德国视为技术性超越陆海二元对立的地方。

德国在19世纪末和20世纪声称自己是超级工业大国，消除了德国的落后，并显明其在新后海洋时代的霸权地位：

> 取代这种大地法，一种新的法在我们这个行星上源源不断、不可阻挡地生长起来。人与新旧元素的新关系呼唤着这种新法的诞生，已经变化了的人的存在标准和尺度也逼着它的诞生。很多人从中只瞥见了死亡和毁灭。有些人相信自己正在经历世界的毁灭。实际上，我们所经受的只是迄今为止的陆地与海洋的关系的终结。然而，人对新事物的恐惧常常与对虚无的恐惧同样强烈，尽管新事物是对虚无的克服。（同上，页62）

当然，施米特低估了马汉。美国的世界主导地位一直由海军舰队展示和执行，这是根据马汉剧本的扩展版本实现的：工业战争机器无疑占据了主导地位。我们还可以从马汉对美国主导地位的强调中看到当代美国在全球形象塑造中的主导地位：从苏比克湾到海滩游戏的美国世纪。但这是另一条轨迹。

施米特的战后著作保留了空间革命的概念，但没有德意志借技术掌握世界的目的。正如人们所预料的那样，他的愿景比早期必胜的黑格尔海洋主义要黯淡得多。尽管如此，施米特的基本观点——陆地或海洋被第三种元素取代——几乎在美国电话电报公司、世通公司、连线杂志和微软的言论中都出现过，这可能向我们暗示网络空间政治的另一种观点，正如口号"你今天想去哪里？"（微软）和"那里将不再有"（世通公司）所表达的那样。施米特从未巩固过他的第三个元素——他以不同的方式提出了"空气"，表示空中旅行和完全的可交流性，或者"火"，表示机器的灵魂。正如我之前提到的，当前的全球主义话语可能后来被证明是一种全新概念框架（也许是后空间框架）的门槛。或者，主导力量与对抗力量都可能陷入想象僵局，空间化的地理想象无法摆脱意识形态积累的重压。

迄今为止，我一直讨论以帝国、国家或德意志帝国为中心主导的地缘想象。正如我所展示的，霸权政治、经济和军事力量也意味着霸权话语权：地缘想象的主导范畴和修辞是霸权的表达。反霸权运动、反统治或反帝国主义思想也有它们的反空间性。毛泽东革命思想、构境主义（situationism）、无政府主义、反殖民主义都产生了新的空间：社区、村庄、街区、德勒兹和加塔利的游牧空间。乌托邦本身是一个空间概念。但是，主导地缘想象的历史积累仍然具有影响力。在下一节中，我将转向两个关于地缘空间关系的想象场景——在全球、地区和国家层面上——以评估其他地区地缘想象的最新状态，据此表明陆地与海洋霸权地缘神话的持续影响力。

黑格尔世界空间的自由中国版本

随着改革开放不断深化，中国开始寻找一种可以想象未来的词汇。通往市场改革的道路在1984年迎来了第一场公开的胜利，这是邓小平视察南部沿海的经济特区并对那里所发生的事情予以赞扬后发生的。这种对沿海地区的意识形态取向体现了中国地缘想象中的重大改变。在毛泽东时代，"中国"本身的象征是北部内陆地区，特别是第二次世界大战和革命期间的共产主义根据地延安。延安代表着力量和自力更生的精神，是农民革命思想的发源地。相比之下，上海、厦门和广州等南方港口城市，在革命前是中西贸易的中心，其靠近海洋的位置表明它们对资本主义和堕落持开放轻浮的态度。邓小平的南方讲话改变了这一切，距离香港最近的经济特区深圳成为市场改革的象征，它提供了想象中国未来的视觉元素——摩天大楼、高科技甚至广告牌。

未来的想象通常缺乏转型：未来的变化需要跳过一个阶段。在以沿海为中心的市场改革期间，工业资本本身及其伴随的狄更斯式或辛克莱式苦难也将被跳过。这是托夫勒（Alvin Toffler）在《第三次浪潮》中预测的模式。在20世纪80年代初期，该书的中译本在市面上流传，销量惊人。第三次浪潮是信息时代，托夫勒书中对中国的预测充满溢美之词。他声称，像中国这样的国家，虽从未发展过广泛的工业基础设施，并且仍然保留着集体主义"农业"价值观，实际上却已经为信息时代技术变革做好了准备，有利于后福特主义无等级的"集体主义"组织的发展。① 中国的乡村和硅谷是同一个地方的不同版本。因此，托夫勒提供的是地理想象的去时代化：中国是未来全球的一种不成熟状态，超前于现在，又超越了现在。

中国的发展意识向海洋转型，正如经济特区的发展现状所展示的，代表了中国的心灵和精神解放：海洋的开放将是透明的交流和政治的往来。然而，在黑格尔对世界历史的描绘中，蓝色的海洋是一个永远不会发生任何动荡的地方：新的历史时代本身将以一种非革命的平静状态为标志。

自1990年代以来，无论在中国还是美国，海洋地缘想象都已经失去了影响力。在美国，太平洋沿岸现在大多仅仅被用来建造融合

---

① ［译按］后福特主义意指一个历史性的转变，在其中，新的经济市场与经济文化原则上已经被建立在新型消费者基础上的信息技术手段所开启。与福特主义相反，后福特主义时代通常与更小型、更灵活的生产单位相关，这种生产单位能够分别满足更大范围以及各种类型的特定消费者的需求。后福特主义还伴随着80年代以后主要西方国家的政治学与经济学的变迁。这个概念所标识的中心过程包含：大工业或重工业的衰落，新兴的、小型的、更加灵活的、非中心化的劳动组织网络以及生产与消费的全球性关系的出现。参见陶东风，《福特主义与后福特主义》，载《国外社会科学》，1998年第1期，页89。

餐厅和大学。① 在中国，尽管沿海发展有增无减，经济快速增长，但发展重点几乎没有进一步调动海洋地理想象。蒙罗（Ross Munro）和伯恩斯坦（Richard Bernstein）以及亨廷顿的《文明的冲突与世界秩序的重建》等北美论著描绘了文明冲突的图景，但并没能提出任何新的空间想象。最终，在21世纪初，拿破仑时代可怕的"龙"首次觉醒，开始挑战无人非议的"西方"。

夏威夷：对土地的热爱

未来预言在西方总有市场。有趣的是，20世纪90年代末，美国的预言寻回了古老文明的词汇。美国的环太平洋话语在地理想象力上对空间性的突破被证明是相当短暂的。这是1997年4月，在檀香山夏威夷大学夏威夷研究中心举行的美国少数民族文学会议上的场景。该中心与校园的其他部分有所不同，毗邻一条小溪、一片芋头和其他本地作物种植田地，以及一个"传统"的墓地平台。建筑是波利尼西亚式的，高高的圆顶，地面开放式的墙壁，空气自由流通。主讲人是夏威夷大学夏威夷研究中心主任特拉斯克（Haunani-Kay Trask）②，他是夏威夷卡拉灰党（Ka Lahui Hawaiian）的创始人，这是一个自主决策、主张主权的政党。新建的夏威夷研究中

---

① Cf. Christopher L. Connery, "Pacific Rim Discourse: The U. S. Global Imaginary in the Late Cold War Years", *Boundary 2* 21, no. 1, spring 1994, pp. 30–56.

② ［译按］豪纳尼-凯·特拉斯克（Haunani-Kay Trask, 1949.10.3—2021.7.3）是一位夏威夷原住民活动家、教育家、作家、诗人和夏威夷主权运动的领导人，参 Haunani-Kay Trask, *From a Native Daughter: Colonialism and Sovereignty in Hawaii* (Revised ed.), Honolulu: University of Hawai'i Press, 1999.

心是她最引以为傲的成就之一。同月,檀香山一家周刊发表了一篇文章引用了她的话:

> 这座建筑是我一生中最重要的成就。我希望的比这更多。我希望它是一个自治的国家,有自己的法律,边界比这五英亩大。但这是一个开始。这仍是一个巨大的历史成就。①

大厅本身坐满了人,大多数是与会者,其中至少有一半是亚洲人或亚裔美国人。研究中心的助理教授卡米埃雷希瓦(Lilikalaa Kame'eleihiwa)一边用夏威夷语吟诵,一边以庄严的步伐沿着中间的过道漫步。气氛庄重、神秘,大多数观众似乎不知道发生了什么。卡米埃雷希瓦教授把花环戴在了特拉斯克低垂的头上,特拉斯克开始在她的演讲中解释刚刚发生的事情:卡米埃雷希瓦教授在当天的活动开始时吟诵了查斯克(Haunani-Kay Trask)的家谱,把她的血统追溯到毛伊岛(Maui)和瓦胡岛(Oahu)② 的土著皇室。

家谱在夏威夷主权运动中扮演着核心角色,构成了"本土知识"的主要权威话语,夏威夷原住民将其与非本土历史学家、人类学家、政治家和官僚的权力与知识进行了对比。亲属群(ohana)与土地(aina)联系在一起,这一联系通过以下术语的不同含义得到加强:ohana 是芋头植物,aina 是喂养,这是许多太平洋语言所公认的。祖

---

① 引自 Don Chapman, "One for the Books: Haunani-Kay Trask Fulfilled Her Father's Plan and Helped Change History", *Midweek Magazine* (Oæahu), 21May1997, A4。

② [译按] 在夏威夷群岛中,瓦胡岛最负盛名,交通最为便利。瓦胡岛在夏威夷群岛中,成岛时间排名第二,面积大小排名第三,但人口数量占夏威夷州的绝大多数,主要集中在大檀香山地区。参瑞戈姆,《夏威夷旅游全攻略》,刘恋译,杭州:浙江出版集团,2018,页53。

先就像芋头一样，居住在土地上；它被居民以一种管家的身份占据。在施米特的《大地的法》中，我们看到了一种更亲密的形式：土地是社会和亲属法的根源，早于法律或财产关系。保护（Mālama'aina）即对土地的呵护，是夏威夷原住民与土地关系的核心。这种关系在夏威夷主权运动的活动、表演和立场中得到发展。

在某种意义上，吟诵特拉斯克的族谱与特拉斯克的保护密不可分——这是她从土地角度发声的权威来源。后来，她在演讲中朗诵了自己的诗歌，其中一卷收录在1994年出版的《从未见过的裂缝中的光》中。她朗读的诗歌就像该卷大部分作品一样，是对亵渎瓦胡岛和威基基（Waikīkī）①的一种平淡无奇的谴责或是对岛屿美景的赞颂。在这里，用审美化的语言谈论夏威夷是一个问题，我将在下文继续探讨。

自从1970年左右夏威夷主权运动进入活跃阶段以来，土地一直是争论的主要问题。自18世纪库克船长（1728—1779）远航以来，夏威夷本土与英美势力之间的特殊对抗塑造了这种争论的本质。正如许多被殖民的世界，帝国主义最具破坏性的因素之一在于，英国人迅速引入不可剥夺财产的概念，在这种情况下，土地的权力以及使用，由不断变化的复杂因素决定——家谱是其中一个重要因素。夏威夷国王卡美哈梅哈一世（Kamehameha I）②的君主权力在英国的帮助下得到巩固。因此，西方人的到来与夏威夷君主制的建立以及

---

① ［译按］威基基海滩位于火奴鲁鲁（檀香山）主要市区旁。威基基是火奴鲁鲁的中心市区。因靠着威基基海滩，旅游成了这个区的主要特色。参郭光华，《人生的选择》，北京：中华书局，2018，页116。

② ［译按］卡美哈梅哈一世（Kamehameha I, 1758—1819.5.8），被尊称为卡美哈梅哈大帝，是夏威夷王国的开创者。他原是夏威夷岛的一个酋长，经多年征战，于1810年统一了夏威夷群岛。参拉尔夫·开肯德尔、赫伯特·格雷戈里，《夏威夷史》，王世杰译，北京：华文出版社，2022，页59-99。

夏威夷融入世界市场不谋而合——首先是捕鲸和檀香木，后来是种植园作物，资本主义财产和社会关系。

1876 年，美国通过了备受争议的互惠法案（对夏威夷原住民而言），此后夏威夷的糖不再受美国关税的约束，种植园经济开始蓬勃发展，靠种植园为主的财富精英一直掌权到第二次世界大战后，他们通过非法获得或征用土地，以及从日本、中国、菲律宾和其他劳动力过剩的地方进口大量劳动力，巩固了自己的地位。由于疾病的影响，夏威夷土著居民的数量急剧减少，许多幸存下来的人都抵制种植园制度的统治。

土地和精英所有权的保护一直是"二战"期间夏威夷政治的核心。直到战后，随着旅游业和以服务业为基础的城市化，和日本人、华人和白人中产阶级的崛起，一个在亚裔社区拥有强大基础的反精英统治的民主党取代了筑基在土地上的共和党。然而，正如库珀（George Cooper）和道斯（Gavan Daws）在《夏威夷的土地与权力》一书中所述，土地占有的民主化程度远远低于改革者最初的设想。今天，仍有大量夏威夷原住民对各种土地所有权提出要求，例如，最初为夏威夷原住民保留的居住用地，却被非法转移到各种商业、政府或军事用途上。[1]

此外，基于美国原住民的权利、非法征用土地的历史以及保护——对土地的崇敬，他们还有更广泛的要求。与夏威夷的大多数政治一样，主权政治的核心在于土地政治。在美国少数民族文学会议召开六个月前，夏威夷原住民计划投票支持选举代表，使他们以压倒性优势组成夏威夷原住民政府，这被视为在正式要求夏威夷主权的路

---

[1] 参见 George Cooper and Gavan Daws, *Land and Power in Hawaii: The Democratic Years*, Honolulu: University of Hawaii Press, 1990。

上迈出了重要的一步。① 特拉斯克将夏威夷研究中心定位为具有代表性的解放区,其意义应从这个角度来看。

但是,特拉斯克的讲话很快转向对听众的警告,即夏威夷属于夏威夷原住民,而非那些种植园工人的后代,他们通过各种文化媒介创造了一种文化身份,通过使用皮钦语、拒绝大陆[注:指陆地]以及美国大陆亚裔美国文学规范,以及通过创造读者、作家和表演者的社区,醉心于地域文化政治。竹岭和一大批其他地方文化组织是在1978年举行的传说中的谈话故事会议之后成立的,该会议汇集了来自岛屿各地的作家和诗人,并重新联系到过去的当地文学作家,如穆拉亚马(Milton Murayama)。竹岭出版了山中诚(Lois-Ann Yamanaka)、乔克(Eric Chock)、巴拉兹(Joseph Balasz)和鲁姆(Darrell Lum)等作家的作品。有些是夏威夷原住民,但许多人是亚裔,在他们的作品中,种植园工人的过去常表现为当地真实性和抵抗的来源。② 正是面对这种真实性的断言,特拉斯克试图争辩,她轻蔑地提到了种植园的过去,好像它被与种植园主本人的联系所污染。

特拉斯克强调了本地人和土著之间的区别,并认为自己无权作为"本地人"待在夏威夷。即使最激进的夏威夷主权组织也不主张剥夺夏威夷个人住房所有权。最激进的独立运动所持的极端立场是限制未来的移民。许多亚裔夏威夷人经常在夏威夷当地有关土地使用、道路建设和卡霍奥拉威岛的抗议活动中扮演重要角色。特拉斯克没有在任何地方建议亚洲人应该搬出夏威夷。但他们的权威、声

---

① [译按]1999年,美国最高法院的一项裁决推翻了夏威夷岛的选举,该选举仅限于夏威夷原住民。

② 关于《竹岭》的文化诗学和政治,可参威尔森(Rob Wilson)的作品,尤应参 Rob Wilson, *Reimagining the American Pacific*; *From South Pacific to Bamboo Ridge and Beyond*, Durham, N.C.: Duke University Press, 2000.

音、语言是特拉斯克试图排除的,她坚持母语高于当地语言,夏威夷语高于皮钦语,接触前的历史高于种植园历史,土地本身高于社会实践——种植园工作、工会活动、休闲活动。特拉斯克孜孜不倦、毫不妥协地主张夏威夷原住民的权利:在与人类学家林尼金(Joyce Linnekin)和基辛(Roger Keesing)的公开对话中,她坚决反对文化建构主义、战略本质主义或身份表演的人类学主张。人类学家和本地人一样,都不属于她所坚持的身份、权威和真实性的范畴。特拉斯克坚持血统上的身份、权威和真实性。在特拉斯克结束演讲和诗歌朗诵并邀请观众提问时,大部分观众是亚裔美国人或其他亚裔,他们保持沉默。其中一位观众要求她朗读更多的诗歌。

这场"反当地人"的演说本不必发生。从战术和策略上讲,这场演说并不必要,也没有给特拉斯克为夏威夷人民所做的奉献和不懈的努力增光。这场演说的审美化、仪式化、排斥性和过于纯粹的攻击性,已经掺杂了令人不安的 20 世纪元素,有损于关心夏威夷土地的文化价值的传承。夏威夷原住民对土地的要求真实,斗争意义重大,外界对原住民的策略或战术很难评判。在夏威夷争取主权的斗争中,特拉斯克的声音独树一帜,许多土著活动家都持不同意见。另一方面,批评《竹岭》对无产阶级有着错误的认同,无产阶级以种植园遗产为交易,为当代、郊区、拥有住房的亚裔夏威夷中产阶级提供真实性,而这种批评就像几乎所有对身份政治的批评一样,并非毫无根据。面对 20 世纪的困扰,我建议人们暂时停止对当地人的排斥,此举伴随着对土地作为一种理念、一种与血缘和亲属关系联系在一起的本质的呼吁。

这两种地缘想象的轨迹——中国走向世界、夏威夷回到接触前的本土主义,我们以不同的方式看到了其主导性元素结构的重新表达。夏威夷争取主权和中国反霸权都值得我们支持。当然,这样的斗争或许应该警惕法（Nomos）的构想——一种属于空间形态的想象——且更应准备好迎接否定的政治。反种族主义、反帝国主义和反法西斯主义的斗争，在地方、国家或地区层面都有清晰的表述，而且确实在很多地方都有具体的突出表现，这可能是一个很好的开始。一个人为之奋斗终生的，将会是整个人类或整个世界为之努力的某个具体版本。但是，如果地方、国家或地区的斗争能够抵制地理神话的诱惑，那么，它们的积极力量会更加完整，并累积更少历史地缘想象的噩梦。

译者单位：北京第二外国语学院文化与传播学院

（本翻译为北京第二外国语学院2023年
研究生科学研究重点项目资助成果）

旧文新刊

李育《公羊》義四十一事輯證

金德建　撰　潘林　校注

［校注説明］本文原載《制言》第六十二期（1940年3月）。後有所修訂，收入金德建《古籍叢考》（中華書局1941年版）。本文據上述中華書局本校注，其中脚注部分係校注者所加。

《後漢書·李育傳》云："嘗讀《左氏傳》，以爲前世陳元、范升之徒更相非折①，而多引圖讖，不據理體，於是作《難左氏義》四十一事。建初四年，詔與諸儒論五經於白虎觀。育以《公羊》義難賈逵，往返皆有理證，最爲通儒。"知李育曾參議白虎觀，有《公羊》義四十一事之作，則李育之說，必存於今《白虎通義》之中無疑。而李育之大義，據《後漢書·何休傳》所云，實爲何休《解

---

① 非折，非難，責難。

詁》之所追本，則《通義》之說《公羊》，凡同於何休《解詁》者，謂即出於李育所說，恐亦甚當。

余讀《白虎通義》，取其說《春秋公羊》者，比而録之，得八十三條。其中與何休之《解詁》參證相符合者，適得四十有一條，正值此數，以爲此即《李育傳》所謂李育所說《公羊》義四十一事云。外此或出《公羊》嚴、顔二家，或竟出賈逵《長義》所別舉大義以難李育者，則不可知矣。

二十六年①五月，金德建識於蘇州。

爵

一、爵有五等，以法五行也；或三等者，法三光也。或法三光，或法五行何？質家者據天，故法三光；文家者據地，故法五行。……《春秋傳》曰："天子三公稱公，王者之後稱公，其餘大國稱侯，小者伯、子、男也。"

按：此引《公羊》隱五年《傳》文曰："天子三公稱公，王者之後稱公，其餘大國稱侯，小國稱伯、子、男。"此年何休《解詁》中未云有"質家三等據天，法三光；文家五等據地，法五行"之義。

二、《春秋傳》曰："合伯、子、男爲一爵。"或曰："合從子，貴中也。"以《春秋》名鄭忽，忽者，鄭伯也。此未踰年之君，當稱子；嫌爲改伯從子，故名之也。

按：此引《公羊》桓十一年《傳》文曰："忽何以名？《春秋》伯、子、男一也，辭無所貶。"

又按：陳立《白虎通疏證》云："《後漢·儒林傳》：'李育習《公

---

① 二十六年，指中華民國二十六年，即公元1937年。

羊春秋》。建初元年，衛尉馬廖舉育方正，爲議郎，後拜博士。四年，詔與諸儒論五經于白虎觀，育以《公羊》義難賈逵，往返皆有理證，最爲通儒。'然則此蓋李育説也。"陳説是也。今考《白虎通義》之説《公羊》，多與何休之注相符合；而何休之學原出李育，《後漢書》何休本傳云："與其師博士羊弼追述李育意，以難二《傳》。"然則《通義》之説《公羊》，其同於何休者，皆必爲李育之原義無疑矣。《通義》："合從子，貴中也。"何休《公羊解詁》亦云："合三從子者，制由中也。"《通義》："名鄭忽者，……改伯從子，故名之也。"何休《公羊解詁》亦云："忽稱子，則與諸侯改伯從子辭同，於成君無所貶損，故名也。"《通義》此條全合何休，此《通義》所説《公羊》爲何休所本而知出於李育之證一也。

三、何以知卿爲爵也？以大夫知卿亦爵也。何以知公爲爵也？《春秋傳》曰："諸侯四佾，諸公六佾。"合而言之，以是知公卿爲爵。

按：此引《公羊》隱五年《傳》文曰："天子八佾，諸公六，諸侯四。"《通義》"知公卿爲爵"之義，《傳》文及《解詁》均未言及。

四、爵皆一字也，大夫獨兩字何？《春秋傳》曰："大夫無遂事①。"以爲大夫職在之適四方，受君之法，施之於民，故獨兩字言之。或曰：大夫，爵之下者也。稱大夫，明從大夫以上受下施，皆大自著也。

按：此引《公羊》僖三十年《傳》文曰："大夫無遂事。此其言遂何？公不得爲政爾。"《通義》："以爲大夫職在之適四方，受君之法，施之於民，故獨兩字言之。"何休《公羊解詁》亦云："不從公政令也。時見使如京師，而橫生事，矯君命聘晉，故疾其驕蹇自

---

① 遂事，擅自生事。遂，接着，於是。

專，當絶之。"皆謂大夫之適四方，宜受君法，不當自專。《通義》與何休合，此《通義》所説《公羊》爲何休所本而知出於李育之證二也。

五、三年然後受爵者，緣孝子之心，未忍安吉也。故《春秋》："魯僖公三十三年十二月乙巳，公薨于小寢。"文公元年："春王正月，公即位。四月丁巳，葬我君僖公。"

按：《左氏》《公羊》《穀梁》僖三十三年《傳》文俱云："十二月乙巳，公薨于小寢。"又文公元年《傳》文俱云："春王正月，公即位。四月丁巳，葬我君僖公。"此年何休《解詁》中未言有"三年受爵，孝子之心，未忍安吉"之義。

六、何以知天子之子亦稱世子也？《春秋》曰："公會王世子于首止。"

按：《左氏》僖五年經、《公羊》《穀梁》僖五年《傳》俱云："公會王世子于首止（《公》《穀》"止"作"戴"）。世子貴也，世子猶世世子也。"① 何休《解詁》云："言當世父位，儲君副主②，不可以諸侯會之爲文，故殊之，使若諸侯爲世子所會也。"與《通義》"天子之子稱世子"義符。此《通義》所説《公羊》爲何休所本而知出於李育之證三也。

七、童子當受爵命者，使大夫就其國命之，明王者不與童子禮也。以《春秋》魯成公幼少，與諸侯會，不見公，經不以爲魯耻，明不與童子爲禮也。

按：此引《公羊》成十六年《傳》文曰："秋，公會晉侯、齊侯、

---

① 按，"世子貴也，世子猶世世子也"見於《公羊傳》，《穀梁傳》則有相近語句："王世子云者，唯王之貳也。云可以重之存焉，尊之也。何重焉？天子世子，世天下也。"

② 主，原作"之"，據《春秋公羊傳注疏》改。

衛侯、宋華元、邾婁人于沙隨。不見公，公至自會。不見公者何？公不見見也。① 公不見見，大夫執，何以致會②？不恥也。曷爲不恥？公幼也。"何休《解詁》未言"王者不與童子爲禮"之義。

八、何以知踰年即位改元也？《春秋傳》曰："以諸侯踰年即位，亦知天子踰年即位也。"……又曰"天子三年然後稱王"者，謂稱王統事，發號令也。

按：此引《公羊》文九年《傳》文曰："何以知其即位？以諸侯之踰年即位，亦知天子之踰年即位也。以天子三年然後稱王。"何休《解詁》未言"稱王統事，發號令"之義。

九、《春秋》曰："元年春王正月，公即位。"改元位也。王者改元，即事天地；諸侯改元，即事社稷。

按：《春秋》三傳桓、文、宣、成、襄、昭、哀元年并有此文。《公羊》隱元年《傳》何休注云："惟王者然後改元立號，《春秋》托新王受命於魯，故因以錄即位，明王者當繼天奉元，養成萬物。"與《通義》"改元位也，王者改元，事天地、社稷"義符。此《通義》所説《公羊》爲何休所本而知出於李育之證四也。

號

十、《春秋傳》曰："王者受命而王，必擇天下之美號以自號也。"

按：此《春秋傳》逸文，未見於《公羊傳》。

十一、《春秋》曰"公朝于王所"，于是知晉文之霸也。

---

① 公不見見也，謂公不被會見。
② 致會，指《春秋》書至自會某國。按，魯國君出境與會，歸來後告於宗廟，《春秋》則書至，記錄從哪裏歸來。

按：此引《公羊》僖二十八年《傳》文曰："公朝于王所。曷爲不言公如京師？天子在是也。天子在是，則曷爲不言天子在是？不與致天子也。"《通義》："于是知晉文之霸也。"何休《解詁》亦云："時晉文公年老，恐霸功不成，故上白天子曰：'諸侯不可卒致，願王居踐土。'下謂諸侯曰：'天子在是，不可不朝。'迫使正君臣，明王法，雖非正起，時可與。故書朝，因正其義。"此《通義》所説《公羊》爲何休所本而知出於李育之證五也。

十二、宋襄伐齊，不擒二毛，不鼓不成列。《春秋傳》曰："雖文王之戰，不是過。"知其霸也。

按：此引《公羊》僖二十二年《傳》文曰："宋公及楚人戰于泓，宋師敗績。……故君子大其不鼓不成列，臨大事而不忘大禮，有君而無臣。以爲雖文王之戰，亦不過此也。"《通義》"知其霸也"云云，何休《解詁》無説。

十三、何以知諸侯得稱公？《春秋》曰"葬齊桓公"，齊侯也。……《春秋》"葬許繆公"，許男也。

按：此引《春秋》見僖十八年及僖四年，三《傳》俱有此文。《通義》"諸侯得稱公"之説，何休《解詁》未及。

謚

十四、故《春秋》曰："公之喪至自乾侯。"昭公死于晉乾侯之地，數月歸，至急，當未有謚也。《春秋》曰："丁巳葬，戊午日下側，乃克葬。"明祖載①而有謚也。

---

① 祖載，指將葬之際，以柩載車上，行祭拜之禮。《白虎通義‧崩薨》云："祖者，始也。始載於庭也。乘軸車辭祖禰，故名爲祖載也。"

按：此引《春秋》，見定元年及定十五年，亦三《傳》俱有其文，《通義》所說與三《傳》及何休《解詁》皆不應。

十五、或曰夫人有謚。夫人一國之母，修閨門之内，則羣下亦化之，故設謚以彰其善惡。《春秋傳》曰："葬宋共姬。"《傳》曰："稱謚何？賢也。"《傳》曰："哀姜者何？莊公夫人也。"

按：此引《公羊》襄三十年《傳》文曰："葬宋共姬。……其稱謚何？賢也。"及《公羊》僖二年《傳》文曰："哀姜者何？莊公之夫人也。"《通義》"夫人一國之母，修閨門之内，則羣下亦化之，故設謚以彰其善惡"之説，《公羊傳》文及何休《解詁》均未及。

社稷

十六、王者、諸侯必有誡社者何？示有存亡也。明爲善者得之，爲惡者失之。故《春秋公羊傳》曰："亡國之社，奄①其上，柴其下。"

按：此引《公羊》哀四年《傳》文曰："亡國之社蓋掩之，掩其上而柴其下。"《通義》："必有誡社，示有存亡。"何休《公羊解詁》亦云："掩柴之者，絶不得使通天地四方，以爲有國者戒。"何休云"有國"，即《通義》之云"有存亡"。此《通義》所説《公羊》爲何休所本而知出於李育之證六也。

十七、其壇大如何？《春秋文義》曰："天子之社稷廣五丈，諸侯半之。"其色如何？《春秋傳》曰："天子有大社也，

---

① 奄，同"掩"，遮掩。

東方青色，南方赤色，西方白色，北方黑色，上冒以黃土。故將封東方諸侯，取青土，苴①以白茅，各取其面以爲封社明土，謹敬潔清也。"

按：此引《春秋》，皆不在三《傳》之文。《春秋文義》，盧文弨疑爲亦出《尚書》逸篇；陳立疑本《孝經》説。《春秋傳》，陳立以爲即《史記·三王世家》所引之《春秋大傳》。

禮樂

十八、王者始起，何用正民？以爲且用先王之禮樂，天下太平，乃更制作焉。……《春秋傳》曰："曷爲不修乎近而修乎遠？同己也，可因先以太平也。"

按：此引《春秋傳》，雖未見《公羊傳》，然《公羊》隱五年《傳》何休《解詁》云："王者治定制禮，功成作樂，未制作之時，取先王之禮樂宜于今者用之。"《漢書·董仲舒傳》亦云："王者未作樂之時，乃用先生之樂宜于世者，而以深入教化于民。"陳立《疏證》亦引此，以爲《通義》所説皆與何休《解詁》義相合。此《通義》所説《公羊》爲何休所本而知出於李育之證七也。

十九、天子八佾，諸侯四佾，所以別尊卑。樂者，陽也，故以陰數，法八風、六律、四時也。故《春秋公羊傳》曰："天子八佾，諸公六佾，諸侯四佾。"

按：此引《公羊》隱五年《傳》文曰："天子八佾，諸公六，諸侯四。"何休《解詁》云："八人爲列，八八六十四人，法八風；六人爲列，六六三十六人，法六律；四人爲列，四四十六人，法四時。"此與

---

① 苴，包裹。

《通義》"法八風、六律、四時"說合。此《通義》所說《公羊》爲何休所本而知出於李育之證八也。

封公侯

二十、《春秋公羊傳》曰："自陝已東，周公主之；自陝已西，召公主之。"不分南北。

按：此引《公羊》隱五年《傳》文曰："自陝而東者，周公主之；自陝而西者，召公主之。"何休《解詁》未有"不分南北"之義。

二十一、爲其專權擅勢，傾覆國家。……故《春秋公羊傳》曰："譏世卿。世卿，非禮也。"

按：此引《公羊》隱三年《傳》文曰："譏世卿。世卿，非禮也。"《通義》："爲其專權擅勢，傾覆國家。"何休《公羊解詁》亦云："爲其秉政久，恩德廣大。小人居之，必奪君之威權。"此《通義》所說《公羊》爲何休所本而知出於李育之證九也。

二十二、《春秋》之弑太子，罪與弑君同。《春秋》曰："弑其君之子奚齊。"明與弑君同也。

按：此引《公羊》僖九年《傳》文曰："晉里克弑其君之子奚齊。此未踰年之君，其言弑其君之子奚齊何？殺未踰年君之號也。"《通義》所說，俱依《公羊傳》文所云，未立新義。

二十三、立子以貴不以長，防愛憎也。《春秋傳》曰："立適①以長不以賢，立子以貴不以長也。"

按：此引《公羊》隱元年《傳》文曰："立適以長不以賢，立子以貴不以長。"《通義》："立子以貴不以長，防愛憎也。"何休《公羊解詁》亦

---

① 適，通"嫡"。

云："質家據見立先生，文家據本意立後生，皆所以防愛争。"此《通義》所説《公羊》爲何休所本而知出於李育所説之證十也。

二十四、《春秋傳》曰"善善及子孫"，不言及昆弟。昆弟尊同，無相承養之意。

按：此引《公羊》昭二十年《傳》文曰："君子之善善也長，惡惡也短；惡惡止其身，善善及子孫。"《通義》"不言及昆弟"，何休《解詁》無説。

二十五、《春秋傳》曰："爲人後者爲之子。"

按：王仁俊①《〈白虎通義〉引書表》以此爲引宣八年《公羊傳》文。今考《公羊傳》此年並無其文，而實見於成十五年，文同《通義》所引。

二十六、誅君②之子不立者，義無所繼也。諸侯世位，象賢也。今親被誅，絶也。《春秋傳》曰："誅君之子不立。"

按：此引《公羊》昭十一年《傳》文曰："誅君之子不立，非怒③也，無繼也。"《通義》："今親被誅，絶也。"何休《公羊解詁》亦曰："公誅子當絶。"此《通義》所説《公羊》爲何休所本而知出於李育之證十一也。(沈瓞民④先生云："光武建武十七年，廢郭后，立陰后。十九年，廢皇太子彊，立陰后子莊〔陽〕爲太子。詔曰：'《春秋》之義，立子爲貴。東海王陽，皇后之子，宜乘大統；皇太子彊，崇執謙退，願

---

① 王仁俊（1866—1913），字捍鄭，一字感菴。清末江蘇吳縣（在今江蘇蘇州）人。治經宗許、鄭，長於經史金石文字，尤擅輯佚考訂。著述甚豐，輯有《玉函山房輯佚書續編》《玉函山房輯佚書補編》《經籍佚文》等。

② 誅君，被誅之君。

③ 怒，遷怒。

④ 沈瓞（dié）民，即沈祖緜（1878—1969），字瓞民，浙江杭縣（在今浙江杭州）人。精研經史，尤擅易學。著有《三易新論》《讀易臆斷》《玄空古義四種通釋》《地理疑義答問》《屈原賦證辨》《王捍鄭〈白虎通義引書表〉補正》等。

備藩國。父子之情，重久違之，其以彊爲東海王，立陽爲皇太子。'而經生以光武事爲鐵案，彊以母而廢，猶誅君之子也。故此篇以立子以貴立論，反詰立適以長，皆以《公羊》曲説，爲光武脱罪。"）

二十七、君見弒，其子得立何？所以尊君，防篡弒也。《春秋》曰："齊無知殺①其君。"貴妾公子糾當立也。

按：此引《公羊》莊八年《傳》文曰："齊無知弒其君諸兒。"又《公羊》莊九年《傳》文曰："公伐齊，納糾。糾者何？公子糾也。"何休《解詁》云："據下言（按，下經："九月，齊人取子糾，殺之。"）子糾，知非當國。本當去國見挈，言公子糾。"《解詁》稱子糾"知非當國"，與《通義》所云"公子糾當立"，義不相涉。

二十八、大夫功成，未封而死，子得封者，善善及子孫也。《春秋傳》曰："賢者子孫，宜有土地也。"

按：此引《公羊》昭三十一年《傳》文曰："賢者子孫，宜有地也。"何休《解詁》無説。

二十九、周公不之魯何爲？周公繼武王之業也。《春秋傳》曰："周公曷爲不之魯？欲天下之一於周也。"

按：此引《公羊》文十三年《傳》文曰："然則周公曷爲不之魯？欲天下之一乎周也。"《解詁》未明言"繼武王"之意。

京師②

三十、京師者何謂也？千里之邑號也。京，大也。師，衆

---

① 殺，《春秋經》原作"弒"。
② 京師，原脱篇名，據《白虎通義》補。

也。天子所居，故以大衆言之。明什倍諸侯，法日月之徑①千里。《春秋傳》曰："京師，天子之居也。"

按：此引《公羊》桓九年《傳》文曰："京師者何？天子之居也。京者何？大也。師者何？衆也。天子之居，必以衆大之辭言之。"《通義》："法日月之徑千里。"何休《公羊解詁》亦云："地方千里，周城千雉，宮室、官府制度廣大，四方各以其職來貢。"此《通義》所説《公羊》爲何休所本而知出於李育之證十二也。

三軍

三十一、大夫將兵出，不從中御者，欲盛其威，使士卒一意繫心也。故但聞軍令，不聞君命，明進退在大夫也。《春秋傳》曰："此受命于君，如伐齊則還何？大其不伐喪也。大夫以君命出，進退在大夫也。"

按：此引《公羊》襄十九年《傳》文曰："此受命乎君而伐齊，則何大乎其不伐喪？大夫以君命出，進退在大夫也。"何休《解詁》云："禮，兵不從中御外，臨事制宜，當敵爲師，唯義所在。"與《通義》説合。此《通義》所説《公羊》爲何休所本而知出於李育之證十三也。

三十二、王者有三年之喪，夷狄有內侵，伐之者，重天誅，爲宗廟社稷也。《春秋傳》曰："天王居于狄泉。"《傳》曰："此未三年，其稱天王何？著有天子也。"

按：此引《公羊》昭二十三年《傳》文曰："天王居于狄泉。此未三年，其稱天王何？著有天子也。"何休《解詁》云："時庶孽②并篡，

---

① 徑，經過。《白虎通義》一本作"經"。
② 庶孽，妃妾所生之子，此指周景王的庶子姬朝。

天王失位徙居，微弱甚，故急著正其號，明天下當救其難而事之。"與《通義》"夷狄内侵"之説全異。

又按：《通義》此條雖不合何休，未可謂出於李育。然而謂此條出於賈逵所説，則甚有證驗。《穀梁》成八年《疏》引賈逵云："畿内稱王，諸夏稱天王。"據此知必稱"天王"者，明以諸夏與夷狄對稱，則《春秋經》言"天王居于狄泉"，何休謂"庶孽并篡"非矣，而《通義》説"夷狄内侵"，爲合於賈逵之説，此必出於賈逵《左氏大義》三十事或《左氏長義》四十一條之中無疑。度《通義》所説，出於賈逵者尚多，惟不可盡考耳。

誅伐

三十三、誅不避親戚何？所以尊君卑臣，强幹弱枝，明善善惡惡之義也。《春秋傳》曰："季子煞①其母兄，何善爾？誅不避母兄，君臣之義也。"

按：此引《公羊》莊三十二年《傳》文曰："季子殺母兄，何善爾？誅不得辟兄，君臣之義也。"何休《解詁》云："以臣事君之義也，惟人君然後得申親親之恩。"亦與《通義》合。《解詁》"申親親之恩"，亦即《通義》"明善善惡惡之義"。此《通義》所説《公羊》爲何休所本而知出於李育之證十四也。

三十四、諸侯有三年之喪，有罪且不誅何？君子恕己，哀孝子之思慕，不忍加刑罰。《春秋傳》曰："晋士匄帥師侵齊，至穀，聞齊侯卒，乃還。"《傳》曰："大其不伐喪也。"

按：此引《公羊》襄十九年《傳》文曰："晋士匄帥師侵齊，至

---

① 煞，同"殺"。

穀，聞齊侯卒，乃還。……大其不伐喪也。"何休《解詁》云："士匄聞齊侯卒，引師而去，恩動孝子之心，服①諸侯之君，是後兵寢數年。"亦與《通義》説合。此《通義》所説《公羊》爲何休所本而知出於李育之證十五也。

三十五、王者諸侯之子，篡殺其君而立，臣下得誅之者，廣討賊之義也。《春秋傳》曰："臣弑君，臣不討賊，非臣也。"又曰："蔡世子般弑其君，楚子誅之。"

按：此引《公羊》隱十一年《傳》文曰："子沈子曰：君弑，不討賊，非臣也。"何休《解詁》云："子沈子後師②明説此意者，明臣子不討賊當絶。"亦與《通義》"臣下得誅"合。此《通義》所説《公羊》爲何休所本而知出於李育之證十六也。至又引"蔡世子般弑其君"，在襄三十年；"楚子誅之"，在昭十一年。

三十六、父煞其子當誅何？以爲天地之性人爲貴，人皆天所生也，托父母氣而生耳。王者以養長而教之，故父不得專也。《春秋傳》曰："晉侯煞世子申生。直稱君者，甚之也。"

按：此引《公羊》僖五年《傳》文曰："晉侯殺其世子申生。曷爲直稱晉侯以殺？殺世子、母弟直稱君者，甚之也。"《解詁》説異。

三十七、子得爲父報仇者，臣子之於君父，其義一也。忠臣孝子所以不能已，以恩義不可奪也。故曰：父之仇不與共天下，兄弟之仇不與共國，朋友之仇不與同朝，族人之仇不共鄰。故《春秋傳》曰："子不復仇非子。"

按：此引《公羊》隱十一年《傳》曰："不復仇，非子也。"何休《解詁》云："明臣子不討賊當絶。"亦謂不僅子得爲父報仇，臣子之於

---

① 據阮校記，"服"前當脱"義"字。
② 據阮校記，"後師"當作"己師"。

君父，其義一也，與《通義》相合。此《通義》所説《公羊》爲何休所本而知出於李育之證十七也。

三十八、父母以義見殺，子不復仇者，爲往來不止也。《春秋傳》："父不受誅，子復仇可也。"

按：此引《公羊》定四年《傳》文曰："父不受誅，子復仇可也；父受誅，子復仇，推刃之道也。"何休《解詁》云："子復仇，非當復討其子，一往一來曰推刃。"亦與《通義》"子不復仇者，爲往來不止也"文義相合。此《通義》所説《公羊》爲何休所本而知出於李育之證十八也。

三十九、誅者何謂也？誅猶責也。誅其人，責其罪，極其過惡。《春秋》曰："楚子虔誘蔡侯班，煞之于申。"《傳》曰："誅君之子不立。"

按：此引《公羊》昭十一年《傳》文曰："楚子虔誘蔡侯般，殺之于申。"《通義》立説與《傳》文所述及何休《解詁》主旨皆不相涉。

四十、討者何謂也？討猶除也。欲言臣當掃除弒君之賊也。《春秋》曰："衛人殺州吁于濮。"《傳》曰："其稱人何？討賊之辭也。"

按：此引《公羊》隱四年《傳》文曰："衛人殺州吁于濮。其稱人何？討賊之辭也。"何休《解詁》云："討者，除也。明國中人人得討之，所以廣忠孝之路。"亦與《通義》"討猶除也"文義相合。此《通義》所説《公羊》爲何休所本而知出於李育之證十九也。

四十一、篡者何謂也？篡猶奪也，取也。欲言庶奪嫡，孽奪宗，引奪取其位。《春秋傳》曰："其言入何？篡詞也。"

按：此引《公羊》莊六年及九年《傳》文曰："其言入何？篡辭也。"《爾雅·釋詁》："篡，取也。"注："篡者，奪取也。"然徵之《公羊傳》文及何休《解詁》，均未言及此義。

四十二、襲者何謂也？行不假途，掩人不備也。《春秋傳》曰："其謂之秦何？夷狄之也。曷爲夷狄之？秦伯將襲鄭。"入國掩人不備，行不假途，人銜枚，馬繮勒，晝伏夜行爲襲也。

按：此引《公羊》僖三十三年《傳》文曰："其謂之秦何？夷狄之也。曷爲夷狄之？秦伯將襲鄭。"何休《解詁》云："輕行疾至，不戒以入曰襲。"又云："行疾不假途，變必生。"亦與《通義》"襲者何謂也？行不假途，掩人不備也"文義相合。此《通義》所説《公羊》爲何休所本而知出於李育之證二十也。

四十三、諸侯家國，入人家，宜告主人，所以相尊敬，防并兼也。《春秋傳》曰："桓公假途于陳而伐楚。"《禮》曰："使次介先假道，用束帛。"

按：此引《公羊》僖四年《傳》文曰："桓公假途于陳而伐楚。"《通義》"宜告主人，所以相尊敬，防并兼"之義，《解詁》未言及。三《禮》俱無諸侯出軍假道之禮，陳立《疏證》云："《聘禮》載諸侯使大夫出聘之禮云：'若過邦，至于竟，使次介假道，束帛將命于朝，曰："請帥。"奠幣。①'注：'將猶奉也，帥猶道②也，請道己道路所當由也。'此或即引《聘禮》文，假以喻行軍假道之禮也。"

諫諍

四十四、親屬諫不得放者，骨肉無相去離之義也。《春秋傳》曰："司馬子反曰：'君請處乎此，臣請歸。'"子反者，

---

① 奠幣，指進獻束帛。清人蔡德晉《禮經本義》云："奠幣，奠束帛于地。不敢直受，以明敬也。"

② 道，引導。

楚公子也,時不得放。

按:此引《公羊》宣十五年《傳》文曰:"司馬子反曰:'然則君請處于此,臣請歸爾。'"陳立《疏證》曰:"是子反諫莊王不聽,故即引師而歸耳,無云去而之他也,明親屬不得放也。"然《通義》"親屬諫不得放"之義,《傳》文未明言,何休《解詁》亦未及。

災變

四十五、何以言灾有哭也?《春秋》曰:"新宫火,三日哭。"《傳》曰:"必三日哭何?禮也。"灾三日哭,所以然者,宗廟先祖所處,鬼神無形體,曰今忽得天火,得無爲灾所中乎,故哭也。

按:此引《公羊》成三年《傳》文曰:"新宫灾,三日哭。……廟灾,三日哭,禮也。"何休《解詁》云:"親之精神所依而灾,孝子隱痛,不忍正言也。"又云:"痛傷鬼神無所依歸,故君臣素縞哭之。"與《通義》"灾三日哭,所以然者,宗廟先祖所處,鬼神無形體"等語文義相合。此《通義》所說《公羊》爲何休所本而知出於李育之證二十一也。

四十六、鼓用牲于社。社者,衆陰之主,以朱絲縈之,鳴鼓攻之,以陽責陰也。故《春秋傳》曰:"日有食之,鼓用牲于社。"

按:此引《公羊》莊二十五年《傳》文曰:"日有食之,鼓用牲于社。日食則曷爲鼓用牲于社?求乎陰之道也。以朱絲營① 社,或曰脅之,或曰爲闇。"何休《解詁》云:"'或曰脅之',與責求同義。社者,土地之主也;月者,土地之精也。"與《通義》"社者,衆陰之主""以

---

① 營,同"縈",纏繞。

陽責陰"文義相同。此《通義》所説《公羊》爲何休所本而知出於李育之證二十二也。

考黜

四十七、諸侯喑① 聾跛躄② 惡疾不免黜者何？尊人君也。《春秋》曰："甲戌，己丑，陳侯鮑卒。"《傳》曰："甲戌之日亡，己丑之日死而得。"有狂易③之病，蜚④亡而死，由不絶也。

按：此引《公羊》桓五年《傳》文曰："甲戌，己丑，陳侯鮑卒。曷爲以二日卒之，怴⑤也。甲戌之日亡，己丑之日死而得，君子疑焉，故以二日卒之也。"《通義》所説諸義，何休《解詁》未言及。

四十八、世子有惡疾廢者何？以其不可承先祖也。故《春秋傳》曰："兄何以不立？有疾也。何疾爾？惡疾也。"

按：此引《公羊》昭二十年《傳》文曰："兄何以不立？有疾也。何疾爾？惡疾也。"何休《解詁》云："惡疾，謂不逮人倫之屬也。"於《通義》"不可承先祖"之義，未有伸説。（昭七年："葬衛襄公。"何休《解詁》亦云："世子輒有惡疾，不早廢之；臨死，乃命臣下廢之。"然《通義》"惡疾廢者，以其不可承先祖"之義，《傳》文及《解詁》均未言及。）

王者不臣

四十九、不臣妻父母何？《春秋》曰："紀季姜歸于京師。"父母之於子，雖爲王后，尊不加於父母，知王者不臣也。

---

① 喑（yīn），啞也。
② 跛躄（bì），指足不能行。
③ 狂易，顔師古謂"狂而變易常性也"。
④ 蜚，通"飛"。
⑤ 怴，阮校記謂當作"怴"。怴（xuè），狂也。

按：此引桓九年《公羊傳》文曰："紀季姜歸于京師。……紀父母之於子，雖爲天王后，猶曰吾季姜。"何休《解詁》云："明子尊不加於父母。"此與《通義》"尊不加於父母"文義相合。此《通義》所說《公羊》爲何休所本而知出於李育之證二十三也。

五十、又譏宋三世内娶於國中，謂無臣也。

按：此引《公羊》僖二十五年《傳》文曰："宋三世無大夫，三世内娶也。"何休《解詁》云："禮，不臣妻之父母。國内皆臣，無娶道，故絶去大夫名，正其義也。"與《通義》"謂無臣也"文義相合。此《通義》所說《公羊》爲何休所本而知出於李育之證二十四也。

五十一、夷狄者，與中國絕域異俗，非中和氣所生，非禮義所能化，故不臣也。《春秋傳》曰："夷狄相誘，君子不疾。"

按：此引《公羊》昭十六年《傳》文曰："夷狄相誘，君子不疾。"《通義》所說與何休《解詁》不相應。

五十二、王者臣，不得爲諸侯臣，以其尊當與諸侯同。《春秋傳》曰："寓公不世，待以初。"

按：《公羊傳》無此文。惟桓七年《傳》曰："貴者無後，待之以初。"何休《解詁》云："穀、鄧本與魯同貴爲諸侯，今失爵亡土來朝，義不可卑，故明當待之如初。"《通義》"尊當與諸侯同"，即《解詁》"同貴爲諸侯"之意；"寓公不世"，即《解詁》"失爵亡土"。此《通義》所說《公羊》爲何休所本而知出於李育之證二十五也。

五十三、不名者，貴賢者而已，共成先祖功德，德加于百姓者也。《春秋》單伯不言名，《傳》曰："吾大夫之命于天子者也。"

按：此引《公羊》莊元年《傳》文曰："單伯者何？吾大夫之命乎天子者也。"何休《解詁》云："以稱字也。禮，諸侯三年一貢士於天子，天子命與諸侯輔助爲政，所以通賢共治，示不獨尊。"與《通義》

"不名者，貴賢者而已，共成先祖功德，德加于百姓"文義相合。此《通義》所説《公羊》爲何休所本而知出於李育之證二十六也。

五十四、盛德之士不名，尊賢也。《春秋》曰："公弟叔肸。"不名盛德之士者，不可屈以爵禄也。

按：此引《公羊》宣十七年《傳》文曰："公弟叔肸卒。"何休《解詁》曰："稱字者，賢之。宣公簒立，叔肸不仕其朝，不食其禄，終身於貧賤。……禮，盛德之士不名，天子上大夫不名。"此與《通義》"盛德之士不名，尊賢也""不可屈以爵禄"文義相合。此《通義》所説《公羊》爲何休所本而知出於李育之證二十七也。

五十五、諸父諸兄不名。諸父諸兄者，親與己父兄，有敵體之義也。……《春秋傳》曰："王札子何？長庶之稱也。"

按：此引《公羊》宣十五年《傳》文曰："王札子者何？長庶之號也。"何休《解詁》云："天子之庶兄札者，冠且字也。禮，天子庶兄冠而不名，所以尊之。"與《通義》説合。此《通義》所説《公羊》爲何休所本而知出於李育之證。此條與五十四條同説"不名"之義。

瑞贄

五十六、故后夫人以棗栗腶脩①者，凡内修陰也。又取其朝早起，栗戰自正也。腶脩者，脯也。故《春秋傳》曰："宗婦覿②用幣，非禮也。然則曷用？棗栗云乎，腶脩云乎。"

按：此引《公羊》莊二十四年《傳》文曰："大夫宗婦覿，用幣③。……非禮也。然則曷用？棗栗云乎，腶脩云乎。"何休《解詁》

---

① 腶（duàn）脩，見陸德明《經典釋文》："脯加薑桂曰腶脩。"
② 覿（dí），相見。
③ "用幣"前原有"見"字，當涉後傳文而衍，兹據《公羊傳》經文删。

云：" 棗栗取其早自謹敬，腵脩取其斷斷自修正。" 與《通義》"取其朝早起，栗戰自正也" 文義全合。此《通義》所説《公羊》爲何休所本而知出於李育之證二十八也。

三正

五十七、王者所以存二王之後何也？所以尊先王，通天下之三統也。……《春秋傳》曰："王者存二王之後，使服其正色，行其禮樂。"

按：此未引及《公羊傳》本文，然所引與《公羊傳》隱三年何休《解詁》則同。何休云："二月、三月皆有王者，二月，殷之正月也，三月，夏之正月也。王者存二王之後，使統其正朔，服其服色，行其禮樂，所以尊先聖，通三統，師法之義。" 此《通義》所説《公羊》爲何休所本而知出於李育之證二十九也。

三綱六紀

五十八、君臣者何謂也？君，群也，群下之所歸心也。臣者，繵① 堅也，厲志自堅固也。《春秋傳》曰："君處此，臣請歸也。"

按：此引《公羊》宣十五年《傳》文曰："司馬子反曰：'然則君請處于此，臣請歸爾。'"《通義》所説君臣之義，《解詁》未言及。

姓名

五十九、王者之子稱王子。……故《春秋》有王子瑕。

---

① 繵，同"纏"。陳立《白虎通疏證》云："'繵堅'二字不當連，疑'繵'下脱'也'字。"

按：此引《公羊》襄三十年《傳》文曰："王子瑕奔晉。"《解詁》云："稱王子者，惡天子重失親親。"與《通義》所説不相應。

六十、《春秋》譏二名何？所以譏者，乃謂其無常者也。

按：此引《公羊》定六年《傳》文曰："此仲孫何忌也，曷爲謂之仲孫忌？譏二名，二名非禮也。"何休《解詁》云："爲其難諱也。一字爲名，令難言而易諱，所以長臣子之敬，不逼下也。"何休"難諱"與《通義》"無常"之説合。此《通義》所説《公羊》爲何休所本而知出於李育之證三十也。

六十一、男女異長，各自有伯仲，法陰陽各自有終始也。《春秋傳》曰："伯姬者何？内女①也。"

按：此引《公羊》隱二年《傳》文曰："伯姬者何？内女也。"何休《解詁》云："以無所繫也。不稱公子者，婦人外成，不得獨繫父母。"與《通義》"男女異長，各自有伯仲"義近。此《通義》所説《公羊》爲何休所本而知出於李育之證三十一也。

六十二、婦人姓以配字何？明不娶同姓也。故《春秋》曰："伯姬歸于宋。"姬者，姓也。

按：此引《公羊》成九年《傳》文曰："伯姬歸于宋。"

日月

六十三、故《春秋》曰："九月庚戌朔，日有食之。十月庚辰朔，日有食之。"此三十日也。又曰："七月甲子朔，日有食之。八月癸巳朔，日有食之。"此二十九日也。

---

① "女"後原衍"稱"字，據《公羊傳》經文删。

按：此引襄二十一年經文曰："九月庚戌朔，日有食之。十月庚辰朔，日有食之。"又襄二十四年經文曰："七月甲子朔，日有食之。八月癸巳朔，日有食之。"三《傳》俱有此文。

四時

六十四、年者，仍①也。年以紀事，據月言年。《春秋》曰："元年正月"，"十有二月朔"。有朔有晦，故據月斷爲年。

按：盧文弨云："《春秋》書朔者多矣，書晦唯僖十五年九月己卯晦，成十六年六月甲午晦。此引元年正月，與本意不合。"《公羊傳》僖十五年、成十六年均云："晦者何？冥也。"何休《解詁》所說與《通義》異。

六十五、二帝言載，三王言年，② 皆謂闋闓。……《春秋傳》曰："三年之喪，其實二十五月。"知闋闓。

按：此引《公羊》閔二年《傳》文曰："三年之喪，實以二十五月。"《解詁》所說，未言及"皆謂闋闓"之義。陳立《疏證》云："'闋闓'二字疑誤。"

嫁娶

六十六、天子諸侯一娶九女者何？重國廣繼嗣也。……《春秋公羊傳》曰："諸侯娶一國，則二國往媵之，以姪娣從。謂之姪者何？兄之子也。娣者何？女弟也。"……必一娶何？防淫泆也。爲其棄德嗜色，故一娶而已，無再娶之義也。備姪娣

---

① 仍，因仍，接續。
② 二帝，指堯、舜；三王，指夏、商、周三代君王。

從者,爲其必不相嫉妒也。一人有子,三人共之,若己生之也。

按:此引《公羊》莊十九年《傳》文曰:"諸侯娶一國,則二國往媵之,以姪娣從。姪者何?兄之子也。娣者何?弟也。諸侯一聘九女,諸侯不再娶。"何休《解詁》云:"必以姪娣從之者,欲使一人有子,二人喜也;所以防嫉妒,令重繼嗣也。因以備尊尊親親也。九者,極陽數也;不再娶者,所以節人情,開媵路。"此與《通義》"一人有子,三人共之""不相嫉妒""重國廣繼嗣也""必一娶何?防淫泆也,爲其棄德嗜色"云云,文義皆相合。此《通義》所説《公羊》爲何休所本而知出於李育之證三十二也。

六十七、《公羊傳》曰"叔姬歸于紀",明待年①也。

按:此引《公羊》隱七年《傳》文曰:"叔姬歸于紀。"何休《解詁》云:"至是乃歸者,待年父母國也。"與《通義》合。此《通義》所説《公羊》爲何休所本而知出於李育之證三十三也。

六十八、所以不聘妾何?人有子孫,欲尊之,義不可求人爲賤也。《春秋傳》曰:"二國來媵。"可求人爲士,不可求人爲妾何?士即尊之漸,賢不止於士,妾雖賢,不得爲嫡。

按:此引《公羊》莊十九年《傳》文曰:"則二國往媵之。"何休《解詁》云:"言往媵之者,禮,君不求媵,二國自往媵夫人,所以一夫人之尊。"與《通義》"欲尊之,義不可求人爲賤"文義相合。此《通義》所説《公羊》爲何休所本而知出於李育之證三十四也。

六十九、《春秋傳》曰:"紀侯來朝。"紀子以嫁女於天子,故增爵稱侯。至數十年之間,紀侯無他功,但以子爲天王后,故增爵稱侯。知雖小國者,必封以大國,明其尊所不臣也。王者娶及庶邦何?開天下之賢士,不遺善也。故《春秋》曰"紀

---

① 待年,待年長而嫁。

侯來朝",文加爲侯,明封之也。先封之,明不與庶邦交禮也。

按:此引《公羊》桓二年《傳》文曰:"紀侯來朝。"何休《解詁》云:"稱侯①者,天子將娶於紀,與之奉宗廟,傳之無窮,重莫大焉,故封之百里。月者,明當尊而不臣,所以廣孝敬,蓋以爲天子得娶庶人女,以其得專封也。"與《通義》之說全合。此《通義》所說《公羊》爲何休所本而知出於李育之證三十五也。

七十、諸侯所以不得自娶國中何?諸侯不得專封,義不可臣其父母。《春秋傳》曰:"宋三世無大夫,惡其内娶也。"

按:此引《公羊》僖二十五年《傳》文曰:"宋三世無大夫,三世内娶也。"何休《解詁》云:"禮,不臣妻之父母。"與《通義》"義不可臣其父母"文義相合。此《通義》所論《公羊》爲何休所本而出於李育之證,《通義》此條與前第四十九條重複。

七十一、外屬小功已上,亦不得娶也,以《春秋傳》曰"譏娶母黨也"。

按:陳立《疏證》云:"所引《春秋傳》,今三《傳》皆無此語,蓋公羊家嚴、顔二氏。"

七十二、王者嫁女,必使同姓主之何?昏禮貴和,不可相答,爲傷君臣之義,亦欲使女不以天子尊乘②諸侯也。《春秋傳》曰:"天子嫁女於諸侯,同姓者主之;諸侯嫁女於大夫,使大夫同姓者主之。"

按:此引《公羊》莊元年《傳》文曰:"天子嫁女乎諸侯,必使諸侯同姓者主之;諸侯嫁女于大夫,必使大夫同姓者主之。"何休《解詁》云:"大夫與諸侯同姓者,不自爲主者,尊卑不敵。其行婚姻之禮,

---

① 稱候,原作"候稱",據《春秋公羊傳注疏》改。
② 乘,凌駕,侵犯。

則傷君臣之義；行君臣之禮，則廢婚姻之好。故必使同姓有血脉之屬宜爲父道，與所適敵體者主之。"與《通義》所說"昏禮貴和，不可相答，爲傷君臣之義"文義全合。《解詁》續云："禮，尊者嫁女于卑者，必待風旨，爲卑者不敢先求；亦不可斥與之者，申陽倡陰和之道。天子嫁女於諸侯，備姪娣如諸侯之禮，義不可以天子之尊絕人繼嗣之路。"與《通義》所說"亦欲使女不以天子尊乘諸侯"文義全合。此《通義》所說《公羊》爲何休所本而知出於李育之證三十六也。

七十三、所以必更築觀者何？尊之也。不於路寢，路寢本所以行政處，非婦人之居也。小寢則嫌，① 群公子之舍，則已卑矣。故必築於城郭之内。《傳》曰："築之，禮也；於外，非禮也。"

按：此引《公羊》莊元年《傳》文曰："築之，禮也；于外，非禮也。……則曷爲必爲之改築？於路寢則不可，小寢則嫌。群公子之舍，則以卑矣。其道必爲之改築者也。"《通義》所述，即據《公羊傳》文，未立新説。

七十四、聘嫡未往而死，媵當往否乎？人君不再娶之義也。② 天命不可保，故一娶九女。以《春秋》伯姬卒，時娣季姬更嫁鄫，《春秋》譏之。

按：此引《公羊》僖九年《傳》文曰："伯姬卒。此未適人，何以卒？許嫁矣。"又僖十四年《傳》文曰："季姬及鄫子遇于防，使鄫子來朝。鄫子曷爲使乎季姬來朝？内辭③也，非使來朝，使來請己也。"何休《解詁》僅言季姬淫泆，使來請己，與爲獸無異；而於《通義》所説以媵爲嫡，人君無再娶之義則未及。

---

① 徐彦《公羊疏》："嫌，嫌褻瀆。"
② 陳立《白虎通疏證》云："盧云：'"不"疑當作"無"。'案：此節文義不可曉，'媵當往否乎'疑爲'媵當往何'之誤。"
③ 内辭，爲魯國避諱之辭。

七十五、自立其娣者，尊大國也。《春秋傳》曰："叔姬歸於紀。"叔姬者，伯姬之娣也。伯姬卒，叔姬升於嫡，經不譏也。

按：此引《公羊》隱七年《傳》文曰："叔姬歸于紀。"《解詁》云："至是乃歸者，待年父母國也。"與《通義》所說不相應。

七十六、女必有傅姆何？尊之也。《春秋傳》曰："傅至矣，姆未至。"

按：此引《公羊》襄三十年《傳》文曰："婦人夜出，不見傅母，不下堂。傅至矣，母未至也。逮乎火而死。"何休《解詁》云："禮，后夫人必有傅母，所以輔正其行，衛其身也。"與《通義》所說"尊之"故有傅姆，義亦不同。

喪服

七十七、禮有取於三，故謂之三年，緣其漸三年之氣也。故《春秋傳》曰"三年之喪，其實二十五月"也。

按：此引《公羊》閔二年《傳》文曰："三年之喪，實以二十五月。"何休《解詁》云："所以必二十五月者，取期再期恩倍漸三年也。"與《通義》"緣其漸三年之氣也"文義相合。此《通義》所說《公羊》爲何休所本而知出於李育之證三十七也。

七十八、諸侯有親喪，聞天子崩，奔喪者何？屈己親親，猶尊尊之義也。[①]《春秋傳》曰："天子記崩不記葬者，必其時葬也。諸侯記葬，不必有時。"諸侯爲有天子喪尚奔，不得必以其時葬也。

按：此引《公羊》隱三年《傳》文曰："天子記崩不記葬，必其時

---

① 盧文弨云："似當云屈己親以信尊之義也。"

也。諸侯記卒記葬，有天子存，不得必其時也。"何休《解詁》云："至尊無所屈也。設有王后崩，當越紼①而奔喪，不得必其時。"與《通義》"聞天子崩奔喪，屈己親親"文義相合。此《通義》所説《公羊》爲何休所本而知出於李育之證三十八也。

七十九、大夫使受命而出，聞父母之喪，非君命不反者，蓋重君也。故《春秋傳》曰："大夫以君命出，聞喪徐行不反。"

按：此引《公羊》宣八年《傳》文曰："大夫以君命出，聞喪徐行而不反。"何休《解詁》中於《通義》"非君命不反"之義未及。

八十、臣下有大喪，不呼其門者，使得終其孝道，成其大禮。故《春秋傳》曰："古者臣有大喪，君三年不呼其門。"

按：此引《公羊》宣元年《傳》文曰："古者臣有大喪，則君三年不呼其門。"何休《解詁》云："重奪孝子之恩也。禮：父母之喪，三年不從政。"與《通義》"使得終其孝道，成其大禮"文義相合。此《通義》所説《公羊》爲何休所本而知出於李育之證三十九也。

崩薨

八十一、臣死亦赴告於君何？此君哀痛於臣子也。欲聞之加賵賻②之禮。故《春秋》曰："蔡侯考父卒。"《傳》曰："卒赴而葬不告。"

按：此引《公羊》隱八年《傳》文曰："夏六月己亥，蔡侯考父卒。八月，葬蔡宣公。卒赴而葬不告。"《通義》"欲聞之加賵贈之禮"之説，何休《解詁》雖未及（僅隱三年《解詁》云"記諸侯卒葬者，王者亦當加之以恩禮"），然《解詁》云："緣天子閔傷，欲其知之，又臣

---

① 紼（fú），柩車之繩，此代指諸侯的喪事。
② 賵賻（fù fèng），送給喪家的財物，貨財曰賻，車馬曰賵。

子疾痛，不能不具以告。"則與《通義》"此君哀痛於臣子也"文義相合。此《通義》所説《公羊》爲何休所本而知出於李育之證四十也。

八十二、諸侯薨，赴告鄰國何？緣鄰國欲有禮也。《春秋傳》曰："桓母喪，告於諸侯。"桓母賤，尚告於諸侯；諸侯薨，告鄰國明矣。

按：此引《公羊》隱元年《傳》文曰："故以桓母之喪告於諸侯。"至《通義》"諸侯薨，赴告鄰國何？緣鄰國欲有禮"之義，則《傳》文及《解詁》俱未及。

八十三、諸侯夫人薨，告天子者，不敢自廢政事，亦欲知之，當有禮也。《春秋》曰："天王使宰咺來歸① 惠公仲子之賵。"譏不及事②。

按：此引《公羊》隱元年《傳》文曰："天王使宰咺來歸惠公仲子之賵。……其言來何？不及事也。"何休《解詁》云："經言王者賵，赴告王者可知。"《解詁》所釋"赴告王者"與《通義》引《春秋》釋爲"告天子者，亦欲知③之，當有禮也"文義相合。此《通義》所説《公羊》爲何休所本而知出於李育之證四十一也。

---

① 歸，通"饋"，贈送。
② 不及事，指未趕上辦喪事。
③ 知，原作"告"，據《白虎通義》改。

评 论

评《施特劳斯与理性主义的危机》

弗兰克尔(Steven Frankel)撰

徐晨晨 译 王铠 校

Corine Pelluchon,《施特劳斯与理性主义的危机:另一种理性、另一种启蒙》(*Leo Strauss and the Crisis of Rationalism*:*Another Reason*, *Another Enlightenment*),Robert Howse 英译,收于 SUNY Series in the Thought and Legacy of Leo Strauss 丛书,New York:State University of New York Press,2014。

豪斯(Robert Howse)译出佩吕松(Corine Pelluchon)的这本野心勃勃的著作,标志纽约州立大学出版社在推出施特劳斯思想和遗产的精品系列丛书上,又迈出了令人印象深刻的一步。这本书最早于 2005 年在法国由 Vrin 出版,2006 年获著名的傅勒奖(François Furet prize)。此书在法国的大受欢迎表明,佩吕松成功将施特劳斯重塑为影响深远的欧洲思想家,并将之推介给欧洲读者。

此外，佩吕松不仅希望呈现出施特劳斯作为一位欧洲人"长于德国，学于巴黎和剑桥"的一面，还强调施特劳斯的思想对当代读者的持续影响力，特别是他对西方危机的分析："施特劳斯惊人地提出一种新视角，以思考我们这个时代的危机。"（页3）这场危机在于，人们对善的所有主张都失去了信心，包括那些以理性、启示或自由主义为基础的说法。最后，她辩称，这场危机根植于理性的启蒙概念中，且如施特劳斯逐渐看到的，神学与政治上的危机也源发于此。施特劳斯保持着影响力，因为这场危机在欧洲从未解除，就如我们很难通过灭绝在欧洲的犹太人，消除犹太人在欧洲的地位。佩吕松在这本书中主张，施特劳斯不仅是一位欧洲人，还是一位向导，他将引导欧洲人走出他们神学－政治学的死胡同。

佩吕松通过呈现施特劳斯的思想轨迹，尤其是他在欧洲的生活，帮助读者接近其错综复杂的思想。这是一种针对当代读者的审慎的介绍方法，因为他们更习惯观看思想的来龙去脉来把握思想。施特劳斯在撰写《斯宾诺莎的宗教批判》（*Spinoza's Critique of Religion*）的英文版前言时，也采用了同样的介绍方法展现其思想的发展历程。① 在那篇前言中，施特劳斯将自己描述为"一名身处德国的青年犹太人"，正当他试图揭示西方危机的真正原因时，他逐渐意识到这场危机的深刻性。施特劳斯第一次意识到这场危机，是他发现自由民主在某些方面的软弱无力，特别是在魏玛共和国，它无法在面对反自由主义的批评时消除偏见并为自己有效辩护。此外，施特劳斯用神学的术语描述这场危机，他既希望忠于自己的信仰，又试图找到一种智性真诚的方式来正视其主张。乍一看，政治危机与信

---

① Leo Strauss, Preface to *Spinoza's Critique of Religion* (New York: Schocken Books, 1965), pp. 1–31.

仰危机似乎并无交集，但正如施特劳斯逐渐意识到的，二者实际紧密相关。一旦政治危机加剧，现代思想就在"智性真诚"的面具下滑向虚无主义。这个特征起初显得堪比古代的"智慧之爱"，但二者实不相同，现代思想毫不在意（如果不是轻视）明智（prudence）和政治哲学。

在《斯宾诺莎的宗教批判》中，施特劳斯总结了通过思想的发展描绘某一严肃思想家的潜在危险。一方面，我们可能会把他的思想完全视为其时代的产物，将之历史化。与这一问题密切相关的是，另一方面，我们将被引诱着相信自己可以比作者更好地理解他本人。佩吕松没有屈服于这种诱惑。不仅如此，通过仔细跟随施特劳斯的自传式叙述，她教会我们如何避免这种危险。佩吕松通过对背景资料进行创新、翔实有效的分析，丰富了施特劳斯的叙述。因而，她所刻画的施特劳斯既符合当时情况，又不至于沦为仅仅是环境的产物。佩吕松猜测，青年施特劳斯在参加犹太教科学运动（Wissenschaft des Judentums）时第一次接触了历史主义。佩吕松为读者引入历史主义，从而考察历史主义者分析文本的方式，以及那场运动的参与者如何"理解一场与以往认识论的决裂……这些人不再以揣测作者意图的方式阅读《塔木德》（*Talmud*）"。"远非设想有一种需要由不同层次的阅读获得的永恒真理，他们拥抱历史主义……或是认为所有真理都与某个特定历史时期相关。"（页59）

一旦接纳历史主义，我们就在声称不存在真理之前，预先排除了发现真理的可能性。我们不再认真考虑哲学的可能性，甚至不去想以前的思想家们可能有比我们更深刻的对真理的洞见。这场科学运动将这种历史主义的视角应用于犹太法，并且最终摧毁了它：

> 他们把犹太法变成科学的对象，采用进步的史学方法，摧毁

了作为一种宗教的犹太教，失去了他们想要保留的传统。（页58）

该运动的一名著名的学者，施泰因施耐德（Moritz Steinschneider）称，"犹太学研究的任务就是给犹太教的残余办一场体面的葬礼"。①

佩吕松笔下的施特劳斯敏锐地捕捉到了这场信仰危机，在人所居住的世界中，传统的重重链条已经被打破，人因此疏离于上帝。佩吕松重述卡夫卡（Franz Kafka）的一则短篇寓言《在法的门前》（Before the Law），以阐明欧洲犹太人的危机感。在故事中，一个普通男人想要"通过法律的大门"，但尽管他穷尽一生之力，守门人仍不让他通过。这个男人找不到通过的方法，最终郁郁寡欢地死在了法的门前。佩吕松将这个故事视为现代危机意识的集中表达，即，对过去的历史主义的解读从一开始就将返还的路堵死了。

佩吕松描述了施特劳斯的志业，他甚至在最早的作品中就开始寻找打开这扇门的钥匙。实际上，在他生前的最后时光中，施特劳斯将他思想的核心主题描绘为神学－政治学问题。佩吕松围绕这个问题的每个部分，清晰地建构起她的分析。她将《施特劳斯与理性主义的危机》分为两章，每章分为三小节。第一章分析神学问题，佩吕松称之为"现代宗教意识"，第二章则分析"现代政治意识"。由于这些章节构成一个整体，它们很难被完全分离。佩吕松并无分而论之的意图，相反，她将每个问题单独展开，以更清楚地展示它们如何合而为一。

佩吕松从考察施特劳斯最早期的作品开始。施特劳斯的一篇关

---

① See Charles Mannekin, "Steinschneider's 'Decent Burial': A Reappraisal", in *Study and Knowledge in Jewish Thought*, ed. Howard Kreisel, Beer-Sheva: Ben Gurion University of the Negev Press, 2006, 1: 239–251.

于雅可比（Jacobi）的论文完成于1921年，由于他本人的评价，这篇论文经常被其学生忽略。施特劳斯自认为这篇论文的"表现不太光彩"，尽管如此，佩吕松却令人信服地表明，这篇论文对理解施特劳斯如何看待启蒙运动至关重要（页29以下，页51）。人们可以看到，施特劳斯如何衡量温和的早期启蒙运动中门德尔松（Moses Mendelssohn）等人的思想，评判其思想不够充分（页37）。在启蒙运动的温和时期，人们尝试保留一些宗教的方法，只要它们保持在"理性的界限之内"。然而，雅可比揭露出斯宾诺莎和启蒙运动所持的完全激进的无神论观点，在施特劳斯看来可以追溯到霍布斯与马基雅维利。在此，佩吕松遵循施特劳斯在《斯宾诺莎的宗教批判》里的解释，因而她倾向于把重心放在斯宾诺莎身上，而不是霍布斯或马基雅维利。这种激进观点的基础是一种教条式的信念，即理性不光自足，还因此足以解释所有事物。这一预设并非不言自明，它包含一种现代人试图隐藏起来的信念。柯亨（Hermann Cohen）无法建立起理性宗教，其最终原因就是理性的不自足，以及启蒙运动中暗含的无神论。

雅可比抨击启蒙运动中野心勃勃的理性概念，以表明，尽管启蒙运动包含无神论，我们仍必须抛弃理性，回到宗教正统。显然，施特劳斯没有接受这个结论。但他从雅可比的结论的缺陷中认识到，那些持温和立场的早期现代思想家，诸如门德尔松，他们的尝试并不够。他同样认识到，造成现代信仰危机的罪魁祸首就是启蒙中狭隘的理性概念，它声称理性足以解释全部事物。随着这一主张的不充分性愈发明显，我们对理性的自信愈发动摇，直至分崩离析。对理性界限的无知导致人们拒绝理性，最终拥抱非理性和政治狂热。这些问题最终有助于我们理解迈蒙尼德（Maimonides）的理性与启示概念的优越性，他的理性没有指责启示，启示也对理性持有一定的开放：

"施特劳斯永远不会变成一个反启蒙运动者……他提出重返宗教正统,与其说是以信仰的名义反抗启蒙,不如说是要回到由迈蒙尼德提出的另一种启蒙,不如说是一种在。"(页46;参页53)

现代人对启蒙的信念以及对理性的拥护反映出,他们遗忘了理性的界限,需要得到诸如犹太法的非理性资源的引导。这便开启了通往迈蒙尼德的启蒙的道路。

在第一章的最后一节,佩吕松将施特劳斯的计划与其他德国犹太人的尝试作比较——如柯亨、罗森茨威格(Franz Rosenzweig)以及之后的列维纳斯(Emmanuel Levinas)和肖勒姆(Gershom Scholem)——以复兴启示的传统。这进一步确立了施特劳斯在更广泛意义上的欧洲思想圈中的地位,也突出了他的独特策略,即以恢复前现代理性主义的意义作为回归启示的先决条件(页128)。

本书的第二章"现代政治思想的基础上"考察了施特劳斯对于现代性三股浪潮的解释。施特劳斯的读者可能会回想起他的那篇开创性文章《现代性的三次浪潮》("The Three Waves of Modernity"),施特劳斯在文中详尽地展现了现代政治意识在三个紧密相连却又愈发激进的时期中的起源与发展。[①] 佩吕松用这个框架来展现施特劳斯对现代政治、关于权利的主流意见、权力、国家、多元主义、正义等方面的解读。虽然文章的重点一直都是现代政治,但是潜在的问题却是回到前现代的分析模式的可能性,即重返政治哲学的可能性。古典政治哲学始于各种意见,它们由非哲学的政治共同体所持有。古典政治哲学的目标主要不是选边站队,而是从各种

---

① Leo Strauss, "The Three Waves of Modernity", in *An Introduction to Political Philosophy: Ten Essays by Leo Strauss*, ed. Hilail Gildin, Detroit: Wayne State University Press, 1989, pp. 81–98.

意见上升到关于正义、美德和善的知识：

> 哲学探究是将意见转换为知识的尝试，也是对范畴的反思，那些范畴可能来自哲学本身，构成我们对世界的理解。（页139）

在佩吕松的解读中，施特劳斯以这种分析模式，论证古典政治哲学的相关性。这种分析模式在他的三股浪潮的理论中非常明显，也让他的学生看到一条从霍布斯与马基雅维利到海德格尔与尼采思想线索：

> 人不再考虑目的的等级序列，就将成为万物的尺度，自由地服从于他自己的上帝和魔鬼，他将在权力的无上荣光，肆意于一种朝向自身的意志，此间，他将发现自我认同的可能性。种种野蛮行径将成为权力意志的狂欢。（页151）

佩吕松对施特劳斯批判施米特的细致描述表明，虽然施特劳斯与施米特对自由主义和民主制的批判有一些共同之处，但就像托克维尔一样，施特劳斯抵制住了同时拒绝自由与民主的诱惑（页160－177）。事实上，正是施米特启发了施特劳斯，通过考察自由主义在现代性第一股浪潮中的起源，以及第二股浪潮中出现的对自由主义的基本批判，施特劳斯为自由主义作了哲学上的辩护。施特劳斯的温和立场来源于对这些批判的评估，根植于对政治生活界限的批判性认知。这一评估不可能源自现代性本身，只有通过超越现代性通向古典政治哲学才能实现。比如，在苏格拉底的视角中，不是所有人都可以上升到洞穴之外，也不是所有人都可以成为哲人。因此，施米特错误地持有对"民主制滋生并鼓励持续性的消遣"这一观点的蔑视。对消遣的欲望不是民主制所独有的，也不可能创造一种人人都从事哲学思辨的社会（页167）。施米特对政治的期望太高，同时，他从根基上破坏所有对正义的主张，认为它们仅仅是统治者的专横意志。不出所料，他无法认清或抵制野蛮。

佩吕松描述施特劳斯的论点时并不坚持一种教条式的确定性。施特劳斯将马基雅维利、霍布斯、洛克、斯宾诺莎、卢梭、尼采、海德格尔等人视为现代性各个浪潮中的典型。佩吕松通过生动阐述，聚焦这些思想家的原创性工作，突出了施特劳斯思想中开放式的阐释性问题。通过描述每一位作者个人的思想，她鼓励读者回到最初的文本。她还十分精妙地将施特劳斯作品的其他部分以一种有趣的方式编织进她的叙述之中。比如，在讲述完现代性的前两股浪潮后，她引入施特劳斯与科耶夫（Alexandre Kojève）的对话，意图说明一种新型暴政如何诞生于第二股浪潮之中。事实上，她用施米特和科耶夫的案例表明，出现在现代性浪潮中的自由主义的替代品有多么激进可怕：

> 施特劳斯、科耶夫与施米特形成一个三角：对现代性的批判是一个三方会谈……但是施特劳斯揭示了施米特与科耶夫的矛盾之处：正如（施米特的）决定论会成为虚无主义，人们无法理解（科耶夫主张的）普遍均质的国家是如何产生像科耶夫这样的人。（页192）

施特劳斯对现代政治意识的分析旨在巩固和支持自由主义。佩吕松将施特劳斯的计划总结如下：

> 施特劳斯的工作不仅在于批判历史主义、相对主义以及现代性在三股浪潮中的解构，还在于研究前现代的文本，以试图理解并重新考虑我们社会基础的可能性。这是一项补充自由主义的工作，它允许提升主体权利——施特劳斯质疑的并非主体权利

的合法性而是其绝对性——因为在他看来，人的目的不应当被缩减为自我保存。（页203）

施特劳斯提出的补救措施不是通过暴力强行创造一个完美社会，而是当人仅仅意味自我保存和利己主义的激情时，重新考虑人的定义。

第二章的最后部分概述了施特劳斯为挽救这场危机做出的努力，他采取了教育学而非政治学的方案。佩吕松称："胡塞尔（Edmund Husserl）使施特劳斯走上了一条现象学还原的道路，它将哲学的任务确定为把意见转变成知识。"（页212）同时，施特劳斯从海德格尔那里学到，一个人无法离开他所处的历史与政治视域，简单回到对世界的自然理解中。施特劳斯在苏格拉底那里发现了有关这一过程的最细致入微的视角。充分认识到自己无知的苏格拉底，从城邦中的各种意见开始，将意见上升到知识。虽然公民的意见被诗歌和法律所左右，永远无法达到完善，但是一个卓越的城邦允许个人实现这种上升。

在对施特劳斯古典哲学分析的快速浏览中，佩吕松向读者介绍了诗歌在城邦中的作用，以及它与哲学之间的张力。施特劳斯将哲学描述为"对本质区别和思维异质性的认识"，缓和了诗与哲学之间的张力（页217）。通识教育在少数人中培养了对人类完善的欲求，但同时它也得节制受教者，以免他们颠覆城邦的意见，而城邦是首先允许向哲学上升的地方。这种节制的表现之一在于某种写作技艺的出现，柏拉图在《第七封信》中将之描述为一种只陈述部分之整体的能力。施特劳斯在一个不太可能的源头中发现了柏拉图的政治哲学：迈蒙尼德的中世纪哲学。在迈蒙尼德的法学中，施特劳斯找到了解决神学－政治学的最真实也是最好的方法。通过平衡共同体与理性之间的需求，迈蒙尼德得以教导我们理性与启示之间最公正的关系。本书最后一章将政治问题和神学问题连接在一起，帮助我们找到走出这场现代性危机的道路：

> 迈蒙尼德的启蒙相较于现代人的启蒙具有优越性，因为前者保留了真理与知识，后者则导向了相对主义。（页 231）

迈蒙尼德的启蒙既没有导致弃绝信仰，也没有造成对指引人类的理性的过度自信（页 236）。

佩吕松总结说：“启蒙发端于对所有基本问题的意识，但是它的演变，以及哲人对宗教的日益僵化的立场，导致了一种倒退和混乱。”（页 98）她在此想到的并非施特劳斯，而是托克维尔：

> 他在十六岁时失去了信仰，但仍坚持宗教的必要性，因为民主化的人满足于寻求个人幸福与利益，他们自愿贬低自己。（页 99）

就如斯宾诺莎似乎主张一种他本人并不服从的宗教观点，佩吕松的托克维尔清楚地看到了这场迫在眉睫的危机，但他无法抑制世俗化的浪潮。佩吕松将施特劳斯紧紧定位在这一传统中：“施特劳斯正在经历托克维尔描绘的现实。”（页 101）但施特劳斯试图通过迈蒙尼德的回归，戏剧性地揭示出不同的可能性。

佩吕松努力将施特劳斯描绘为一名欧洲人，帮助美国读者以一种新的眼光看待施特劳斯的成就。比如，她尝试将施特劳斯摆在欧洲政治的谱系中。但如果我们将保守主义与对现代性的反动的憎恨联系在一起，将自由主义与对宗教和政治的传统的憎恨联系在一起，就很难确定施特劳斯的地位。施特劳斯为这些极端创造了一项替代方案。他的观点与保守主义有一些共同之处，但有一点极为不同：

与主张回到过去的反动者不同，保守主义者认为现代性破坏了它自身存在的条件，并引发了它希望与之抗争的情形。这种政治敏感性符合施特劳斯对现代性的批判精神，也符合他展示启蒙的破坏性辩证法的方式。它为施特劳斯反思多数人的民主的内在威胁定下了基调。（页53）

和托克维尔一样，施特劳斯也是自由民主的朋友，但这并没有阻碍他发现或批评自由民主的不足。

佩吕松的传记描述了施特劳斯如何从历史主义中脱身，并发现哲学。就像维特根斯坦的梯子，一旦我们已经认识到哲学的可能性，历史化的描述就会成为一种可以抛弃的手段。事实上，哲学的发现使得某些声明显得无足轻重，比如称施特劳斯可以被历史化地理解，他的成熟思想应当根据他的早期工作来理解。施特劳斯在《斯宾诺莎的宗教批判》的前言中玩笑式地提出同样的观点，他记载了各种包括柯亨和罗森茨威格对斯宾诺莎的误读。这些误读揭示出，当一个人试图比原作者更好地理解作者自己时，他就会遇到问题。但是，一旦我们认识到这种错误，它就并不比追寻和思考作者真正的思想来得有趣。事实上，这两种探究路线彼此大不相同，以至于我们可能会想，对历史发展的描述是否真的对我们掌握哲学大有助益。佩吕松对施特劳斯思想的阐述有助于我们实现这种上升。

图书在版编目（CIP）数据

欧洲历史上的世俗化之争 / 刘小枫主编. -- 北京：华夏出版社有限公司, 2024.7. --（经典与解释）. -- ISBN 978-7-5222-0726-1

I. K500.7

中国国家版本馆 CIP 数据核字第 2024HU1891 号

欧洲历史上的世俗化之争

主　　编	刘小枫
责任编辑	郑芊蕙
责任印制	刘　洋
出版发行	华夏出版社有限公司
经　　销	新华书店
印　　刷	三河市少明印务有限公司
装　　订	三河市少明印务有限公司
版　　次	2024 年 7 月北京第 1 版
	2024 年 7 月北京第 1 次印刷
开　　本	880×1230　1/32
印　　张	9
字　　数	213 千字
定　　价	59.00 元

华夏出版社有限公司 地址：北京市东直门外香河园北里 4 号　邮编：100028
网址：www.hxph.com.cn　电话：(010) 64663331 (转)
若发现本版图书有印装质量问题，请与我社营销中心联系调换。

经典与解释辑刊

1 柏拉图的哲学戏剧
2 经典与解释的张力
3 康德与启蒙
4 荷尔德林的新神话
5 古典传统与自由教育
6 卢梭的苏格拉底主义
7 赫尔墨斯的计谋
8 苏格拉底问题
9 美德可教吗
10 马基雅维利的喜剧
11 回想托克维尔
12 阅读的德性
13 色诺芬的品味
14 政治哲学中的摩西
15 诗学解诂
16 柏拉图的真伪
17 修昔底德的春秋笔法
18 血气与政治
19 索福克勒斯与雅典启蒙
20 犹太教中的柏拉图门徒
21 莎士比亚笔下的王者
22 政治哲学中的莎士比亚
23 政治生活的限度与满足
24 雅典民主的谐剧
25 维柯与古今之争
26 霍布斯的修辞
27 埃斯库罗斯的神义论
28 施莱尔马赫的柏拉图
29 奥林匹亚的荣耀
30 笛卡尔的精灵
31 柏拉图与天人政治
32 海德格尔的政治时刻
33 荷马笔下的伦理
34 格劳秀斯与国际正义
35 西塞罗的苏格拉底
36 基尔克果的苏格拉底
37 《理想国》的内与外
38 诗艺与政治
39 律法与政治哲学
40 古今之间的但丁
41 拉伯雷与赫尔墨斯秘学
42 柏拉图与古典乐教
43 孟德斯鸠论政制衰败
44 博丹论主权
45 道伯与比较古典学
46 伊索寓言中的伦理
47 斯威夫特与启蒙
48 赫西俄德的世界
49 洛克的自然法辩难
50 斯宾格勒与西方的没落
51 地缘政治学的历史片段
52 施米特论战争与政治
53 普鲁塔克与罗马政治
54 罗马的建国叙述
55 亚历山大与西方的大一统
56 马西利乌斯的帝国
57 全球化在东亚的开端
58 弥尔顿与现代政治
59 拉采尔与政治地理学
60 斯威夫特的鹅毛笔与墨水谜语
61 欧洲历史上的永久和平愿想
62 亚当·斯密：商业生活的立法者
63 施特劳斯与回归古典：
　　施特劳斯逝世五十周年祭
64 欧洲历史上的世俗化之争